U1075685

权威·前沿·原创

皮书系列为
“十二五”“十三五”国家重点图书出版规划项目

皮书系列

2018年

智 库 成 果 出 版 与 传 播 平 台

社会科学文献出版社
SOCIAL SCIENCES ACADEMIC PRESS (CHINA)

社长致辞

蓦然回首，皮书的专业化历程已经走过了二十年。20年来从一个出版社的学术产品名称到媒体热词再到智库成果研创及传播平台，皮书以专业化为主线，进行了系列化、市场化、品牌化、数字化、国际化、平台化的运作，实现了跨越式的发展。特别是在党的十八大以后，以习近平总书记为核心的党中央高度重视新型智库建设，皮书也迎来了长足的发展，总品种达到600余种，经过专业评审机制、淘汰机制遴选，目前，每年稳定出版近400个品种。“皮书”已经成为中国新型智库建设的抓手，成为国际国内社会各界快速、便捷地了解真实中国的最佳窗口。

20年孜孜以求，“皮书”始终将自己的研究视野与经济社会发展中的前沿热点问题紧密相连。600个研究领域，3万多位分布于800余个研究机构的专家学者参与了研创写作。皮书数据库中共收录了15万篇专业报告，50余万张数据图表，合计30亿字，每年报告下载量近80万次。皮书为中国学术与社会发展实践的结合提供了一个激荡智力、传播思想的入口，皮书作者们用学术的话语、客观翔实的数据谱写出了中国故事壮丽的篇章。

20年跬步千里，“皮书”始终将自己的发展与时代赋予的使命与责任紧紧相连。每年百余场新闻发布会，10万余次中外媒体报道，中、英、俄、日、韩等12个语种共同出版。皮书所具有的凝聚力正在形成一种无形的力量，吸引着社会各界关注中国的发展，参与中国的发展，它是我们向世界传递中国声音、总结中国经验、争取中国国际话语权最主要的平台。

皮书这一系列成就的取得，得益于中国改革开放的伟大时代，离不开来自中国社会科学院、新闻出版广电总局、全国哲学社会科学规划办公室等主管部门的大力支持和帮助，也离不开皮书研创者和出版者的共同努力。他们与皮书的故事创造了皮书的历史，他们对皮书的拳拳之心将继续谱写皮书的未来！

现在，“皮书”品牌已经进入了快速成长的青壮年时期。全方位进行规范化管理，树立中国的学术出版标准；不断提升皮书的内容质量和影响力，搭建起中国智库产品和智库建设的交流服务平台和国际传播平台；发布各类皮书指数，并使之成为中国指数，让中国智库的声音响彻世界舞台，为人类的发展做出中国的贡献——这是皮书未来发展的图景。作为“皮书”这个概念的提出者，“皮书”从一般图书到系列图书和品牌图书，最终成为智库研究和社会科学应用对策研究的知识服务和成果推广平台这整个过程的操盘者，我相信，这也是每一位皮书人执着追求的目标。

“当代中国正经历着我国历史上最为广泛而深刻的社会变革，也正在进行着人类历史上最为宏大而独特的实践创新。这种前无古人的伟大实践，必将给理论创造、学术繁荣提供强大动力和广阔空间。”

在这个需要思想而且一定能够产生思想的时代，皮书的研创出版一定能创造出新的更大的辉煌！

社会科学文献出版社社长

中国社会学会秘书长

谢寿光

2017年11月

社会科学文献出版社简介

社会科学文献出版社（以下简称“社科文献出版社”）成立于1985年，是直属于中国社会科学院的人文社会科学学术出版机构。成立至今，社科文献出版社始终依托中国社会科学院和国内外人文社会科学界丰厚的学术出版和专家学者资源，坚持“创社科经典，出传世文献”的出版理念、“权威、前沿、原创”的产品定位以及学术成果和智库成果出版的专业化、数字化、国际化、市场化的经营道路。

社科文献出版社是中国新闻出版业转型与文化体制改革的先行者。积极探索文化体制改革的先进方向和现代企业经营决策机制，社科文献出版社先后荣获“全国文化体制改革工作先进单位”、中国出版政府奖·先进出版单位奖，中国社会科学院先进集体、全国科普工作先进集体等荣誉称号。多人次荣获“第十届韬奋出版奖”“全国新闻出版行业领军人才”“数字出版先进人物”“北京市新闻出版广电行业领军人才”等称号。

社科文献出版社是中国人文社会科学学术出版的大社名社，也是以皮书为代表的智库成果出版的专业强社。年出版图书2000余种，其中皮书400余种，出版新书字数5.5亿字，承印与发行中国社科院院属期刊72种，先后创立了皮书系列、列国志、中国史话、社科文献学术译库、社科文献学术文库、甲骨文书系等一大批既有学术影响又有市场价值的品牌，确立了在社会学、近代史、苏东问题研究等专业学科及领域出版的领先地位。图书多次荣获中国出版政府奖、“三个一百”原创图书出版工程、“五个‘一’工程奖”、“大众喜爱的50种图书”等奖项，在中央国家机关“强素质·做表率”读书活动中，入选图书品种数位居各大出版社之首。

社科文献出版社是中国学术出版规范与标准的倡议者与制定者，代表全国50多家出版社发起实施学术著作出版规范的倡议，承担学术著作规范国家标准的起草工作，率先编撰完成《皮书手册》对皮书品牌进行规范化管理，并在此基础上推出中国版芝加哥手册——《社科文献出版社学术出版手册》。

社科文献出版社是中国数字出版的引领者，拥有皮书数据库、列国志数据库、“一带一路”数据库、减贫数据库、集刊数据库等4大产品线11个数据库产品，机构用户达1300余家，海外用户百余家，荣获“数字出版转型示范单位”“新闻出版标准化先进单位”“专业数字内容资源知识服务模式试点企业标准化示范单位”等称号。

社科文献出版社是中国学术出版走出去的践行者。社科文献出版社海外图书出版与学术合作业务遍及全球40余个国家和地区，并于2016年成立俄罗斯分社，累计输出图书500余种，涉及近20个语种，累计获得国家社科基金中华学术外译项目资助76种、“丝路书香工程”项目资助60种、中国图书对外推广计划项目资助71种以及经典中国国际出版工程资助28种，被五部委联合认定为“2015-2016年度国家文化出口重点企业”。

如今，社科文献出版社完全靠自身积累拥有固定资产3.6亿元，年收入3亿元，设置了七大出版分社、六大专业部门，成立了皮书研究院和博士后科研工作站，培养了一支近400人的高素质与高效率的编辑、出版、营销和国际推广队伍，为未来成为学术出版的大社、名社、强社，成为文化体制改革与文化企业转型发展的排头兵奠定了坚实的基础。

宏 观 经 济 类

经济蓝皮书

2018 年中国经济形势分析与预测

李平 / 主编　2017 年 12 月出版　定价：89.00 元

◆　本书为总理基金项目，由著名经济学家李扬领衔，联合中国社会科学院等数十家科研机构、国家部委和高等院校的专家共同撰写，系统分析了 2017 年的中国经济形势并预测 2018 年中国经济运行情况。

城市蓝皮书

中国城市发展报告 No.11

潘家华　单菁菁 / 主编　2018 年 9 月出版　估价：99.00 元

◆　本书是由中国社会科学院城市发展与环境研究中心编著的，多角度、全方位地立体展示了中国城市的发展状况，并对中国城市的未来发展提出了许多建议。该书有强烈的时代感，对中国城市发展实践有重要的参考价值。

人口与劳动绿皮书

中国人口与劳动问题报告 No.19

张车伟 / 主编　2018 年 10 月出版　估价：99.00 元

◆　本书为中国社会科学院人口与劳动经济研究所主编的年度报告，对当前中国人口与劳动形势做了比较全面和系统的深入讨论，为研究中国人口与劳动问题提供了一个专业性的视角。

中国省域竞争力蓝皮书

中国省域经济综合竞争力发展报告（2017 ~ 2018）

李建平　李闽榕　高燕京 / 主编　2018 年 5 月出版　估价：198.00 元

◆　本书融多学科的理论为一体，深入追踪研究了省域经济发展与中国国家竞争力的内在关系，为提升中国省域经济综合竞争力提供有价值的决策依据。

金融蓝皮书

中国金融发展报告（2018）

王国刚 / 主编　2018 年 2 月出版　估价：99.00 元

◆　本书由中国社会科学院金融研究所组织编写，概括和分析了 2017 年中国金融发展和运行中的各方面情况，研讨和评论了 2017 年发生的主要金融事件，有利于读者了解掌握 2017 年中国的金融状况，把握 2018 年中国金融的走势。

区 域 经 济 类

京津冀蓝皮书

京津冀发展报告（2018）

祝合良　叶堂林　张贵祥 / 等著　2018 年 6 月出版　估价：99.00 元

◆　本书遵循问题导向与目标导向相结合、统计数据分析与大数据分析相结合、纵向分析和长期监测与结构分析和综合监测相结合等原则，对京津冀协同发展新形势与新进展进行测度与评价。

社会政法类

社会蓝皮书

2018 年中国社会形势分析与预测

李培林　陈光金　张翼 / 主编　2017 年 12 月出版　定价：89.00 元

◆　本书由中国社会科学院社会学研究所组织研究机构专家、高校学者和政府研究人员撰写，聚焦当下社会热点，对 2017 年中国社会发展的各个方面内容进行了权威解读，同时对 2018 年社会形势发展趋势进行了预测。

法治蓝皮书

中国法治发展报告 No.16（2018）

李林　田禾 / 主编　2018 年 3 月出版　估价：118.00 元

◆　本年度法治蓝皮书回顾总结了 2017 年度中国法治发展取得的成就和存在的不足，对中国政府、司法、检务透明度进行了跟踪调研，并对 2018 年中国法治发展形势进行了预测和展望。

教育蓝皮书

中国教育发展报告（2018）

杨东平 / 主编　2018 年 4 月出版　估价：99.00 元

◆　本书重点关注了 2017 年教育领域的热点，资料翔实，分析有据，既有专题研究，又有实践案例，从多角度对 2017 年教育改革和实践进行了分析和研究。

社会体制蓝皮书

中国社会体制改革报告 No.6（2018）

龚维斌 / 主编　2018 年 3 月出版　估价：99.00 元

◆　本书由国家行政学院社会治理研究中心和北京师范大学中国社会管理研究院共同组织编写，主要对 2017 年社会体制改革情况进行回顾和总结，对 2018 年的改革走向进行分析，提出相关政策建议。

社会心态蓝皮书

中国社会心态研究报告（2018）

王俊秀　杨宜音 / 主编　2018 年 12 月出版　估价：99.00 元

◆　本书是中国社会科学院社会学研究所社会心理研究中心“社会心态蓝皮书课题组”的年度研究成果，运用社会心理学、社会学、经济学、传播学等多种学科的方法进行了调查和研究，对于目前中国社会心态状况有较广泛和深入的揭示。

华侨华人蓝皮书

华侨华人研究报告（2018）

贾益民 / 主编　2018 年 1 月出版　估价：139.00 元

◆　本书关注华侨华人生产与生活的方方面面。华侨华人是中国建设 21 世纪海上丝绸之路的重要中介者、推动者和参与者。本书旨在全面调研华侨华人，提供最新涉侨动态、理论研究成果和政策建议。

民族发展蓝皮书

中国民族发展报告（2018）

王延中 / 主编　2018 年 10 月出版　估价：188.00 元

◆　本书从民族学人类学视角，研究近年来少数民族和民族地区的发展情况，展示民族地区经济、政治、文化、社会和生态文明“五位一体”建设取得的辉煌成就和面临的困难挑战，为深刻理解中央民族工作会议精神、加快民族地区全面建成小康社会进程提供了实证材料。

产业经济类

房地产蓝皮书

中国房地产发展报告 No.15（2018）

李春华　王业强 / 主编　2018 年 5 月出版　估价：99.00 元

◆　2018 年《房地产蓝皮书》持续追踪中国房地产市场最新动态，深度剖析市场热点，展望 2018 年发展趋势，积极谋划应对策略。对 2017 年房地产市场的发展态势进行全面、综合的分析。

新能源汽车蓝皮书

中国新能源汽车产业发展报告（2018）

中国汽车技术研究中心　日产（中国）投资有限公司
东风汽车有限公司 / 编著　　2018 年 8 月出版　　估价：99.00 元

◆　本书对中国 2017 年新能源汽车产业发展进行了全面系统的分析，并介绍了国外的发展经验。有助于相关机构、行业和社会公众等了解中国新能源汽车产业发展的最新动态，为政府部门出台新能源汽车产业相关政策法规、企业制定相关战略规划，提供必要的借鉴和参考。

行业及其他类

旅游绿皮书

2017 ~ 2018 年中国旅游发展分析与预测

中国社会科学院旅游研究中心 / 编　2018 年 2 月出版　估价：99.00 元

◆　本书从政策、产业、市场、社会等多个角度勾画出 2017 年中国旅游发展全貌，剖析了其中的热点和核心问题，并就未来发展作出预测。

民营医院蓝皮书

中国民营医院发展报告（2018）

薛晓林 / 主编　2018 年 1 月出版　估价：99.00 元

◆　本书在梳理国家对社会办医的各种利好政策的前提下，对我国民营医疗发展现状、我国民营医院竞争力进行了分析，并结合我国医疗体制改革对民营医院的发展趋势、发展策略、战略规划等方面进行了预估。

会展蓝皮书

中外会展业动态评估研究报告（2018）

张敏 / 主编　2018 年 12 月出版　估价：99.00 元

◆　本书回顾了 2017 年的会展业发展动态，结合“供给侧改革”、“互联网 +”、“绿色经济”的新形势分析了我国展会的行业现状，并介绍了国外的发展经验，有助于行业和社会了解最新的展会业动态。

中国上市公司蓝皮书

中国上市公司发展报告（2018）

张平　王宏淼 / 主编　2018 年 9 月出版　估价：99.00 元

◆　本书由中国社会科学院上市公司研究中心组织编写的，着力于全面、真实、客观反映当前中国上市公司财务状况和价值评估的综合性年度报告。本书详尽分析了 2017 年中国上市公司情况，特别是现实中暴露出的制度性、基础性问题，并对资本市场改革进行了探讨。

工业和信息化蓝皮书

人工智能发展报告（2017 ~ 2018）

尹丽波 / 主编　2018 年 6 月出版　估价：99.00 元

◆　本书国家工业信息安全发展研究中心在对 2017 年全球人工智能技术和产业进行全面跟踪研究基础上形成的研究报告。该报告内容翔实、视角独特，具有较强的产业发展前瞻性和预测性，可为相关主管部门、行业协会、企业等全面了解人工智能发展形势以及进行科学决策提供参考。

国际问题与全球治理类

世界经济黄皮书

2018 年世界经济形势分析与预测

张宇燕 / 主编　2018 年 1 月出版　估价：99.00 元

◆　本书由中国社会科学院世界经济与政治研究所的研究团队撰写，分总论、国别与地区、专题、热点、世界经济统计与预测等五个部分，对 2018 年世界经济形势进行了分析。

国际城市蓝皮书

国际城市发展报告（2018）

屠启宇 / 主编　2018 年 2 月出版　估价：99.00 元

◆　本书作者以上海社会科学院从事国际城市研究的学者团队为核心，汇集同济大学、华东师范大学、复旦大学、上海交通大学、南京大学、浙江大学相关城市研究专业学者。立足动态跟踪介绍国际城市发展时间中，最新出现的重大战略、重大理念、重大项目、重大报告和最佳案例。

非洲黄皮书

非洲发展报告 No.20（2017 ~ 2018）

张宏明 / 主编　2018 年 7 月出版　估价：99.00 元

◆　本书是由中国社会科学院西亚非洲研究所组织编撰的非洲形势年度报告，比较全面、系统地分析了 2017 年非洲政治形势和热点问题，探讨了非洲经济形势和市场走向，剖析了大国对非洲关系的新动向；此外，还介绍了国内非洲研究的新成果。

国别类

美国蓝皮书

美国研究报告（2018）

郑秉文　黄平 / 主编　2018 年 5 月出版　估价：99.00 元

◆　本书是由中国社会科学院美国研究所主持完成的研究成果，它回顾了美国 2017 年的经济、政治形势与外交战略，对美国内政外交发生的重大事件及重要政策进行了较为全面的回顾和梳理。

德国蓝皮书

德国发展报告（2018）

郑春荣 / 主编　2018 年 6 月出版　估价：99.00 元

◆　本报告由同济大学德国研究所组织编撰，由该领域的专家学者对德国的政治、经济、社会文化、外交等方面的形势发展情况，进行全面的阐述与分析。

俄罗斯黄皮书

俄罗斯发展报告（2018）

李永全 / 编著　2018 年 6 月出版　估价：99.00 元

◆　本书系统介绍了 2017 年俄罗斯经济政治情况，并对 2016 年该地区发生的焦点、热点问题进行了分析与回顾；在此基础上，对该地区 2018 年的发展前景进行了预测。

文化传媒类

新媒体蓝皮书

中国新媒体发展报告 No.9（2018）

唐绪军 / 主编　2018 年 6 月出版　估价：99.00 元

◆　本书是由中国社会科学院新闻与传播研究所组织编写的关于新媒体发展的最新年度报告，旨在全面分析中国新媒体的发展现状，解读新媒体的发展趋势，探析新媒体的深刻影响。

移动互联网蓝皮书

中国移动互联网发展报告（2018）

余清楚 / 主编　2018 年 6 月出版　估价：99.00 元

◆　本书着眼于对 2017 年度中国移动互联网的发展情况做深入解析，对未来发展趋势进行预测，力求从不同视角、不同层面全面剖析中国移动互联网发展的现状、年度突破及热点趋势等。

文化蓝皮书

中国文化消费需求景气评价报告（2018）

王亚南 / 主编　2018 年 2 月出版　估价：99.00 元

◆　本书首创全国文化发展量化检测评价体系，也是至今全国唯一的文化民生量化检测评价体系，对于检验全国及各地 " 以人民为中心 " 的文化发展具有首创意义。

地方发展类

北京蓝皮书

北京经济发展报告（2017 ~ 2018）

杨松 / 主编　2018 年 6 月出版　估价：99.00 元

◆　本书对 2017 年北京市经济发展的整体形势进行了系统性的分析与回顾，并对 2018 年经济形势走势进行了预测与研判，聚焦北京市经济社会发展中的全局性、战略性和关键领域的重点问题，运用定量和定性分析相结合的方法，对北京市经济社会发展的现状、问题、成因进行了深入分析，提出了可操作性的对策建议。

温州蓝皮书

2018 年温州经济社会形势分析与预测

蒋儒标　王春光　金浩 / 主编　2018 年 4 月出版　估价：99.00 元

◆　本书是中共温州市委党校和中国社会科学院社会学研究所合作推出的第十一本温州蓝皮书，由来自党校、政府部门、科研机构、高校的专家、学者共同撰写的 2017 年温州区域发展形势的最新研究成果。

黑龙江蓝皮书

黑龙江社会发展报告（2018）

王爱丽 / 主编　2018 年 6 月出版　估价：99.00 元

◆　本书以千份随机抽样问卷调查和专题研究为依据，运用社会学理论框架和分析方法，从专家和学者的独特视角，对 2017 年黑龙江省关系民生的问题进行广泛的调研与分析，并对 2017 年黑龙江省诸多社会热点和焦点问题进行了有益的探索。这些研究不仅可以为政府部门更加全面深入了解省情、科学制定决策提供智力支持，同时也可以为广大读者认识、了解、关注黑龙江社会发展提供理性思考。

宏观经济类

城市蓝皮书
中国城市发展报告（No.11）
著(编)者：潘家华 单菁菁
2018年9月出版 / 估价：99.00元
PSN B-2007-091-1/1

城乡一体化蓝皮书
中国城乡一体化发展报告（2018）
著(编)者：付崇兰
2018年9月出版 / 估价：99.00元
PSN B-2011-226-1/2

城镇化蓝皮书
中国新型城镇化健康发展报告（2018）
著(编)者：张占斌
2018年8月出版 / 估价：99.00元
PSN B-2014-396-1/1

创新蓝皮书
创新型国家建设报告（2018～2019）
著(编)者：詹正茂
2018年12月出版 / 估价：99.00元
PSN B-2009-140-1/1

低碳发展蓝皮书
中国低碳发展报告（2018）
著(编)者：张希良 齐晔
2018年6月出版 / 估价：99.00元
PSN B-2011-223-1/1

低碳经济蓝皮书
中国低碳经济发展报告（2018）
著(编)者：薛进军 赵忠秀
2018年11月出版 / 估价：99.00元
PSN B-2011-194-1/1

发展和改革蓝皮书
中国经济发展和体制改革报告No.9
著(编)者：邹东涛 王再文
2018年1月出版 / 估价：99.00元
PSN B-2008-122-1/1

国家创新蓝皮书
中国创新发展报告（2017）
著(编)者：陈劲 2018年3月出版 / 估价：99.00元
PSN B-2014-370-1/1

金融蓝皮书
中国金融发展报告（2018）
著(编)者：王国刚
2018年2月出版 / 估价：99.00元
PSN B-2004-031-1/7

经济蓝皮书
2018年中国经济形势分析与预测
著(编)者：李平 2017年12月出版 / 定价：89.00元
PSN B-1996-001-1/1

经济蓝皮书春季号
2018年中国经济前景分析
著(编)者：李扬 2018年5月出版 / 估价：99.00元
PSN B-1999-008-1/1

经济蓝皮书夏季号
中国经济增长报告（2017～2018）
著(编)者：李扬 2018年9月出版 / 估价：99.00元
PSN B-2010-176-1/1

经济信息绿皮书
中国与世界经济发展报告（2018）
著(编)者：杜平
2017年12月出版 / 估价：99.00元
PSN G-2003-023-1/1

农村绿皮书
中国农村经济形势分析与预测（2017～2018）
著(编)者：魏后凯 黄秉信
2018年4月出版 / 估价：99.00元
PSN G-1998-003-1/1

人口与劳动绿皮书
中国人口与劳动问题报告No.19
著(编)者：张车伟 2018年11月出版 / 估价：99.00元
PSN G-2000-012-1/1

新型城镇化蓝皮书
新型城镇化发展报告（2017）
著(编)者：李伟 宋敏 沈体雁
2018年3月出版 / 估价：99.00元
PSN B-2005-038-1/1

中国省域竞争力蓝皮书
中国省域经济综合竞争力发展报告（2016～2017）
著(编)者：李建平 李闽榕 高燕京
2018年2月出版 / 估价：198.00元
PSN B-2007-088-1/1

中小城市绿皮书
中国中小城市发展报告（2018）
著(编)者：中国城市经济学会中小城市经济发展委员会
中国城镇化促进会中小城市发展委员会
《中国中小城市发展报告》编纂委员会
中小城市发展战略研究院
2018年11月出版 / 估价：128.00元
PSN G-2010-161-1/1

区域经济类

东北蓝皮书
中国东北地区发展报告（2018）
著(编)者：姜晓秋　2018年11月出版 / 估价：99.00元
PSN B-2006-067-1/1

金融蓝皮书
中国金融中心发展报告（2017～2018）
著(编)者：王力 黄育华　2018年11月出版 / 估价：99.00元
PSN B-2011-186-6/7

京津冀蓝皮书
京津冀发展报告（2018）
著(编)者：祝合良 叶堂林 张贵祥
2018年6月出版 / 估价：99.00元
PSN B-2012-262-1/1

西北蓝皮书
中国西北发展报告（2018）
著(编)者：任宗哲 白宽犁 王建康
2018年4月出版 / 估价：99.00元
PSN B-2012-261-1/1

西部蓝皮书
中国西部发展报告（2018）
著(编)者：璋勇 任保平　2018年8月出版 / 估价：99.00元
PSN B-2005-039-1/1

长江经济带产业蓝皮书
长江经济带产业发展报告（2018）
著(编)者：吴传清　2018年11月出版 / 估价：128.00元
PSN B-2017-666-1/1

长江经济带蓝皮书
长江经济带发展报告（2017～2018）
著(编)者：王振　2018年11月出版 / 估价：99.00元
PSN B-2016-575-1/1

长江中游城市群蓝皮书
长江中游城市群新型城镇化与产业协同发展报告（2018）
著(编)者：杨刚强　2018年11月出版 / 估价：99.00元
PSN B-2016-578-1/1

长三角蓝皮书
2017年创新融合发展的长三角
著(编)者：刘飞跃　2018年3月出版 / 估价：99.00元
PSN B-2005-038-1/1

长株潭城市群蓝皮书
长株潭城市群发展报告（2017）
著(编)者：张萍 朱有志　2018年1月出版 / 估价：99.00元
PSN B-2008-109-1/1

中部竞争力蓝皮书
中国中部经济社会竞争力报告（2018）
著(编)者：教育部人文社会科学重点研究基地南昌大学中国中部经济社会发展研究中心
2018年12月出版 / 估价：99.00元
PSN B-2012-276-1/1

中部蓝皮书
中国中部地区发展报告（2018）
著(编)者：宋亚平　2018年12月出版 / 估价：99.00元
PSN B-2007-089-1/1

区域蓝皮书
中国区域经济发展报告（2017～2018）
著(编)者：赵弘　2018年5月出版 / 估价：99.00元
PSN B-2004-034-1/1

中三角蓝皮书
长江中游城市群发展报告（2018）
著(编)者：秦尊文　2018年9月出版 / 估价：99.00元
PSN B-2014-417-1/1

中原蓝皮书
中原经济区发展报告（2018）
著(编)者：李英杰　2018年6月出版 / 估价：99.00元
PSN B-2011-192-1/1

珠三角流通蓝皮书
珠三角商圈发展研究报告（2018）
著(编)者：王先庆 林至颖　2018年7月出版 / 估价：99.00元
PSN B-2012-292-1/1

社会政法类

北京蓝皮书
中国社区发展报告（2017～2018）
著(编)者：于燕燕　2018年9月出版 / 估价：99.00元
PSN B-2007-083-5/8

殡葬绿皮书
中国殡葬事业发展报告（2017～2018）
著(编)者：李伯森　2018年4月出版 / 估价：158.00元
PSN G-2010-180-1/1

城市管理蓝皮书
中国城市管理报告（2017-2018）
著(编)者：刘林 刘承水　2018年5月出版 / 估价：158.00元
PSN B-2013-336-1/1

城市生活质量蓝皮书
中国城市生活质量报告（2017）
著(编)者：张连城 张平 杨春学 郎丽华
2018年2月出版 / 估价：99.00元
PSN B-2013-326-1/1

城市政府能力蓝皮书
中国城市政府公共服务能力评估报告（2018）
著(编)者：何艳玲　　2018年4月出版 / 估价：99.00元
PSN B-2013-338-1/1

创业蓝皮书
中国创业发展研究报告（2017～2018）
著(编)者：黄群慧 赵卫星 钟宏武
2018年11月出版 / 估价：99.00元
PSN B-2016-577-1/1

慈善蓝皮书
中国慈善发展报告（2018）
著(编)者：杨团　　2018年6月出版 / 估价：99.00元
PSN B-2009-142-1/1

党建蓝皮书
党的建设研究报告No.2（2018）
著(编)者：崔建民 陈东平　　2018年1月出版 / 估价：99.00元
PSN B-2016-523-1/1

地方法治蓝皮书
中国地方法治发展报告No.3（2018）
著(编)者：李林 田禾　　2018年3月出版 / 估价：118.00元
PSN B-2015-442-1/1

电子政务蓝皮书
中国电子政务发展报告（2018）
著(编)者：李季　　2018年8月出版 / 估价：99.00元
PSN B-2003-022-1/1

法治蓝皮书
中国法治发展报告No.16（2018）
著(编)者：吕艳滨　　2018年3月出版 / 估价：118.00元
PSN B-2004-027-1/3

法治蓝皮书
中国法院信息化发展报告 No.2（2018）
著(编)者：李林 田禾　　2018年2月出版 / 估价：108.00元
PSN B-2017-604-3/3

法治政府蓝皮书
中国法治政府发展报告（2018）
著(编)者：中国政法大学法治政府研究院
2018年4月出版 / 估价：99.00元
PSN B-2015-502-1/2

法治政府蓝皮书
中国法治政府评估报告（2018）
著(编)者：中国政法大学法治政府研究院
2018年9月出版 / 估价：168.00元
PSN B-2016-576-2/2

反腐倡廉蓝皮书
中国反腐倡廉建设报告 No.8
著(编)者：张英伟　　2018年12月出版 / 估价：99.00元
PSN B-2012-259-1/1

扶贫蓝皮书
中国扶贫开发报告（2018）
著(编)者：李培林 魏后凯　　2018年12月出版 / 估价：128.00元
PSN B-2016-599-1/1

妇女发展蓝皮书
中国妇女发展报告 No.6
著(编)者：王金玲　　2018年9月出版 / 估价：158.00元
PSN B-2006-069-1/1

妇女教育蓝皮书
中国妇女教育发展报告 No.3
著(编)者：张李玺　　2018年10月出版 / 估价：99.00元
PSN B-2008-121-1/1

妇女绿皮书
2018年：中国性别平等与妇女发展报告
著(编)者：谭琳　　2018年12月出版 / 估价：99.00元
PSN G-2006-073-1/1

公共安全蓝皮书
中国城市公共安全发展报告（2017～2018）
著(编)者：黄育华 杨文明 赵建辉
2018年6月出版 / 估价：99.00元
PSN B-2017-628-1/1

公共服务蓝皮书
中国城市基本公共服务力评价（2018）
著(编)者：钟君 刘志昌 吴正杲
2018年12月出版 / 估价：99.00元
PSN B-2011-214-1/1

公民科学素质蓝皮书
中国公民科学素质报告（2017～2018）
著(编)者：李群 陈雄 马宗文
2018年1月出版 / 估价：99.00元
PSN B-2014-379-1/1

公益蓝皮书
中国公益慈善发展报告（2016）
著(编)者：朱健刚 胡小军　　2018年2月出版 / 估价：99.00元
PSN B-2012-283-1/1

国际人才蓝皮书
中国国际移民报告（2018）
著(编)者：王辉耀　　2018年2月出版 / 估价：99.00元
PSN B-2012-304-3/4

国际人才蓝皮书
中国留学发展报告（2018）No.7
著(编)者：王辉耀 苗绿　　2018年12月出版 / 估价：99.00元
PSN B-2012-244-2/4

海洋社会蓝皮书
中国海洋社会发展报告（2017）
著(编)者：崔凤 宋宁而　　2018年3月出版 / 估价：99.00元
PSN B-2015-478-1/1

行政改革蓝皮书
中国行政体制改革报告No.7（2018）
著(编)者：魏礼群　　2018年6月出版 / 估价：99.00元
PSN B-2011-231-1/1

华侨华人蓝皮书
华侨华人研究报告（2017）
著(编)者：贾益民　　2018年1月出版 / 估价：139.00元
PSN B-2011-204-1/1

环境竞争力绿皮书
中国省域环境竞争力发展报告（2018）
著(编)者：李建平 李闽榕 王金南
2018年11月出版 / 估价：198.00元
PSN G-2010-165-1/1

环境绿皮书
中国环境发展报告（2017～2018）
著(编)者：李波　2018年4月出版 / 估价：99.00元
PSN G-2006-048-1/1

家庭蓝皮书
中国“创建幸福家庭活动”评估报告（2018）
著(编)者：国务院发展研究中心“创建幸福家庭活动评估”课题组
2018年12月出版 / 估价：99.00元
PSN B-2015-508-1/1

健康城市蓝皮书
中国健康城市建设研究报告（2018）
著(编)者：王鸿春 盛继洪　2018年12月出版 / 估价：99.00元
PSN B-2016-564-2/2

健康中国蓝皮书
社区首诊与健康中国分析报告（2018）
著(编)者：高和荣 杨叔禹 姜杰
2018年4月出版 / 估价：99.00元
PSN B-2017-611-1/1

教师蓝皮书
中国中小学教师发展报告（2017）
著(编)者：曾晓东 鱼霞　2018年6月出版 / 估价：99.00元
PSN B-2012-289-1/1

教育扶贫蓝皮书
中国教育扶贫报告（2018）
著(编)者：司树杰 王文静 李兴洲
2018年12月出版 / 估价：99.00元
PSN B-2016-590-1/1

教育蓝皮书
中国教育发展报告（2018）
著(编)者：杨东平　2018年4月出版 / 估价：99.00元
PSN B-2006-047-1/1

金融法治建设蓝皮书
中国金融法治建设年度报告（2015～2016）
著(编)者：朱小黄　2018年6月出版 / 估价：99.00元
PSN B-2017-633-1/1

京津冀教育蓝皮书
京津冀教育发展研究报告（2017～2018）
著(编)者：方中雄　2018年4月出版 / 估价：99.00元
PSN B-2017-608-1/1

就业蓝皮书
2018年中国本科生就业报告
著(编)者：麦可思研究院　2018年6月出版 / 估价：99.00元
PSN B-2009-146-1/2

就业蓝皮书
2018年中国高职高专生就业报告
著(编)者：麦可思研究院　2018年6月出版 / 估价：99.00元
PSN B-2015-472-2/2

科学教育蓝皮书
中国科学教育发展报告（2018）
著(编)者：王康友　2018年10月出版 / 估价：99.00元
PSN B-2015-487-1/1

劳动保障蓝皮书
中国劳动保障发展报告（2018）
著(编)者：刘燕斌　2018年9月出版 / 估价：158.00元
PSN B-2014-415-1/1

老龄蓝皮书
中国老年宜居环境发展报告（2017）
著(编)者：党俊武 周燕珉　2018年1月出版 / 估价：99.00元
PSN B-2013-320-1/1

连片特困区蓝皮书
中国连片特困区发展报告（2017～2018）
著(编)者：游俊 冷志明 丁建军
2018年4月出版 / 估价：99.00元
PSN B-2013-321-1/1

流动儿童蓝皮书
中国流动儿童教育发展报告（2017）
著(编)者：杨东平　2018年1月出版 / 估价：99.00元
PSN B-2017-600-1/1

民调蓝皮书
中国民生调查报告（2018）
著(编)者：谢耘耕　2018年12月出版 / 估价：99.00元
PSN B-2014-398-1/1

民族发展蓝皮书
中国民族发展报告（2018）
著(编)者：王延中　2018年10月出版 / 估价：188.00元
PSN B-2006-070-1/1

女性生活蓝皮书
中国女性生活状况报告No.12（2018）
著(编)者：韩湘景　2018年7月出版 / 估价：99.00元
PSN B-2006-071-1/1

汽车社会蓝皮书
中国汽车社会发展报告（2017～2018）
著(编)者：王俊秀　2018年1月出版 / 估价：99.00元
PSN B-2011-224-1/1

青年蓝皮书
中国青年发展报告（2018）No.3
著(编)者：廉思　2018年4月出版 / 估价：99.00元
PSN B-2013-333-1/1

青少年蓝皮书
中国未成年人互联网运用报告（2017～2018）
著(编)者：季为民 李文革 沈杰
2018年11月出版 / 估价：99.00元
PSN B-2010-156-1/1

人权蓝皮书
中国人权事业发展报告No.8（2018）
著(编)者：李君如　　2018年9月出版 / 估价：99.00元
PSN B-2011-215-1/1

社会保障绿皮书
中国社会保障发展报告No.9（2018）
著(编)者：王延中　　2018年1月出版 / 估价：99.00元
PSN G-2001-014-1/1

社会风险评估蓝皮书
风险评估与危机预警报告（2017～2018）
著(编)者：唐钧　　2018年8月出版 / 估价：99.00元
PSN B-2012-293-1/1

社会工作蓝皮书
中国社会工作发展报告（2016~2017）
著(编)者：民政部社会工作研究中心
2018年8月出版 / 估价：99.00元
PSN B-2009-141-1/1

社会管理蓝皮书
中国社会管理创新报告No.6
著(编)者：连玉明　　2018年11月出版 / 估价：99.00元
PSN B-2012-300-1/1

社会蓝皮书
2018年中国社会形势分析与预测
著(编)者：李培林 陈光金 张翼
2017年12月出版 / 定价：89.00元
PSN B-1998-002-1/1

社会体制蓝皮书
中国社会体制改革报告No.6（2018）
著(编)者：龚维斌　　2018年3月出版 / 估价：99.00元
PSN B-2013-330-1/1

社会心态蓝皮书
中国社会心态研究报告（2018）
著(编)者：王俊秀　　2018年12月出版 / 估价：99.00元
PSN B-2011-199-1/1

社会组织蓝皮书
中国社会组织报告（2017-2018）
著(编)者：黄晓勇　　2018年1月出版 / 估价：99.00元
PSN B-2008-118-1/2

社会组织蓝皮书
中国社会组织评估发展报告（2018）
著(编)者：徐家良　　2018年12月出版 / 估价：99.00元
PSN B-2013-366-2/2

生态城市绿皮书
中国生态城市建设发展报告（2018）
著(编)者：刘举科 孙伟平 胡文臻
2018年9月出版 / 估价：158.00元
PSN G-2012-269-1/1

生态文明绿皮书
中国省域生态文明建设评价报告（ECI 2018）
著(编)者：严耕　　2018年12月出版 / 估价：99.00元
PSN G-2010-170-1/1

退休生活蓝皮书
中国城市居民退休生活质量指数报告（2017）
著(编)者：杨一帆　　2018年5月出版 / 估价：99.00元
PSN B-2017-618-1/1

危机管理蓝皮书
中国危机管理报告（2018）
著(编)者：文学国 范正青
2018年8月出版 / 估价：99.00元
PSN B-2010-171-1/1

学会蓝皮书
2018年中国学会发展报告
著(编)者：麦可思研究院
2018年12月出版 / 估价：99.00元
PSN B-2016-597-1/1

医改蓝皮书
中国医药卫生体制改革报告（2017～2018）
著(编)者：文学国 房志武
2018年11月出版 / 估价：99.00元
PSN B-2014-432-1/1

应急管理蓝皮书
中国应急管理报告（2018）
著(编)者：宋英华　　2018年9月出版 / 估价：99.00元
PSN B-2016-562-1/1

政府绩效评估蓝皮书
中国地方政府绩效评估报告 No.2
著(编)者：贠杰　　2018年12月出版 / 估价：99.00元
PSN B-2017-672-1/1

政治参与蓝皮书
中国政治参与报告（2018）
著(编)者：房宁　　2018年8月出版 / 估价：128.00元
PSN B-2011-200-1/1

政治文化蓝皮书
中国政治文化报告（2018）
著(编)者：邢元敏 魏大鹏 龚克
2018年8月出版 / 估价：128.00元
PSN B-2017-615-1/1

中国传统村落蓝皮书
中国传统村落保护现状报告（2018）
著(编)者：胡彬彬 李向军 王晓波
2018年12月出版 / 估价：99.00元
PSN B-2017-663-1/1

中国农村妇女发展蓝皮书
农村流动女性城市生活发展报告（2018）
著(编)者：谢丽华　　2018年12月出版 / 估价：99.00元
PSN B-2014-434-1/1

宗教蓝皮书
中国宗教报告（2017）
著(编)者：邱永辉　　2018年8月出版 / 估价：99.00元
PSN B-2008-117-1/1

产业经济类

保健蓝皮书
中国保健服务产业发展报告 No.2
著(编)者：中国保健协会　中共中央党校
2018年7月出版 / 估价：198.00元
PSN B-2012-272-3/3

保健蓝皮书
中国保健食品产业发展报告 No.2
著(编)者：中国保健协会
中国社会科学院食品药品产业发展与监管研究中心
2018年8月出版 / 估价：198.00元
PSN B-2012-271-2/3

保健蓝皮书
中国保健用品产业发展报告 No.2
著(编)者：中国保健协会
国务院国有资产监督管理委员会研究中心
2018年3月出版 / 估价：198.00元
PSN B-2012-270-1/3

保险蓝皮书
中国保险业竞争力报告（2018）
著(编)者：保监会　2018年12月出版 / 估价：99.00元
PSN B-2013-311-1/1

冰雪蓝皮书
中国冰上运动产业发展报告（2018）
著(编)者：孙承华 杨占武 刘戈 张鸿俊
2018年9月出版 / 估价：99.00元
PSN B-2017-648-3/3

冰雪蓝皮书
中国滑雪产业发展报告（2018）
著(编)者：孙承华 伍斌 魏庆华 张鸿俊
2018年9月出版 / 估价：99.00元
PSN B-2016-559-1/3

餐饮产业蓝皮书
中国餐饮产业发展报告（2018）
著(编)者：邢颖
2018年6月出版 / 估价：99.00元
PSN B-2009-151-1/1

茶业蓝皮书
中国茶产业发展报告（2018）
著(编)者：杨江帆 李闽榕
2018年10月出版 / 估价：99.00元
PSN B-2010-164-1/1

产业安全蓝皮书
中国文化产业安全报告（2018）
著(编)者：北京印刷学院文化产业安全研究院
2018年12月出版 / 估价：99.00元
PSN B-2014-378-12/14

产业安全蓝皮书
中国新媒体产业安全报告（2016～2017）
著(编)者：肖丽　2018年6月出版 / 估价：99.00元
PSN B-2015-500-14/14

产业安全蓝皮书
中国出版传媒产业安全报告（2017～2018）
著(编)者：北京印刷学院文化产业安全研究院
2018年3月出版 / 估价：99.00元
PSN B-2014-384-13/14

产业蓝皮书
中国产业竞争力报告（2018）No.8
著(编)者：张其仔　2018年12月出版 / 估价：168.00元
PSN B-2010-175-1/1

动力电池蓝皮书
中国新能源汽车动力电池产业发展报告（2018）
著(编)者：中国汽车技术研究中心
2018年8月出版 / 估价：99.00元
PSN B-2017-639-1/1

杜仲产业绿皮书
中国杜仲橡胶资源与产业发展报告（2017～2018）
著(编)者：杜红岩 胡文臻 俞锐
2018年1月出版 / 估价：99.00元
PSN G-2013-350-1/1

房地产蓝皮书
中国房地产发展报告No.15（2018）
著(编)者：李春华 王业强
2018年5月出版 / 估价：99.00元
PSN B-2004-028-1/1

服务外包蓝皮书
中国服务外包产业发展报告（2017～2018）
著(编)者：王晓红 刘德军
2018年6月出版 / 估价：99.00元
PSN B-2013-331-2/2

服务外包蓝皮书
中国服务外包竞争力报告（2017～2018）
著(编)者：刘春生 王力 黄育华
2018年12月出版 / 估价：99.00元
PSN B-2011-216-1/2

工业和信息化蓝皮书
世界信息技术产业发展报告（2017～2018）
著(编)者：尹丽波　2018年6月出版 / 估价：99.00元
PSN B-2015-449-2/6

工业和信息化蓝皮书
战略性新兴产业发展报告（2017～2018）
著(编)者：尹丽波　2018年6月出版 / 估价：99.00元
PSN B-2015-450-3/6

客车蓝皮书
中国客车产业发展报告（2017～2018）
著(编)者：姚蔚　　2018年10月出版 / 估价：99.00元
PSN B-2013-361-1/1

流通蓝皮书
中国商业发展报告（2018～2019）
著(编)者：王雪峰 林诗慧
2018年7月出版 / 估价：99.00元
PSN B-2009-152-1/2

能源蓝皮书
中国能源发展报告（2018）
著(编)者：崔民选 王军生 陈义和
2018年12月出版 / 估价：99.00元
PSN B-2006-049-1/1

农产品流通蓝皮书
中国农产品流通产业发展报告（2017）
著(编)者：贾敬敦 张东科 张玉玺 张鹏毅 周伟
2018年1月出版 / 估价：99.00元
PSN B-2012-288-1/1

汽车工业蓝皮书
中国汽车工业发展年度报告（2018）
著(编)者：中国汽车工业协会
中国汽车技术研究中心
丰田汽车公司
2018年5月出版 / 估价：168.00元
PSN B-2015-463-1/2

汽车工业蓝皮书
中国汽车零部件产业发展报告（2017～2018）
著(编)者：中国汽车工业协会
中国汽车工程研究院深圳市沃特玛电池有限公司
2018年9月出版 / 估价：99.00元
PSN B-2016-515-2/2

汽车蓝皮书
中国汽车产业发展报告（2018）
著(编)者：中国汽车工程学会
大众汽车集团（中国）
2018年11月出版 / 估价：99.00元
PSN B-2008-124-1/1

世界茶业蓝皮书
世界茶业发展报告（2018）
著(编)者：李闽榕 冯廷佺
2018年5月出版 / 估价：168.00元
PSN B-2017-619-1/1

世界能源蓝皮书
世界能源发展报告（2018）
著(编)者：黄晓勇　　2018年6月出版 / 估价：168.00元
PSN B-2013-349-1/1

体育蓝皮书
国家体育产业基地发展报告（2016～2017）
著(编)者：李颖川　　2018年4月出版 / 估价：168.00元
PSN B-2017-609-5/5

体育蓝皮书
中国体育产业发展报告（2018）
著(编)者：阮伟 钟秉枢
2018年12月出版 / 估价：99.00元
PSN B-2010-179-1/5

文化金融蓝皮书
中国文化金融发展报告（2018）
著(编)者：杨涛 金巍
2018年5月出版 / 估价：99.00元
PSN B-2017-610-1/1

新能源汽车蓝皮书
中国新能源汽车产业发展报告（2018）
著(编)者：中国汽车技术研究中心
日产（中国）投资有限公司
东风汽车有限公司
2018年8月出版 / 估价：99.00元
PSN B-2013-347-1/1

薏仁米产业蓝皮书
中国薏仁米产业发展报告No.2（2018）
著(编)者：李发耀 石明　秦礼康
2018年8月出版 / 估价：99.00元
PSN B-2017-645-1/1

邮轮绿皮书
中国邮轮产业发展报告（2018）
著(编)者：汪泓　　2018年10月出版 / 估价：99.00元
PSN G-2014-419-1/1

智能养老蓝皮书
中国智能养老产业发展报告（2018）
著(编)者：朱勇　　2018年10月出版 / 估价：99.00元
PSN B-2015-488-1/1

中国节能汽车蓝皮书
中国节能汽车发展报告（2017～2018）
著(编)者：中国汽车工程研究院股份有限公司
2018年9月出版 / 估价：99.00元
PSN B-2016-565-1/1

中国陶瓷产业蓝皮书
中国陶瓷产业发展报告（2018）
著(编)者：左和平 黄速建
2018年10月出版 / 估价：99.00元
PSN B-2016-573-1/1

装备制造业蓝皮书
中国装备制造业发展报告（2018）
著(编)者：徐东华　　2018年12月出版 / 估价：118.00元
PSN B-2015-505-1/1

行业及其他类

“三农”互联网金融蓝皮书
中国“三农”互联网金融发展报告（2018）
著(编)者：李勇坚 王弢
2018年8月出版 / 估价：99.00元
PSN B-2016-560-1/1

SUV蓝皮书
中国SUV市场发展报告（2017~2018）
著(编)者：靳军　2018年9月出版 / 估价：99.00元
PSN B-2016-571-1/1

冰雪蓝皮书
中国冬季奥运会发展报告（2018）
著(编)者：孙承华 伍斌 魏庆华 张鸿俊
2018年9月出版 / 估价：99.00元
PSN B-2017-647-2/3

彩票蓝皮书
中国彩票发展报告（2018）
著(编)者：益彩基金　2018年4月出版 / 估价：99.00元
PSN B-2015-462-1/1

测绘地理信息蓝皮书
测绘地理信息供给侧结构性改革研究报告（2018）
著(编)者：库热西·买合苏提
2018年12月出版 / 估价：168.00元
PSN B-2009-145-1/1

产权市场蓝皮书
中国产权市场发展报告（2017）
著(编)者：曹和平　2018年5月出版 / 估价：99.00元
PSN B-2009-147-1/1

城投蓝皮书
中国城投行业发展报告（2018）
著(编)者：华景斌
2018年11月出版 / 估价：300.00元
PSN B-2016-514-1/1

大数据蓝皮书
中国大数据发展报告（No.2）
著(编)者：连玉明　2018年5月出版 / 估价：99.00元
PSN B-2017-620-1/1

大数据应用蓝皮书
中国大数据应用发展报告No.2（2018）
著(编)者：陈军君　2018年8月出版 / 估价：99.00元
PSN B-2017-644-1/1

对外投资与风险蓝皮书
中国对外直接投资与国家风险报告（2018）
著(编)者：中债资信评估有限责任公司
中国社会科学院世界经济与政治研究所
2018年4月出版 / 估价：189.00元
PSN B-2017-606-1/1

工业和信息化蓝皮书
人工智能发展报告（2017~2018）
著(编)者：尹丽波　2018年6月出版 / 估价：99.00元
PSN B-2015-448-1/6

工业和信息化蓝皮书
世界智慧城市发展报告（2017~2018）
著(编)者：尹丽波　2018年6月出版 / 估价：99.00元
PSN B-2017-624-6/6

工业和信息化蓝皮书
世界网络安全发展报告（2017~2018）
著(编)者：尹丽波　2018年6月出版 / 估价：99.00元
PSN B-2015-452-5/6

工业和信息化蓝皮书
世界信息化发展报告（2017~2018）
著(编)者：尹丽波　2018年6月出版 / 估价：99.00元
PSN B-2015-451-4/6

工业设计蓝皮书
中国工业设计发展报告（2018）
著(编)者：王晓红 于炜 张立群　2018年9月出版 / 估价：168.00元
PSN B-2014-420-1/1

公共关系蓝皮书
中国公共关系发展报告（2018）
著(编)者：柳斌杰　2018年11月出版 / 估价：99.00元
PSN B-2016-579-1/1

管理蓝皮书
中国管理发展报告（2018）
著(编)者：张晓东　2018年10月出版 / 估价：99.00元
PSN B-2014-416-1/1

海关发展蓝皮书
中国海关发展前沿报告（2018）
著(编)者：干春晖　2018年6月出版 / 估价：99.00元
PSN B-2017-616-1/1

互联网医疗蓝皮书
中国互联网健康医疗发展报告（2018）
著(编)者：芮晓武　2018年6月出版 / 估价：99.00元
PSN B-2016-567-1/1

黄金市场蓝皮书
中国商业银行黄金业务发展报告（2017~2018）
著(编)者：平安银行　2018年3月出版 / 估价：99.00元
PSN B-2016-524-1/1

会展蓝皮书
中外会展业动态评估研究报告（2018）
著(编)者：张敏 任中峰 聂鑫焱 牛盼强
2018年12月出版 / 估价：99.00元
PSN B-2013-327-1/1

基金会蓝皮书
中国基金会发展报告（2017~2018）
著(编)者：中国基金会发展报告课题组
2018年4月出版 / 估价：99.00元
PSN B-2013-368-1/1

基金会绿皮书
中国基金会发展独立研究报告（2018）
著(编)者：基金会中心网　中央民族大学基金会研究中心
2018年6月出版 / 估价：99.00元
PSN G-2011-213-1/1

基金会透明度蓝皮书
中国基金会透明度发展研究报告（2018）
著(编)者：基金会中心网
清华大学廉政与治理研究中心
2018年9月出版 / 估价：99.00元
PSN B-2013-339-1/1

建筑装饰蓝皮书
中国建筑装饰行业发展报告（2018）
著(编)者：葛道顺 刘晓一
2018年10月出版 / 估价：198.00元
PSN B-2016-553-1/1

金融监管蓝皮书
中国金融监管报告（2018）
著(编)者：胡滨　2018年5月出版 / 估价：99.00元
PSN B-2012-281-1/1

金融蓝皮书
中国互联网金融行业分析与评估（2018～2019）
著(编)者：黄国平 伍旭川　2018年12月出版 / 估价：99.00元
PSN B-2016-585-7/7

金融科技蓝皮书
中国金融科技发展报告（2018）
著(编)者：李扬 孙国峰　2018年10月出版 / 估价：99.00元
PSN B-2014-374-1/1

金融信息服务蓝皮书
中国金融信息服务发展报告（2018）
著(编)者：李平　2018年5月出版 / 估价：99.00元
PSN B-2017-621-1/1

京津冀金融蓝皮书
京津冀金融发展报告（2018）
著(编)者：王爱俭 王璟怡　2018年10月出版 / 估价：99.00元
PSN B-2016-527-1/1

科普蓝皮书
国家科普能力发展报告（2018）
著(编)者：王康友　2018年5月出版 / 估价：138.00元
PSN B-2017-632-4/4

科普蓝皮书
中国基层科普发展报告（2017～2018）
著(编)者：赵立新 陈玲　2018年9月出版 / 估价：99.00元
PSN B-2016-568-3/4

科普蓝皮书
中国科普基础设施发展报告（2017～2018）
著(编)者：任福君　2018年6月出版 / 估价：99.00元
PSN B-2010-174-1/3

科普蓝皮书
中国科普人才发展报告（2017～2018）
著(编)者：郑念 任嵘嵘　2018年7月出版 / 估价：99.00元
PSN B-2016-512-2/4

科普能力蓝皮书
中国科普能力评价报告（2018～2019）
著(编)者：李富强 李群　2018年8月出版 / 估价：99.00元
PSN B-2016-555-1/1

临空经济蓝皮书
中国临空经济发展报告（2018）
著(编)者：连玉明　2018年9月出版 / 估价：99.00元
PSN B-2014-421-1/1

旅游安全蓝皮书
中国旅游安全报告（2018）
著(编)者：郑向敏 谢朝武　2018年5月出版 / 估价：158.00元
PSN B-2012-280-1/1

旅游绿皮书
2017～2018年中国旅游发展分析与预测
著(编)者：宋瑞　2018年2月出版 / 估价：99.00元
PSN G-2002-018-1/1

煤炭蓝皮书
中国煤炭工业发展报告（2018）
著(编)者：岳福斌　2018年12月出版 / 估价：99.00元
PSN B-2008-123-1/1

民营企业社会责任蓝皮书
中国民营企业社会责任报告（2018）
著(编)者：中华全国工商业联合会
2018年12月出版 / 估价：99.00元
PSN B-2015-510-1/1

民营医院蓝皮书
中国民营医院发展报告（2017）
著(编)者：薛晓林　2018年1月出版 / 估价：99.00元
PSN B-2012-299-1/1

闽商蓝皮书
闽商发展报告（2018）
著(编)者：李闽榕 王日根 林琛
2018年12月出版 / 估价：99.00元
PSN B-2012-298-1/1

农业应对气候变化蓝皮书
中国农业气象灾害及其灾损评估报告（No.3）
著(编)者：矫梅燕　2018年1月出版 / 估价：118.00元
PSN B-2014-413-1/1

品牌蓝皮书
中国品牌战略发展报告（2018）
著(编)者：汪同三　2018年10月出版 / 估价：99.00元
PSN B-2016-580-1/1

企业扶贫蓝皮书
中国企业扶贫研究报告（2018）
著(编)者：钟宏武　2018年12月出版 / 估价：99.00元
PSN B-2016-593-1/1

企业公益蓝皮书
中国企业公益研究报告（2018）
著(编)者：钟宏武 汪杰 黄晓娟
2018年12月出版 / 估价：99.00元
PSN B-2015-501-1/1

企业国际化蓝皮书
中国企业全球化报告（2018）
著(编)者：王辉耀 苗绿　2018年11月出版 / 估价：99.00元
PSN B-2014-427-1/1

企业蓝皮书
中国企业绿色发展报告No.2（2018）
著(编)者：李红玉 朱光辉
2018年8月出版 / 估价：99.00元
PSN B-2015-481-2/2

企业社会责任蓝皮书
中资企业海外社会责任研究报告（2017~2018）
著(编)者：钟宏武 叶柳红 张蒽
2018年1月出版 / 估价：99.00元
PSN B-2017-603-2/2

企业社会责任蓝皮书
中国企业社会责任研究报告（2018）
著(编)者：黄群慧 钟宏武 张蒽 汪杰
2018年11月出版 / 估价：99.00元
PSN B-2009-149-1/2

汽车安全蓝皮书
中国汽车安全发展报告（2018）
著(编)者：中国汽车技术研究中心
2018年8月出版 / 估价：99.00元
PSN B-2014-385-1/1

汽车电子商务蓝皮书
中国汽车电子商务发展报告（2018）
著(编)者：中华全国工商业联合会汽车经销商商会
北方工业大学
北京易观智库网络科技有限公司
2018年10月出版 / 估价：158.00元
PSN B-2015-485-1/1

汽车知识产权蓝皮书
中国汽车产业知识产权发展报告（2018）
著(编)者：中国汽车工程研究院股份有限公司
中国汽车工程学会
重庆长安汽车股份有限公司
2018年12月出版 / 估价：99.00元
PSN B-2016-594-1/1

青少年体育蓝皮书
中国青少年体育发展报告（2017）
著(编)者：刘扶民 杨桦　2018年1月出版 / 估价：99.00元
PSN B-2015-482-1/1

区块链蓝皮书
中国区块链发展报告（2018）
著(编)者：李伟　2018年9月出版 / 估价：99.00元
PSN B-2017-649-1/1

群众体育蓝皮书
中国群众体育发展报告（2017）
著(编)者：刘国永 戴健　2018年5月出版 / 估价：99.00元
PSN B-2014-411-1/3

群众体育蓝皮书
中国社会体育指导员发展报告（2018）
著(编)者：刘国永 王欢　2018年4月出版 / 估价：99.00元
PSN B-2016-520-3/3

人力资源蓝皮书
中国人力资源发展报告（2018）
著(编)者：余兴安　2018年11月出版 / 估价：99.00元
PSN B-2012-287-1/1

融资租赁蓝皮书
中国融资租赁业发展报告（2017~2018）
著(编)者：李光荣 王力　2018年8月出版 / 估价：99.00元
PSN B-2015-443-1/1

商会蓝皮书
中国商会发展报告No.5（2017）
著(编)者：王钦敏　2018年7月出版 / 估价：99.00元
PSN B-2008-125-1/1

商务中心区蓝皮书
中国商务中心区发展报告No.4（2017~2018）
著(编)者：李国红 单菁菁　2018年9月出版 / 估价：99.00元
PSN B-2015-444-1/1

设计产业蓝皮书
中国创新设计发展报告（2018）
著(编)者：王晓红 张立群 于炜
2018年11月出版 / 估价：99.00元
PSN B-2016-581-2/2

社会责任管理蓝皮书
中国上市公司社会责任能力成熟度报告No.4（2018）
著(编)者：肖红军 王晓光 李伟阳
2018年12月出版 / 估价：99.00元
PSN B-2015-507-2/2

社会责任管理蓝皮书
中国企业公众透明度报告No.4（2017~2018）
著(编)者：黄速建 熊梦 王晓光 肖红军
2018年4月出版 / 估价：99.00元
PSN B-2015-440-1/2

食品药品蓝皮书
食品药品安全与监管政策研究报告（2016~2017）
著(编)者：唐民皓　2018年6月出版 / 估价：99.00元
PSN B-2009-129-1/1

输血服务蓝皮书
中国输血行业发展报告（2018）
著(编)者：孙俊　2018年12月出版 / 估价：99.00元
PSN B-2016-582-1/1

水利风景区蓝皮书
中国水利风景区发展报告（2018）
著(编)者：董建文 兰思仁
2018年10月出版 / 估价：99.00元
PSN B-2015-480-1/1

私募市场蓝皮书
中国私募股权市场发展报告（2017~2018）
著(编)者：曹和平　2018年12月出版 / 估价：99.00元
PSN B-2010-162-1/1

碳排放权交易蓝皮书
中国碳排放权交易报告（2018）
著(编)者：孙永平　2018年11月出版 / 估价：99.00元
PSN B-2017-652-1/1

碳市场蓝皮书
中国碳市场报告（2018）
著(编)者：定金彪　2018年11月出版 / 估价：99.00元
PSN B-2014-430-1/1

体育蓝皮书
中国公共体育服务发展报告（2018）
著(编)者：戴健　2018年12月出版 / 估价：99.00元
PSN B-2013-367-2/5

土地市场蓝皮书
中国农村土地市场发展报告（2017~2018）
著(编)者：李光荣　2018年3月出版 / 估价：99.00元
PSN B-2016-526-1/1

土地整治蓝皮书
中国土地整治发展研究报告（No.5）
著(编)者：国土资源部土地整治中心
2018年7月出版 / 估价：99.00元
PSN B-2014-401-1/1

土地政策蓝皮书
中国土地政策研究报告（2018）
著(编)者：高延利 李宪文　2017年12月出版 / 估价：99.00元
PSN B-2015-506-1/1

网络空间安全蓝皮书
中国网络空间安全发展报告（2018）
著(编)者：惠志斌 覃庆玲
2018年11月出版 / 估价：99.00元
PSN B-2015-466-1/1

文化志愿服务蓝皮书
中国文化志愿服务发展报告（2018）
著(编)者：张永新 良警宇　2018年11月出版 / 估价：128.00元
PSN B-2016-596-1/1

西部金融蓝皮书
中国西部金融发展报告（2017~2018）
著(编)者：李忠民　2018年8月出版 / 估价：99.00元
PSN B-2010-160-1/1

协会商会蓝皮书
中国行业协会商会发展报告（2017）
著(编)者：景朝阳 李勇　2018年4月出版 / 估价：99.00元
PSN B-2015-461-1/1

新三板蓝皮书
中国新三板市场发展报告（2018）
著(编)者：王力　2018年8月出版 / 估价：99.00元
PSN B-2016-533-1/1

信托市场蓝皮书
中国信托业市场报告（2017~2018）
著(编)者：用益金融信托研究院
2018年1月出版 / 估价：198.00元
PSN B-2014-371-1/1

信息化蓝皮书
中国信息化形势分析与预测（2017~2018）
著(编)者：周宏仁　2018年8月出版 / 估价：99.00元
PSN B-2010-168-1/1

信用蓝皮书
中国信用发展报告（2017~2018）
著(编)者：章政 田侃　2018年4月出版 / 估价：99.00元
PSN B-2013-328-1/1

休闲绿皮书
2017~2018年中国休闲发展报告
著(编)者：宋瑞　2018年7月出版 / 估价：99.00元
PSN G-2010-158-1/1

休闲体育蓝皮书
中国休闲体育发展报告（2017~2018）
著(编)者：李相如 钟秉枢
2018年10月出版 / 估价：99.00元
PSN B-2016-516-1/1

养老金融蓝皮书
中国养老金融发展报告（2018）
著(编)者：董克用 姚余栋
2018年9月出版 / 估价：99.00元
PSN B-2016-583-1/1

遥感监测绿皮书
中国可持续发展遥感监测报告（2017）
著(编)者：顾行发 汪克强 潘教峰 李闽榕 徐东华 王琦安
2018年6月出版 / 估价：298.00元
PSN B-2017-629-1/1

药品流通蓝皮书
中国药品流通行业发展报告（2018）
著(编)者：佘鲁林 温再兴
2018年7月出版 / 估价：198.00元
PSN B-2014-429-1/1

医疗器械蓝皮书
中国医疗器械行业发展报告（2018）
著(编)者：王宝亭 耿鸿武
2018年10月出版 / 估价：99.00元
PSN B-2017-661-1/1

医院蓝皮书
中国医院竞争力报告（2018）
著(编)者：庄一强 曾益新　2018年3月出版 / 估价：118.00元
PSN B-2016-528-1/1

瑜伽蓝皮书
中国瑜伽业发展报告（2017~2018）
著(编)者：张永建 徐华锋 朱泰余
2018年6月出版 / 估价：198.00元
PSN B-2017-625-1/1

债券市场蓝皮书
中国债券市场发展报告（2017~2018）
著(编)者：杨农　2018年10月出版 / 估价：99.00元
PSN B-2016-572-1/1

志愿服务蓝皮书
中国志愿服务发展报告（2018）
著(编)者：中国志愿服务联合会
2018年11月出版 / 估价：99.00元
PSN B-2017-664-1/1

中国上市公司蓝皮书
中国上市公司发展报告（2018）
著(编)者：张鹏 张平 黄胤英
2018年9月出版 / 估价：99.00元
PSN B-2014-414-1/1

中国新三板蓝皮书
中国新三板创新与发展报告（2018）
著(编)者：刘平安 闻召林
2018年8月出版 / 估价：158.00元
PSN B-2017-638-1/1

中医文化蓝皮书
北京中医药文化传播发展报告（2018）
著(编)者：毛嘉陵 2018年5月出版 / 估价：99.00元
PSN B-2015-468-1/2

中医文化蓝皮书
中国中医药文化传播发展报告（2018）
著(编)者：毛嘉陵 2018年7月出版 / 估价：99.00元
PSN B-2016-584-2/2

中医药蓝皮书
北京中医药知识产权发展报告No.2
著(编)者：汪洪 屠志涛 2018年4月出版 / 估价：168.00元
PSN B-2017-602-1/1

资本市场蓝皮书
中国场外交易市场发展报告（2016～2017）
著(编)者：高峦 2018年3月出版 / 估价：99.00元
PSN B-2009-153-1/1

资产管理蓝皮书
中国资产管理行业发展报告（2018）
著(编)者：郑智 2018年7月出版 / 估价：99.00元
PSN B-2014-407-2/2

资产证券化蓝皮书
中国资产证券化发展报告（2018）
著(编)者：纪志宏 2018年11月出版 / 估价：99.00元
PSN B-2017-660-1/1

自贸区蓝皮书
中国自贸区发展报告（2018）
著(编)者：王力 黄育华 2018年6月出版 / 估价：99.00元
PSN B-2016-558-1/1

国际问题与全球治理类

“一带一路”跨境通道蓝皮书
“一带一路”跨境通道建设研究报告（2018）
著(编)者：郭业洲 2018年8月出版 / 估价：99.00元
PSN B-2016-557-1/1

“一带一路”蓝皮书
“一带一路”建设发展报告（2018）
著(编)者：王晓泉 2018年6月出版 / 估价：99.00元
PSN B-2016-552-1/1

“一带一路”投资安全蓝皮书
中国“一带一路”投资与安全研究报告（2017～2018）
著(编)者：邹统钎 梁昊光 2018年4月出版 / 估价：99.00元
PSN B-2017-612-1/1

“一带一路”文化交流蓝皮书
中阿文化交流发展报告（2017）
著(编)者：王辉 2018年9月出版 / 估价：99.00元
PSN B-2017-655-1/1

G20国家创新竞争力黄皮书
二十国集团（G20）国家创新竞争力发展报告（2017～2018）
著(编)者：李建平 李闽榕 赵新力 周天勇
2018年7月出版 / 估价：168.00元
PSN Y-2011-229-1/1

阿拉伯黄皮书
阿拉伯发展报告（2016～2017）
著(编)者：罗林 2018年3月出版 / 估价：99.00元
PSN Y-2014-381-1/1

北部湾蓝皮书
泛北部湾合作发展报告（2017～2018）
著(编)者：吕余生 2018年12月出版 / 估价：99.00元
PSN B-2008-114-1/1

北极蓝皮书
北极地区发展报告（2017）
著(编)者：刘惠荣 2018年7月出版 / 估价：99.00元
PSN B-2017-634-1/1

大洋洲蓝皮书
大洋洲发展报告（2017～2018）
著(编)者：喻常森 2018年10月出版 / 估价：99.00元
PSN B-2013-341-1/1

东北亚区域合作蓝皮书
2017年“一带一路”倡议与东北亚区域合作
著(编)者：刘亚政 金美花
2018年5月出版 / 估价：99.00元
PSN B-2017-631-1/1

东盟黄皮书
东盟发展报告（2017）
著(编)者：杨晓强 庄国土
2018年3月出版 / 估价：99.00元
PSN Y-2012-303-1/1

东南亚蓝皮书
东南亚地区发展报告（2017～2018）
著(编)者：王勤 2018年12月出版 / 估价：99.00元
PSN B-2012-240-1/1

非洲黄皮书
非洲发展报告No.20（2017～2018）
著(编)者：张宏明 2018年7月出版 / 估价：99.00元
PSN Y-2012-239-1/1

非传统安全蓝皮书
中国非传统安全研究报告（2017～2018）
著(编)者：潇枫 罗中枢 2018年8月出版 / 估价：99.00元
PSN B-2012-273-1/1

国际安全蓝皮书
中国国际安全研究报告（2018）
著(编)者：刘慧　　2018年7月出版 / 估价：99.00元
PSN B-2016-521-1/1

国际城市蓝皮书
国际城市发展报告（2018）
著(编)者：屠启宇　　2018年2月出版 / 估价：99.00元
PSN B-2012-260-1/1

国际形势黄皮书
全球政治与安全报告（2018）
著(编)者：张宇燕　　2018年1月出版 / 估价：99.00元
PSN Y-2001-016-1/1

公共外交蓝皮书
中国公共外交发展报告（2018）
著(编)者：赵启正 雷蔚真　　2018年4月出版 / 估价：99.00元
PSN B-2015-457-1/1

金砖国家黄皮书
金砖国家综合创新竞争力发展报告（2018）
著(编)者：赵新力 李闽榕 黄茂兴
2018年8月出版 / 估价：128.00元
PSN Y-2017-643-1/1

拉美黄皮书
拉丁美洲和加勒比发展报告（2017～2018）
著(编)者：袁东振　　2018年6月出版 / 估价：99.00元
PSN Y-1999-007-1/1

澜湄合作蓝皮书
澜沧江-湄公河合作发展报告（2018）
著(编)者：刘稚　　2018年9月出版 / 估价：99.00元
PSN B-2011-196-1/1

欧洲蓝皮书
欧洲发展报告（2017～2018）
著(编)者：黄平 周弘 程卫东
2018年6月出版 / 估价：99.00元
PSN B-1999-009-1/1

葡语国家蓝皮书
葡语国家发展报告（2016～2017）
著(编)者：王成安 张敏 刘金兰
2018年4月出版 / 估价：99.00元
PSN B-2015-503-1/2

葡语国家蓝皮书
中国与葡语国家关系发展报告·巴西（2016）
著(编)者：张曙光　　2018年8月出版 / 估价：99.00元
PSN B-2016-563-2/2

气候变化绿皮书
应对气候变化报告（2018）
著(编)者：王伟光 郑国光　　2018年11月出版 / 估价：99.00元
PSN G-2009-144-1/1

全球环境竞争力绿皮书
全球环境竞争力报告（2018）
著(编)者：李建平 李闽榕 王金南
2018年12月出版 / 估价：198.00元
PSN G-2013-363-1/1

全球信息社会蓝皮书
全球信息社会发展报告（2018）
著(编)者：丁波涛 唐涛　　2018年10月出版 / 估价：99.00元
PSN B-2017-665-1/1

日本经济蓝皮书
日本经济与中日经贸关系研究报告（2018）
著(编)者：张季风　　2018年6月出版 / 估价：99.00元
PSN B-2008-102-1/1

上海合作组织黄皮书
上海合作组织发展报告（2018）
著(编)者：李进峰　　2018年6月出版 / 估价：99.00元
PSN Y-2009-130-1/1

世界创新竞争力黄皮书
世界创新竞争力发展报告（2017）
著(编)者：李建平 李闽榕 赵新力
2018年1月出版 / 估价：168.00元
PSN Y-2013-318-1/1

世界经济黄皮书
2018年世界经济形势分析与预测
著(编)者：张宇燕　　2018年1月出版 / 估价：99.00元
PSN Y-1999-006-1/1

丝绸之路蓝皮书
丝绸之路经济带发展报告（2018）
著(编)者：任宗哲 白宽犁 谷孟宾
2018年1月出版 / 估价：99.00元
PSN B-2014-410-1/1

新兴经济体蓝皮书
金砖国家发展报告（2018）
著(编)者：林跃勤 周文　　2018年8月出版 / 估价：99.00元
PSN B-2011-195-1/1

亚太蓝皮书
亚太地区发展报告（2018）
著(编)者：李向阳　　2018年5月出版 / 估价：99.00元
PSN B-2001-015-1/1

印度洋地区蓝皮书
印度洋地区发展报告（2018）
著(编)者：汪戎　　2018年6月出版 / 估价：99.00元
PSN B-2013-334-1/1

渝新欧蓝皮书
渝新欧沿线国家发展报告（2018）
著(编)者：杨柏 黄森　　2018年6月出版 / 估价：99.00元
PSN B-2017-626-1/1

中阿蓝皮书
中国-阿拉伯国家经贸发展报告（2018）
著(编)者：张廉 段庆林 王林聪 杨巧红
2018年12月出版 / 估价：99.00元
PSN B-2016-598-1/1

中东黄皮书
中东发展报告No.20（2017～2018）
著(编)者：杨光　　2018年10月出版 / 估价：99.00元
PSN Y-1998-004-1/1

中亚黄皮书
中亚国家发展报告（2018）
著(编)者：孙力　　2018年6月出版 / 估价：99.00元
PSN Y-2012-238-1/1

国别类

澳大利亚蓝皮书
澳大利亚发展报告（2017-2018）
著(编)者：孙有中 韩锋　2018年12月出版 / 估价：99.00元
PSN B-2016-587-1/1

巴西黄皮书
巴西发展报告（2017）
著(编)者：刘国枝　2018年5月出版 / 估价：99.00元
PSN Y-2017-614-1/1

德国蓝皮书
德国发展报告（2018）
著(编)者：郑春荣　2018年6月出版 / 估价：99.00元
PSN B-2012-278-1/1

俄罗斯黄皮书
俄罗斯发展报告（2018）
著(编)者：李永全　2018年6月出版 / 估价：99.00元
PSN Y-2006-061-1/1

韩国蓝皮书
韩国发展报告（2017）
著(编)者：牛林杰 刘宝全　2018年5月出版 / 估价：99.00元
PSN B-2010-155-1/1

加拿大蓝皮书
加拿大发展报告（2018）
著(编)者：唐小松　2018年9月出版 / 估价：99.00元
PSN B-2014-389-1/1

美国蓝皮书
美国研究报告（2018）
著(编)者：郑秉文 黄平　2018年5月出版 / 估价：99.00元
PSN B-2011-210-1/1

缅甸蓝皮书
缅甸国情报告（2017）
著(编)者：孔鹏 杨祥章　2018年1月出版 / 估价：99.00元
PSN B-2013-343-1/1

日本蓝皮书
日本研究报告（2018）
著(编)者：杨伯江　2018年6月出版 / 估价：99.00元
PSN B-2002-020-1/1

土耳其蓝皮书
土耳其发展报告（2018）
著(编)者：郭长刚 刘义　2018年9月出版 / 估价：99.00元
PSN B-2014-412-1/1

伊朗蓝皮书
伊朗发展报告（2017～2018）
著(编)者：冀开运　2018年10月 / 估价：99.00元
PSN B-2016-574-1/1

以色列蓝皮书
以色列发展报告（2018）
著(编)者：张倩红　2018年8月出版 / 估价：99.00元
PSN B-2015-483-1/1

印度蓝皮书
印度国情报告（2017）
著(编)者：吕昭义　2018年4月出版 / 估价：99.00元
PSN B-2012-241-1/1

英国蓝皮书
英国发展报告（2017～2018）
著(编)者：王展鹏　2018年12月出版 / 估价：99.00元
PSN B-2015-486-1/1

越南蓝皮书
越南国情报告（2018）
著(编)者：谢林城　2018年1月出版 / 估价：99.00元
PSN B-2006-056-1/1

泰国蓝皮书
泰国研究报告（2018）
著(编)者：庄国土 张禹东 刘文正
2018年10月出版 / 估价：99.00元
PSN B-2016-556-1/1

文化传媒类

“三农”舆情蓝皮书
中国“三农”网络舆情报告（2017～2018）
著(编)者：农业部信息中心
2018年6月出版 / 估价：99.00元
PSN B-2017-640-1/1

传媒竞争力蓝皮书
中国传媒国际竞争力研究报告（2018）
著(编)者：李本乾 刘强 王大可
2018年8月出版 / 估价：99.00元
PSN B-2013-356-1/1

传媒蓝皮书
中国传媒产业发展报告（2018）
著(编)者：崔保国　2018年5月出版 / 估价：99.00元
PSN B-2005-035-1/1

传媒投资蓝皮书
中国传媒投资发展报告（2018）
著(编)者：张向东 谭云明
2018年6月出版 / 估价：148.00元
PSN B-2015-474-1/1

非物质文化遗产蓝皮书
中国非物质文化遗产发展报告（2018）
著(编)者：陈平　　2018年5月出版 / 估价：128.00元
PSN B-2015-469-1/2

非物质文化遗产蓝皮书
中国非物质文化遗产保护发展报告（2018）
著(编)者：宋俊华　　2018年10月出版 / 估价：128.00元
PSN B-2016-586-2/2

广电蓝皮书
中国广播电影电视发展报告（2018）
著(编)者：国家新闻出版广电总局发展研究中心
2018年7月出版 / 估价：99.00元
PSN B-2006-072-1/1

广告主蓝皮书
中国广告主营销传播趋势报告No.9
著(编)者：黄升民 杜国清 邵华冬 等
2018年10月出版 / 估价：158.00元
PSN B-2005-041-1/1

国际传播蓝皮书
中国国际传播发展报告（2018）
著(编)者：胡正荣 李继东 姬德强
2018年12月出版 / 估价：99.00元
PSN B-2014-408-1/1

国家形象蓝皮书
中国国家形象传播报告（2017）
著(编)者：张昆　　2018年3月出版 / 估价：128.00元
PSN B-2017-605-1/1

互联网治理蓝皮书
中国网络社会治理研究报告（2018）
著(编)者：罗昕 支庭荣
2018年9月出版 / 估价：118.00元
PSN B-2017-653-1/1

纪录片蓝皮书
中国纪录片发展报告（2018）
著(编)者：何苏六　　2018年10月出版 / 估价：99.00元
PSN B-2011-222-1/1

科学传播蓝皮书
中国科学传播报告（2016~2017）
著(编)者：詹正茂　　2018年6月出版 / 估价：99.00元
PSN B-2008-120-1/1

两岸创意经济蓝皮书
两岸创意经济研究报告（2018）
著(编)者：罗昌智 董泽平
2018年10月出版 / 估价：99.00元
PSN B-2014-437-1/1

媒介与女性蓝皮书
中国媒介与女性发展报告（2017~2018）
著(编)者：刘利群　　2018年5月出版 / 估价：99.00元
PSN B-2013-345-1/1

媒体融合蓝皮书
中国媒体融合发展报告（2017）
著(编)者：梅宁华 支庭荣　　2018年1月出版 / 估价：99.00元
PSN B-2015-479-1/1

全球传媒蓝皮书
全球传媒发展报告（2017~2018）
著(编)者：胡正荣 李继东　　2018年6月出版 / 估价：99.00元
PSN B-2012-237-1/1

少数民族非遗蓝皮书
中国少数民族非物质文化遗产发展报告（2018）
著(编)者：肖远平（彝） 柴立（满）
2018年10月出版 / 估价：118.00元
PSN B-2015-467-1/1

视听新媒体蓝皮书
中国视听新媒体发展报告（2018）
著(编)者：国家新闻出版广电总局发展研究中心
2018年7月出版 / 估价：118.00元
PSN B-2011-184-1/1

数字娱乐产业蓝皮书
中国动画产业发展报告（2018）
著(编)者：孙立军 孙平 牛兴侦
2018年10月出版 / 估价：99.00元
PSN B-2011-198-1/2

数字娱乐产业蓝皮书
中国游戏产业发展报告（2018）
著(编)者：孙立军 刘跃军
2018年10月出版 / 估价：99.00元
PSN B-2017-662-2/2

文化创新蓝皮书
中国文化创新报告（2017·No.8）
著(编)者：傅才武　　2018年4月出版 / 估价：99.00元
PSN B-2009-143-1/1

文化建设蓝皮书
中国文化发展报告（2018）
著(编)者：江畅 孙伟平 戴茂堂
2018年5月出版 / 估价：99.00元
PSN B-2014-392-1/1

文化科技蓝皮书
文化科技创新发展报告（2018）
著(编)者：于平 李凤亮　　2018年10月出版 / 估价：99.00元
PSN B-2013-342-1/1

文化蓝皮书
中国公共文化服务发展报告（2017~2018）
著(编)者：刘新成 张永新 张旭
2018年12月出版 / 估价：99.00元
PSN B-2007-093-2/10

文化蓝皮书
中国少数民族文化发展报告（2017~2018）
著(编)者：武翠英 张晓明 任乌晶
2018年9月出版 / 估价：99.00元
PSN B-2013-369-9/10

文化蓝皮书
中国文化产业供需协调检测报告（2018）
著(编)者：王亚南　　2018年2月出版 / 估价：99.00元
PSN B-2013-323-8/10

文化蓝皮书
中国文化消费需求景气评价报告（2018）
著(编)者：王亚南　2018年2月出版 / 估价：99.00元
PSN B-2011-236-4/10

文化蓝皮书
中国公共文化投入增长测评报告（2018）
著(编)者：王亚南　2018年2月出版 / 估价：99.00元
PSN B-2014-435-10/10

文化品牌蓝皮书
中国文化品牌发展报告（2018）
著(编)者：欧阳友权　2018年5月出版 / 估价：99.00元
PSN B-2012-277-1/1

文化遗产蓝皮书
中国文化遗产事业发展报告（2017~2018）
著(编)者：苏杨 张颖岚 卓杰 白海峰 陈晨 陈叙图
2018年8月出版 / 估价：99.00元
PSN B-2008-119-1/1

文学蓝皮书
中国文情报告（2017~2018）
著(编)者：白烨　2018年5月出版 / 估价：99.00元
PSN B-2011-221-1/1

新媒体蓝皮书
中国新媒体发展报告No.9（2018）
著(编)者：唐绪军　2018年7月出版 / 估价：99.00元
PSN B-2010-169-1/1

新媒体社会责任蓝皮书
中国新媒体社会责任研究报告（2018）
著(编)者：钟瑛　2018年12月出版 / 估价：99.00元
PSN B-2014-423-1/1

移动互联网蓝皮书
中国移动互联网发展报告（2018）
著(编)者：余清楚　2018年6月出版 / 估价：99.00元
PSN B-2012-282-1/1

影视蓝皮书
中国影视产业发展报告（2018）
著(编)者：司若 陈鹏 陈锐　2018年4月出版 / 估价：99.00元
PSN B-2016-529-1/1

舆情蓝皮书
中国社会舆情与危机管理报告（2018）
著(编)者：谢耘耕　2018年9月出版 / 估价：138.00元
PSN B-2011-235-1/1

地方发展类-经济

澳门蓝皮书
澳门经济社会发展报告（2017~2018）
著(编)者：吴志良 郝雨凡　2018年7月出版 / 估价：99.00元
PSN B-2009-138-1/1

澳门绿皮书
澳门旅游休闲发展报告（2017~2018）
著(编)者：郝雨凡 林广志　2018年5月出版 / 估价：99.00元
PSN G-2017-617-1/1

北京蓝皮书
北京经济发展报告（2017~2018）
著(编)者：杨松　2018年6月出版 / 估价：99.00元
PSN B-2006-054-2/8

北京旅游绿皮书
北京旅游发展报告（2018）
著(编)者：北京旅游学会
2018年7月出版 / 估价：99.00元
PSN G-2012-301-1/1

北京体育蓝皮书
北京体育产业发展报告（2017~2018）
著(编)者：钟秉枢 陈杰 杨铁黎
2018年9月出版 / 估价：99.00元
PSN B-2015-475-1/1

滨海金融蓝皮书
滨海新区金融发展报告（2017）
著(编)者：王爱俭 李向前　2018年4月出版 / 估价：99.00元
PSN B-2014-424-1/1

城乡一体化蓝皮书
北京城乡一体化发展报告（2017~2018）
著(编)者：吴宝新 张宝秀 黄序
2018年5月出版 / 估价：99.00元
PSN B-2012-258-2/2

非公有制企业社会责任蓝皮书
北京非公有制企业社会责任报告（2018）
著(编)者：宋贵伦 冯培　2018年6月出版 / 估价：99.00元
PSN B-2017-613-1/1

福建旅游蓝皮书
福建省旅游产业发展现状研究（2017~2018）
著(编)者：陈敏华 黄远水
2018年12月出版 / 估价：128.00元
PSN B-2016-591-1/1

福建自贸区蓝皮书
中国(福建)自由贸易试验区发展报告(2017~2018)
著(编)者：黄茂兴　2018年4月出版 / 估价：118.00元
PSN B-2016-531-1/1

甘肃蓝皮书
甘肃经济发展分析与预测（2018）
著(编)者：安文华 罗哲　2018年1月出版 / 估价：99.00元
PSN B-2013-312-1/6

甘肃蓝皮书
甘肃商贸流通发展报告（2018）
著(编)者：张应华 王福生 王晓芳
2018年1月出版 / 估价：99.00元
PSN B-2016-522-6/6

甘肃蓝皮书
甘肃县域和农村发展报告（2018）
著(编)者：朱智文 包东红 王建兵
2018年1月出版 / 估价：99.00元
PSN B-2013-316-5/6

甘肃农业科技绿皮书
甘肃农业科技发展研究报告（2018）
著(编)者：魏胜文 乔德华 张东伟
2018年12月出版 / 估价：198.00元
PSN B-2016-592-1/1

巩义蓝皮书
巩义经济社会发展报告（2018）
著(编)者：丁同民 朱军 2018年4月出版 / 估价：99.00元
PSN B-2016-532-1/1

广东外经贸蓝皮书
广东对外经济贸易发展研究报告（2017～2018）
著(编)者：陈万灵 2018年6月出版 / 估价：99.00元
PSN B-2012-286-1/1

广西北部湾经济区蓝皮书
广西北部湾经济区开放开发报告（2017～2018）
著(编)者：广西壮族自治区北部湾经济区和东盟开放合作办公室
广西社会科学院
广西北部湾发展研究院
2018年2月出版 / 估价：99.00元
PSN B-2010-181-1/1

广州蓝皮书
广州城市国际化发展报告（2018）
著(编)者：张跃国 2018年8月出版 / 估价：99.00元
PSN B-2012-246-11/14

广州蓝皮书
中国广州城市建设与管理发展报告（2018）
著(编)者：张其学 陈小钢 王宏伟 2018年8月出版 / 估价：99.00元
PSN B-2007-087-4/14

广州蓝皮书
广州创新型城市发展报告（2018）
著(编)者：尹涛 2018年6月出版 / 估价：99.00元
PSN B-2012-247-12/14

广州蓝皮书
广州经济发展报告（2018）
著(编)者：张跃国 尹涛 2018年7月出版 / 估价：99.00元
PSN B-2005-040-1/14

广州蓝皮书
2018年中国广州经济形势分析与预测
著(编)者：魏明海 谢博能 李华
2018年6月出版 / 估价：99.00元
PSN B-2011-185-9/14

广州蓝皮书
中国广州科技创新发展报告（2018）
著(编)者：于欣伟 陈爽 邓佑满 2018年8月出版 / 估价：99.00元
PSN B-2006-065-2/14

广州蓝皮书
广州农村发展报告（2018）
著(编)者：朱名宏 2018年7月出版 / 估价：99.00元
PSN B-2010-167-8/14

广州蓝皮书
广州汽车产业发展报告（2018）
著(编)者：杨再高 冯兴亚 2018年7月出版 / 估价：99.00元
PSN B-2006-066-3/14

广州蓝皮书
广州商贸业发展报告（2018）
著(编)者：张跃国 陈杰 荀振英
2018年7月出版 / 估价：99.00元
PSN B-2012-245-10/14

贵阳蓝皮书
贵阳城市创新发展报告No.3（白云篇）
著(编)者：连玉明 2018年5月出版 / 估价：99.00元
PSN B-2015-491-3/10

贵阳蓝皮书
贵阳城市创新发展报告No.3（观山湖篇）
著(编)者：连玉明 2018年5月出版 / 估价：99.00元
PSN B-2015-497-9/10

贵阳蓝皮书
贵阳城市创新发展报告No.3（花溪篇）
著(编)者：连玉明 2018年5月出版 / 估价：99.00元
PSN B-2015-490-2/10

贵阳蓝皮书
贵阳城市创新发展报告No.3（开阳篇）
著(编)者：连玉明 2018年5月出版 / 估价：99.00元
PSN B-2015-492-4/10

贵阳蓝皮书
贵阳城市创新发展报告No.3（南明篇）
著(编)者：连玉明 2018年5月出版 / 估价：99.00元
PSN B-2015-496-8/10

贵阳蓝皮书
贵阳城市创新发展报告No.3（清镇篇）
著(编)者：连玉明 2018年5月出版 / 估价：99.00元
PSN B-2015-489-1/10

贵阳蓝皮书
贵阳城市创新发展报告No.3（乌当篇）
著(编)者：连玉明 2018年5月出版 / 估价：99.00元
PSN B-2015-495-7/10

贵阳蓝皮书
贵阳城市创新发展报告No.3（息烽篇）
著(编)者：连玉明 2018年5月出版 / 估价：99.00元
PSN B-2015-493-5/10

贵阳蓝皮书
贵阳城市创新发展报告No.3（修文篇）
著(编)者：连玉明 2018年5月出版 / 估价：99.00元
PSN B-2015-494-6/10

贵阳蓝皮书
贵阳城市创新发展报告No.3（云岩篇）
著(编)者：连玉明 2018年5月出版 / 估价：99.00元
PSN B-2015-498-10/10

贵州房地产蓝皮书
贵州房地产发展报告No.5（2018）
著(编)者：武廷方 2018年7月出版 / 估价：99.00元
PSN B-2014-426-1/1

贵州蓝皮书
贵州册亨经济社会发展报告（2018）
著(编)者：黄德林　2018年3月出版 / 估价：99.00元
PSN B-2016-525-8/9

贵州蓝皮书
贵州地理标志产业发展报告（2018）
著(编)者：李发耀 黄其松　2018年8月出版 / 估价：99.00元
PSN B-2017-646-10/10

贵州蓝皮书
贵安新区发展报告（2017～2018）
著(编)者：马长青 吴大华　2018年6月出版 / 估价：99.00元
PSN B-2015-459-4/10

贵州蓝皮书
贵州国家级开放创新平台发展报告（2017～2018）
著(编)者：申晓庆 吴大华 季泓
2018年11月出版 / 估价：99.00元
PSN B-2016-518-7/10

贵州蓝皮书
贵州国有企业社会责任发展报告（2017～2018）
著(编)者：郭丽　2018年12月出版 / 估价：99.00元
PSN B-2015-511-6/10

贵州蓝皮书
贵州民航业发展报告（2017）
著(编)者：申振东 吴大华　2018年1月出版 / 估价：99.00元
PSN B-2015-471-5/10

贵州蓝皮书
贵州民营经济发展报告（2017）
著(编)者：杨静 吴大华　2018年3月出版 / 估价：99.00元
PSN B-2016-530-9/9

杭州都市圈蓝皮书
杭州都市圈发展报告（2018）
著(编)者：沈翔 戚建国　2018年5月出版 / 估价：128.00元
PSN B-2012-302-1/1

河北经济蓝皮书
河北省经济发展报告（2018）
著(编)者：马树强 金浩 张贵　2018年4月出版 / 估价：99.00元
PSN B-2014-380-1/1

河北蓝皮书
河北经济社会发展报告（2018）
著(编)者：康振海　2018年1月出版 / 估价：99.00元
PSN B-2014-372-1/3

河北蓝皮书
京津冀协同发展报告（2018）
著(编)者：陈璐　2018年1月出版 / 估价：99.00元
PSN B-2017-601-2/3

河南经济蓝皮书
2018年河南经济形势分析与预测
著(编)者：王世炎　2018年3月出版 / 估价：99.00元
PSN B-2007-086-1/1

河南蓝皮书
河南城市发展报告（2018）
著(编)者：张占仓 王建国　2018年5月出版 / 估价：99.00元
PSN B-2009-131-3/9

河南蓝皮书
河南工业发展报告（2018）
著(编)者：张占仓　2018年5月出版 / 估价：99.00元
PSN B-2013-317-5/9

河南蓝皮书
河南金融发展报告（2018）
著(编)者：喻新安 谷建全
2018年6月出版 / 估价：99.00元
PSN B-2014-390-7/9

河南蓝皮书
河南经济发展报告（2018）
著(编)者：张占仓 完世伟
2018年4月出版 / 估价：99.00元
PSN B-2010-157-4/9

河南蓝皮书
河南能源发展报告（2018）
著(编)者：国网河南省电力公司经济技术研究院
河南省社会科学院
2018年3月出版 / 估价：99.00元
PSN B-2017-607-9/9

河南商务蓝皮书
河南商务发展报告（2018）
著(编)者：焦锦淼 穆荣国　2018年5月出版 / 估价：99.00元
PSN B-2014-399-1/1

河南双创蓝皮书
河南创新创业发展报告（2018）
著(编)者：喻新安 杨雪梅　2018年8月出版 / 估价：99.00元
PSN B-2017-641-1/1

黑龙江蓝皮书
黑龙江经济发展报告（2018）
著(编)者：朱宇　2018年1月出版 / 估价：99.00元
PSN B-2011-190-2/2

湖南城市蓝皮书
区域城市群整合
著(编)者：童中贤 韩未名　2018年12月出版 / 估价：99.00元
PSN B-2006-064-1/1

湖南蓝皮书
湖南城乡一体化发展报告（2018）
著(编)者：陈文胜 王文强 陆福兴
2018年8月出版 / 估价：99.00元
PSN B-2015-477-8/8

湖南蓝皮书
2018年湖南电子政务发展报告
著(编)者：梁志峰　2018年5月出版 / 估价：128.00元
PSN B-2014-394-6/8

湖南蓝皮书
2018年湖南经济发展报告
著(编)者：卞鹰　2018年5月出版 / 估价：128.00元
PSN B-2011-207-2/8

湖南蓝皮书
2016年湖南经济展望
著(编)者：梁志峰　2018年5月出版 / 估价：128.00元
PSN B-2011-206-1/8

湖南蓝皮书
2018年湖南县域经济社会发展报告
著(编)者：梁志峰　2018年5月出版 / 估价：128.00元
PSN B-2014-395-7/8

湖南县域绿皮书
湖南县域发展报告（No.5）
著(编)者：袁准 周小毛 黎仁寅
2018年3月出版 / 估价：99.00元
PSN G-2012-274-1/1

沪港蓝皮书
沪港发展报告（2018）
著(编)者：尤安山　2018年9月出版 / 估价：99.00元
PSN B-2013-362-1/1

吉林蓝皮书
2018年吉林经济社会形势分析与预测
著(编)者：邵汉明　2017年12月出版 / 估价：99.00元
PSN B-2013-319-1/1

吉林省城市竞争力蓝皮书
吉林省城市竞争力报告（2018~2019）
著(编)者：崔岳春 张磊　2018年12月出版 / 估价：99.00元
PSN B-2016-513-1/1

济源蓝皮书
济源经济社会发展报告（2018）
著(编)者：喻新安　2018年4月出版 / 估价：99.00元
PSN B-2014-387-1/1

江苏蓝皮书
2018年江苏经济发展分析与展望
著(编)者：王庆五 吴先满　2018年7月出版 / 估价：128.00元
PSN B-2017-635-1/3

江西蓝皮书
江西经济社会发展报告（2018）
著(编)者：陈石俊 龚建文　2018年10月出版 / 估价：128.00元
PSN B-2015-484-1/2

江西蓝皮书
江西设区市发展报告（2018）
著(编)者：姜玮 梁勇　2018年10月出版 / 估价：99.00元
PSN B-2016-517-2/2

经济特区蓝皮书
中国经济特区发展报告（2017）
著(编)者：陶一桃　2018年1月出版 / 估价：99.00元
PSN B-2009-139-1/1

辽宁蓝皮书
2018年辽宁经济社会形势分析与预测
著(编)者：梁启东 魏红江　2018年6月出版 / 估价：99.00元
PSN B-2006-053-1/1

民族经济蓝皮书
中国民族地区经济发展报告（2018）
著(编)者：李曦辉　2018年7月出版 / 估价：99.00元
PSN B-2017-630-1/1

南宁蓝皮书
南宁经济发展报告（2018）
著(编)者：胡建华　2018年9月出版 / 估价：99.00元
PSN B-2016-569-2/3

浦东新区蓝皮书
上海浦东经济发展报告（2018）
著(编)者：沈开艳 周奇　2018年2月出版 / 估价：99.00元
PSN B-2011-225-1/1

青海蓝皮书
2018年青海经济社会形势分析与预测
著(编)者：陈玮　2017年12月出版 / 估价：99.00元
PSN B-2012-275-1/2

山东蓝皮书
山东经济形势分析与预测（2018）
著(编)者：李广杰　2018年7月出版 / 估价：99.00元
PSN B-2014-404-1/5

山东蓝皮书
山东省普惠金融发展报告（2018）
著(编)者：齐鲁财富网
2018年9月出版 / 估价：99.00元
PSN B2017-676-5/5

山西蓝皮书
山西资源型经济转型发展报告（2018）
著(编)者：李志强　2018年7月出版 / 估价：99.00元
PSN B-2011-197-1/1

陕西蓝皮书
陕西经济发展报告（2018）
著(编)者：任宗哲 白宽犁 裴成荣
2018年1月出版 / 估价：99.00元
PSN B-2009-135-1/6

陕西蓝皮书
陕西精准脱贫研究报告（2018）
著(编)者：任宗哲 白宽犁 王建康
2018年6月出版 / 估价：99.00元
PSN B-2017-623-6/6

上海蓝皮书
上海经济发展报告（2018）
著(编)者：沈开艳
2018年2月出版 / 估价：99.00元
PSN B-2006-057-1/7

上海蓝皮书
上海资源环境发展报告（2018）
著(编)者：周冯琦 汤庆合
2018年2月出版 / 估价：99.00元
PSN B-2006-060-4/7

上饶蓝皮书
上饶发展报告（2016～2017）
著(编)者：廖其志　2018年3月出版 / 估价：128.00元
PSN B-2014-377-1/1

深圳蓝皮书
深圳经济发展报告（2018）
著(编)者：张骁儒　2018年6月出版 / 估价：99.00元
PSN B-2008-112-3/7

四川蓝皮书
四川城镇化发展报告（2018）
著(编)者：侯水平 陈炜
2018年4月出版 / 估价：99.00元
PSN B-2015-456-7/7

四川蓝皮书
2018年四川经济形势分析与预测
著(编)者：杨钢　2018年1月出版 / 估价：99.00元
PSN B-2007-098-2/7

四川蓝皮书
四川企业社会责任研究报告（2017～2018）
著(编)者：侯水平 盛毅　2018年5月出版 / 估价：99.00元
PSN B-2014-386-4/7

四川蓝皮书
四川生态建设报告（2018）
著(编)者：李晟之　2018年5月出版 / 估价：99.00元
PSN B-2015-455-6/7

体育蓝皮书
上海体育产业发展报告（2017~2018）
著(编)者：张林 黄海燕　2018年10月出版 / 估价：99.00元
PSN B-2015-454-4/5

体育蓝皮书
长三角地区体育产业发展报告（2017～2018）
著(编)者：张林　2018年4月出版 / 估价：99.00元
PSN B-2015-453-3/5

天津金融蓝皮书
天津金融发展报告（2018）
著(编)者：王爱俭 孔德昌　2018年3月出版 / 估价：99.00元
PSN B-2014-418-1/1

图们江区域合作蓝皮书
图们江区域合作发展报告（2018）
著(编)者：李铁　2018年6月出版 / 估价：99.00元
PSN B-2015-464-1/1

温州蓝皮书
2018年温州经济社会形势分析与预测
著(编)者：蒋儒标 王春光 金浩
2018年4月出版 / 估价：99.00元
PSN B-2008-105-1/1

西咸新区蓝皮书
西咸新区发展报告（2018）
著(编)者：李扬 王军
2018年6月出版 / 估价：99.00元
PSN B-2016-534-1/1

修武蓝皮书
修武经济社会发展报告（2018）
著(编)者：张占仓 袁凯声
2018年10月出版 / 估价：99.00元
PSN B-2017-651-1/1

偃师蓝皮书
偃师经济社会发展报告（2018）
著(编)者：张占仓 袁凯声 何武周
2018年7月出版 / 估价：99.00元
PSN B-2017-627-1/1

扬州蓝皮书
扬州经济社会发展报告（2018）
著(编)者：陈扬
2018年12月出版 / 估价：108.00元
PSN B-2011-191-1/1

长垣蓝皮书
长垣经济社会发展报告（2018）
著(编)者：张占仓 袁凯声 秦保建
2018年10月出版 / 估价：99.00元
PSN B-2017-654-1/1

遵义蓝皮书
遵义发展报告（2018）
著(编)者：邓彦 曾征 龚永育
2018年9月出版 / 估价：99.00元
PSN B-2014-433-1/1

地方发展类-社会

安徽蓝皮书
安徽社会发展报告（2018）
著(编)者：程桦　2018年4月出版 / 估价：99.00元
PSN B-2013-325-1/1

安徽社会建设蓝皮书
安徽社会建设分析报告（2017～2018）
著(编)者：黄家海 蔡宪
2018年11月出版 / 估价：99.00元
PSN B-2013-322-1/1

北京蓝皮书
北京公共服务发展报告（2017～2018）
著(编)者：施昌奎　2018年3月出版 / 估价：99.00元
PSN B-2008-103-7/8

北京蓝皮书
北京社会发展报告（2017～2018）
著(编)者：李伟东
2018年7月出版 / 估价：99.00元
PSN B-2006-055-3/8

北京蓝皮书
北京社会治理发展报告（2017～2018）
著(编)者：殷星辰　2018年7月出版 / 估价：99.00元
PSN B-2014-391-8/8

北京律师蓝皮书
北京律师发展报告 No.3（2018）
著(编)者：王隽　2018年12月出版 / 估价：99.00元
PSN B-2011-217-1/1

北京人才蓝皮书
北京人才发展报告（2018）
著(编)者：敏华　2018年12月出版 / 估价：128.00元
PSN B-2011-201-1/1

北京社会心态蓝皮书
北京社会心态分析报告（2017~2018）
北京市社会心理服务促进中心
2018年10月出版 / 估价：99.00元
PSN B-2014-422-1/1

北京社会组织管理蓝皮书
北京社会组织发展与管理（2018）
著(编)者：黄江松
2018年4月出版 / 估价：99.00元
PSN B-2015-446-1/1

北京养老产业蓝皮书
北京居家养老发展报告（2018）
著(编)者：陆杰华 周明明
2018年8月出版 / 估价：99.00元
PSN B-2015-465-1/1

法治蓝皮书
四川依法治省年度报告No.4（2018）
著(编)者：李林 杨天宗 田禾
2018年3月出版 / 估价：118.00元
PSN B-2015-447-2/3

福建妇女发展蓝皮书
福建省妇女发展报告（2018）
著(编)者：刘群英　2018年11月出版 / 估价：99.00元
PSN B-2011-220-1/1

甘肃蓝皮书
甘肃社会发展分析与预测（2018）
著(编)者：安文华 包晓霞 谢增虎
2018年1月出版 / 估价：99.00元
PSN B-2013-313-2/6

广东蓝皮书
广东全面深化改革研究报告（2018）
著(编)者：周林生 涂成林
2018年12月出版 / 估价：99.00元
PSN B-2015-504-3/3

广东蓝皮书
广东社会工作发展报告（2018）
著(编)者：罗观翠　2018年6月出版 / 估价：99.00元
PSN B-2014-402-2/3

广州蓝皮书
广州青年发展报告（2018）
著(编)者：徐柳 张强
2018年8月出版 / 估价：99.00元
PSN B-2013-352-13/14

广州蓝皮书
广州社会保障发展报告（2018）
著(编)者：张跃国　2018年8月出版 / 估价：99.00元
PSN B-2014-425-14/14

广州蓝皮书
2018年中国广州社会形势分析与预测
著(编)者：张强 郭志勇 何镜清
2018年6月出版 / 估价：99.00元
PSN B-2008-110-5/14

贵州蓝皮书
贵州法治发展报告（2018）
著(编)者：吴大华　2018年5月出版 / 估价：99.00元
PSN B-2012-254-2/10

贵州蓝皮书
贵州人才发展报告（2017）
著(编)者：于杰 吴大华
2018年9月出版 / 估价：99.00元
PSN B-2014-382-3/10

贵州蓝皮书
贵州社会发展报告（2018）
著(编)者：王兴骥　2018年4月出版 / 估价：99.00元
PSN B-2010-166-1/10

杭州蓝皮书
杭州妇女发展报告（2018）
著(编)者：魏颖　2018年10月出版 / 估价：99.00元
PSN B-2014-403-1/1

河北蓝皮书
河北法治发展报告（2018）
著(编)者：康振海　2018年6月出版 / 估价：99.00元
PSN B-2017-622-3/3

河北食品药品安全蓝皮书
河北食品药品安全研究报告（2018）
著(编)者：丁锦霞　2018年10月出版 / 估价：99.00元
PSN B-2015-473-1/1

河南蓝皮书
河南法治发展报告（2018）
著(编)者：张林海　2018年7月出版 / 估价：99.00元
PSN B-2014-376-6/9

河南蓝皮书
2018年河南社会形势分析与预测
著(编)者：牛苏林　2018年5月出版 / 估价：99.00元
PSN B-2005-043-1/9

河南民办教育蓝皮书
河南民办教育发展报告（2018）
著(编)者：胡大白　2018年9月出版 / 估价：99.00元
PSN B-2017-642-1/1

黑龙江蓝皮书
黑龙江社会发展报告（2018）
著(编)者：谢宝禄　2018年1月出版 / 估价：99.00元
PSN B-2011-189-1/2

湖南蓝皮书
2018年湖南两型社会与生态文明建设报告
著(编)者：卞鹰　2018年5月出版 / 估价：128.00元
PSN B-2011-208-3/8

湖南蓝皮书
2018年湖南社会发展报告
著(编)者：卞鹰　2018年5月出版 / 估价：128.00元
PSN B-2014-393-5/8

健康城市蓝皮书
北京健康城市建设研究报告（2018）
著(编)者：王鸿春 盛继洪　2018年9月出版 / 估价：99.00元
PSN B-2015-460-1/2

江苏法治蓝皮书
江苏法治发展报告No.6（2017）
著(编)者：蔡道通 龚廷泰　2018年8月出版 / 估价：99.00元
PSN B-2012-290-1/1

江苏蓝皮书
2018年江苏社会发展分析与展望
著(编)者：王庆五 刘旺洪　2018年8月出版 / 估价：128.00元
PSN B-2017-636-2/3

南宁蓝皮书
南宁法治发展报告（2018）
著(编)者：杨维超　2018年12月出版 / 估价：99.00元
PSN B-2015-509-1/3

南宁蓝皮书
南宁社会发展报告（2018）
著(编)者：胡建华　2018年10月出版 / 估价：99.00元
PSN B-2016-570-3/3

内蒙古蓝皮书
内蒙古反腐倡廉建设报告 No.2
著(编)者：张志华　2018年6月出版 / 估价：99.00元
PSN B-2013-365-1/1

青海蓝皮书
2018年青海人才发展报告
著(编)者：王宇燕　2018年9月出版 / 估价：99.00元
PSN B-2017-650-2/2

青海生态文明建设蓝皮书
青海生态文明建设报告（2018）
著(编)者：张西明 高华　2018年12月出版 / 估价：99.00元
PSN B-2016-595-1/1

人口与健康蓝皮书
深圳人口与健康发展报告（2018）
著(编)者：陆杰华 傅崇辉　2018年11月出版 / 估价：99.00元
PSN B-2011-228-1/1

山东蓝皮书
山东社会形势分析与预测（2018）
著(编)者：李善峰　2018年6月出版 / 估价：99.00元
PSN B-2014-405-2/5

陕西蓝皮书
陕西社会发展报告（2018）
著(编)者：任宗哲 白宽犁 牛昉　2018年1月出版 / 估价：99.00元
PSN B-2009-136-2/6

上海蓝皮书
上海法治发展报告（2018）
著(编)者：叶必丰　2018年9月出版 / 估价：99.00元
PSN B-2012-296-6/7

上海蓝皮书
上海社会发展报告（2018）
著(编)者：杨雄 周海旺
2018年2月出版 / 估价：99.00元
PSN B-2006-058-2/7

社会建设蓝皮书
2018年北京社会建设分析报告
著(编)者：宋贵伦 冯虹　2018年9月出版 / 估价：99.00元
PSN B-2010-173-1/1

深圳蓝皮书
深圳法治发展报告（2018）
著(编)者：张骁儒　2018年6月出版 / 估价：99.00元
PSN B-2015-470-6/7

深圳蓝皮书
深圳劳动关系发展报告（2018）
著(编)者：汤庭芬　2018年8月出版 / 估价：99.00元
PSN B-2007-097-2/7

深圳蓝皮书
深圳社会治理与发展报告（2018）
著(编)者：张骁儒　2018年6月出版 / 估价：99.00元
PSN B-2008-113-4/7

生态安全绿皮书
甘肃国家生态安全屏障建设发展报告（2018）
著(编)者：刘举科 喜文华
2018年10月出版 / 估价：99.00元
PSN G-2017-659-1/1

顺义社会建设蓝皮书
北京市顺义区社会建设发展报告（2018）
著(编)者：王学武　2018年9月出版 / 估价：99.00元
PSN B-2017-658-1/1

四川蓝皮书
四川法治发展报告（2018）
著(编)者：郑泰安　2018年1月出版 / 估价：99.00元
PSN B-2015-441-5/7

四川蓝皮书
四川社会发展报告（2018）
著(编)者：李羚　2018年6月出版 / 估价：99.00元
PSN B-2008-127-3/7

云南社会治理蓝皮书
云南社会治理年度报告（2017）
著(编)者：晏雄 韩全芳
2018年5月出版 / 估价：99.00元
PSN B-2017-667-1/1

地方发展类-文化

北京传媒蓝皮书
北京新闻出版广电发展报告（2017～2018）
著(编)者：王志　2018年11月出版 / 估价：99.00元
PSN B-2016-588-1/1

北京蓝皮书
北京文化发展报告（2017～2018）
著(编)者：李建盛　2018年5月出版 / 估价：99.00元
PSN B-2007-082-4/8

创意城市蓝皮书
北京文化创意产业发展报告（2018）
著(编)者：郭万超 张京成　2018年12月出版 / 估价：99.00元
PSN B-2012-263-1/7

创意城市蓝皮书
天津文化创意产业发展报告（2017~2018）
著(编)者：谢思全　2018年6月出版 / 估价：99.00元
PSN B-2016-536-7/7

创意城市蓝皮书
武汉文化创意产业发展报告（2018）
著(编)者：黄永林 陈汉桥　2018年12月出版 / 估价：99.00元
PSN B-2013-354-4/7

创意上海蓝皮书
上海文化创意产业发展报告（2017~2018）
著(编)者：王慧敏 王兴全　2018年8月出版 / 估价：99.00元
PSN B-2016-561-1/1

非物质文化遗产蓝皮书
广州市非物质文化遗产保护发展报告（2018）
著(编)者：宋俊华　2018年12月出版 / 估价：99.00元
PSN B-2016-589-1/1

甘肃蓝皮书
甘肃文化发展分析与预测（2018）
著(编)者：王俊莲 周小华　2018年1月出版 / 估价：99.00元
PSN B-2013-314-3/6

甘肃蓝皮书
甘肃舆情分析与预测（2018）
著(编)者：陈双梅 张谦元　2018年1月出版 / 估价：99.00元
PSN B-2013-315-4/6

广州蓝皮书
中国广州文化发展报告（2018）
著(编)者：屈哨兵 陆志强　2018年6月出版 / 估价：99.00元
PSN B-2009-134-7/14

广州蓝皮书
广州文化创意产业发展报告（2018）
著(编)者：徐咏虹　2018年7月出版 / 估价：99.00元
PSN B-2008-111-6/14

海淀蓝皮书
海淀区文化和科技融合发展报告（2018）
著(编)者：陈名杰 孟景伟　2018年5月出版 / 估价：99.00元
PSN B-2013-329-1/1

河南蓝皮书
河南文化发展报告（2018）
著(编)者：卫绍生　2018年7月出版 / 估价：99.00元
PSN B-2008-106-2/9

湖北文化产业蓝皮书
湖北省文化产业发展报告（2018）
著(编)者：黄晓华　2018年9月出版 / 估价：99.00元
PSN B-2017-656-1/1

湖北文化蓝皮书
湖北文化发展报告（2017~2018）
著(编)者：湖北大学高等人文研究院
中华文化发展湖北省协同创新中心
2018年10月出版 / 估价：99.00元
PSN B-2016-566-1/1

江苏蓝皮书
2018年江苏文化发展分析与展望
著(编)者：王庆五 樊和平　2018年9月出版 / 估价：128.00元
PSN B-2017-637-3/3

江西文化蓝皮书
江西非物质文化遗产发展报告（2018）
著(编)者：张圣才 傅安平　2018年12月出版 / 估价：128.00元
PSN B-2015-499-1/1

洛阳蓝皮书
洛阳文化发展报告（2018）
著(编)者：刘福兴 陈启明　2018年7月出版 / 估价：99.00元
PSN B-2015-476-1/1

南京蓝皮书
南京文化发展报告（2018）
著(编)者：中共南京市委宣传部
2018年12月出版 / 估价：99.00元
PSN B-2014-439-1/1

宁波文化蓝皮书
宁波“一人一艺”全民艺术普及发展报告（2017）
著(编)者：张爱琴　2018年11月出版 / 估价：128.00元
PSN B-2017-668-1/1

山东蓝皮书
山东文化发展报告（2018）
著(编)者：涂可国　2018年5月出版 / 估价：99.00元
PSN B-2014-406-3/5

陕西蓝皮书
陕西文化发展报告（2018）
著(编)者：任宗哲 白宽犁 王长寿
2018年1月出版 / 估价：99.00元
PSN B-2009-137-3/6

上海蓝皮书
上海传媒发展报告（2018）
著(编)者：强荧 焦雨虹　2018年2月出版 / 估价：99.00元
PSN B-2012-295-5/7

上海蓝皮书
上海文学发展报告（2018）
著(编)者：陈圣来　2018年6月出版 / 估价：99.00元
PSN B-2012-297-7/7

上海蓝皮书
上海文化发展报告（2018）
著(编)者：荣跃明　2018年2月出版 / 估价：99.00元
PSN B-2006-059-3/7

深圳蓝皮书
深圳文化发展报告（2018）
著(编)者：张骁儒　2018年7月出版 / 估价：99.00元
PSN B-2016-554-7/7

四川蓝皮书
四川文化产业发展报告（2018）
著(编)者：向宝云 张立伟　2018年4月出版 / 估价：99.00元
PSN B-2006-074-1/7

郑州蓝皮书
2018年郑州文化发展报告
著(编)者：王哲　2018年9月出版 / 估价：99.00元
PSN B-2008-107-1/1

皮书起源

“皮书”起源于十七、十八世纪的英国，主要指官方或社会组织正式发表的重要文件或报告，多以“白皮书”命名。在中国，“皮书”这一概念被社会广泛接受，并被成功运作、发展成为一种全新的出版形态，则源于中国社会科学院社会科学文献出版社。

皮书定义

皮书是对中国与世界发展状况和热点问题进行年度监测，以专业的角度、专家的视野和实证研究方法，针对某一领域或区域现状与发展态势展开分析和预测，具备原创性、实证性、专业性、连续性、前沿性、时效性等特点的公开出版物，由一系列权威研究报告组成。

皮书作者

皮书系列的作者以中国社会科学院、著名高校、地方社会科学院的研究人员为主，多为国内一流研究机构的权威专家学者，他们的看法和观点代表了学界对中国与世界的现实和未来最高水平的解读与分析。

皮书荣誉

皮书系列已成为社会科学文献出版社的著名图书品牌和中国社会科学院的知名学术品牌。2016 年，皮书系列正式列入“十三五”国家重点出版规划项目；2013~2018 年，重点皮书列入中国社会科学院承担的国家哲学社会科学创新工程项目；2018 年，59 种院外皮书使用“中国社会科学院创新工程学术出版项目”标识。

中国皮书网

（网址：www.pishu.cn）

发布皮书研创资讯，传播皮书精彩内容
引领皮书出版潮流，打造皮书服务平台

栏目设置

关于皮书：何谓皮书、皮书分类、皮书大事记、皮书荣誉、
皮书出版第一人、皮书编辑部

最新资讯：通知公告、新闻动态、媒体聚焦、网站专题、视频直播、下载专区

皮书研创：皮书规范、皮书选题、皮书出版、皮书研究、研创团队

皮书评奖评价：指标体系、皮书评价、皮书评奖

互动专区：皮书说、社科数托邦、皮书微博、留言板

所获荣誉

2008 年、2011 年，中国皮书网均在全国新闻出版业网站荣誉评选中获得“最具商业价值网站”称号；

2012 年，获得“出版业网站百强”称号。

网库合一

2014 年，中国皮书网与皮书数据库端口合一，实现资源共享。

S 子库介绍

Sub-Database Introduction

中国经济发展数据库

涵盖宏观经济、农业经济、工业经济、产业经济、财政金融、交通旅游、商业贸易、劳动经济、企业经济、房地产经济、城市经济、区域经济等领域，为用户实时了解经济运行态势、 把握经济发展规律、 洞察经济形势、 做出经济决策提供参考和依据。

中国社会发展数据库

全面整合国内外有关中国社会发展的统计数据、 深度分析报告、 专家解读和热点资讯构建而成的专业学术数据库。涉及宗教、社会、人口、政治、外交、法律、文化、教育、体育、文学艺术、医药卫生、资源环境等多个领域。

中国行业发展数据库

以中国国民经济行业分类为依据，跟踪分析国民经济各行业市场运行状况和政策导向，提供行业发展最前沿的资讯，为用户投资、从业及各种经济决策提供理论基础和实践指导。内容涵盖农业，能源与矿产业，交通运输业，制造业，金融业，房地产业，租赁和商务服务业，科学研究，环境和公共设施管理，居民服务业，教育，卫生和社会保障，文化、体育和娱乐业等 100 余个行业。

中国区域发展数据库

对特定区域内的经济、社会、文化、法治、资源环境等领域的现状与发展情况进行分析和预测。涵盖中部、西部、东北、西北等地区，长三角、珠三角、黄三角、京津冀、环渤海、合肥经济圈、长株潭城市群、关中—天水经济区、海峡经济区等区域经济体和城市圈，北京、上海、浙江、河南、陕西等 34 个省份及中国台湾地区 。

中国文化传媒数据库

包括文化事业、文化产业、宗教、群众文化、图书馆事业、博物馆事业、档案事业、语言文字、文学、历史地理、新闻传播、广播电视、出版事业、艺术、电影、娱乐等多个子库。

世界经济与国际关系数据库

以皮书系列中涉及世界经济与国际关系的研究成果为基础，全面整合国内外有关世界经济与国际关系的统计数据、深度分析报告、专家解读和热点资讯构建而成的专业学术数据库。包括世界经济、国际政治、世界文化与科技、全球性问题、国际组织与国际法、区域研究等多个子库。

海丝蓝皮书
BLUE BOOK OF
21ST-CENTURY MARITIME SILK ROAD

21世纪海上丝绸之路研究报告（2017）

RESEARCH REPORT ON 21ST-CENTURY MARITIME SILK ROAD (2017)

华侨大学海上丝绸之路研究院／编
主　编／贾益民
副主编／许培源

社会科学文献出版社
SOCIAL SCIENCES ACADEMIC PRESS (CHINA)

图书在版编目（CIP）数据

21 世纪海上丝绸之路研究报告. 2017 / 贾益民主编
. --北京：社会科学文献出版社，2017.12
（海丝蓝皮书）
ISBN 978-7-5201-1967-2

Ⅰ. ①2… Ⅱ. ①贾… Ⅲ. ①发展战略-研究报告-中国-2017 ②海上运输-丝绸之路-国际合作-研究报告-2017 Ⅳ. ①D60 ②F125

中国版本图书馆 CIP 数据核字（2017）第 314540 号

海丝蓝皮书
21 世纪海上丝绸之路研究报告（2017）

主　　编 / 贾益民
副 主 编 / 许培源

出 版 人 / 谢寿光
项目统筹 / 王　绯　周　琼
责任编辑 / 常　远

出　　版 / 社会科学文献出版社 · 社会政法分社（010）59367156
地址：北京市北三环中路甲 29 号院华龙大厦　邮编：100029
网址：www.ssap.com.cn
发　　行 / 市场营销中心（010）59367081　59367018
印　　装 / 北京季蜂印刷有限公司

规　　格 / 开　本：787mm × 1092mm　1/16
印　张：18.5　字　数：279 千字
版　　次 / 2017 年 12 月第 1 版　2017 年 12 月第 1 次印刷
书　　号 / ISBN 978-7-5201-1967-2
定　　价 / 89.00 元

皮书序列号 / PSN B-2017-684-1/1

主要研创人员简介

贾益民 男，山东惠民人，毕业于暨南大学中文系，文艺学硕士，曾任暨南大学副校长，华侨大学校长，华侨大学海上丝绸之路研究院院长、华文教育研究院院长、侨务公共外交研究所所长。现任华侨大学教授，博士生导师，同时也是国务院侨务办公室专家咨询委员、享受国务院特殊津贴专家。荣获泰王国国王颁授“一等泰皇冠勋章”、泰国吞武里大学荣誉博士学位。研究方向为：海外华文教育与汉语国际教育、马克思主义哲学与美学、华侨华人及华侨高等教育、海上丝绸之路等。出版著作（含主编）：《华侨华人研究报告》（“华侨华人蓝皮书”，2014、2015、2016）、《世界华文教育年鉴》（2013、2014、2015、2016）、《世界华文教学》、《华文教育概论》、《华文教材教法》、《中国侨务公共外交理论与实践》、《比较文学与现代文艺学》、《中文》等，发表论文40余篇。承担国家级、省部级科研项目10余项。

许培源 男，经济学博士、教授、博士生导师，华侨大学海上丝绸之路研究院常务副院长，主要从事国际经济、亚太经贸合作的教学与研究。兼任“一带一路”国际智库合作联盟理事会理事，中国国际贸易学会理事，福建省经济学会副秘书长、常务理事。先后主持国家社科基金项目、省部级重大项目和重点项目各2项，其他项目10余项，以第一作者身份在CSSCI期刊发表论文30余篇。2013年入选教育部新世纪优秀人才支持计划。2014年以来，先后参加国新办、中央外办、中联部及各部委主办的“一带一路”座谈会、高峰论坛以及全球智库峰会、亚洲研究论坛、东亚峰会与东亚国际合作论坛等，并承担委托课题、提交论文、发表演讲。

王玉主 男，博士，山东人。现任中国社会科学院亚太与全球战略研究院（原亚洲太平洋研究所）研究员，区域合作研究室主任，区域合作项目首席研究员，中国社科院研究生院教授、博士生导师。2006 年毕业于中国社科院研究生院，获经济学博士学位，主要研究领域包括区域合作问题、东盟问题以及中国东盟关系问题等。2006 年 ~2009 年任中国社科院亚太所编辑部主任、《当代亚太》杂志执行主编，2009 年起担任区域合作研究室主任，2011 年晋升为研究员。2010 年起为商务部东亚合作专家组成员，泛北部湾经济合作中方专家组成员。此外，他还担任中国亚太学会秘书长，中国社科院亚太经合组织与东亚合作中心主任，太平洋经济合作全国委员会常委、学术委员会委员，中国国际问题研究基金会研究员，国家开发银行咨询专家，中国社科院研究生院教授、博士生导师，广西大学中国东盟研究院特聘研究员、博士生导师以及海上丝绸之路研究中心主任，华侨大学海上丝绸之路研究中心副主任等。

薛　力 男，中国社会科学院世界经济与政治研究所国际战略研究室主任，研究员，中国南海研究院兼职教授，2004 年毕业于清华大学国际关系学系，获国际关系学硕士学位。2007 年毕业于中国社会科学院研究生院，获得国际政治学博士学位。研究兴趣：国际战略与中国外交、海洋问题，近年比较关注“一带一路”与南海问题，发表相关成果 200 多篇、专著 3 部，曾就这两个议题参与相关决策咨询活动、在各省讲课、接受海内外媒体采访，是南海问题与“一带一路”这两个领域有一定代表性的中国学者。

潘永强 男，马来西亚人，台湾政治大学东亚研究所硕士，上海复旦大学国际关系与公共事务学院博士，现为马来西亚华社研究中心副主席、林连玉基金秘书长、马来西亚陈嘉庚基金嘉庚学堂课程主任，也是政治评论作者。曾任吉隆坡尊孔独立中学校长、新纪元学院讲师。编著有《当代马来西亚：政府与政治》（2017，主编）、《未完成的政治转型：2013 年马来西亚大选评论》（2013，与吴彦华合编）、《马来西亚国家与社会的再造》（2007，与祝家华合编）、《旧政权新政府：马来西亚2004年大选与政治走向》（2004，主编）、《马华政治散论》（2005）、《我们的时代精神》（2011），以及其他学术期刊论文。

Krishan Deheragoda 男，斯里兰卡人，博士，斯里兰卡斯里贾亚瓦德纳普拉科特大学地理学系的名誉教授，美国伊利诺伊大学香槟分校地理信息系统与空间分析中心的高级访问研究员。曾担任过20多个学术职位，包括“21世纪高等教育项目”地理学顾问、高等教育部部长、港口及航空部顾问、斯里兰卡可持续能源局主席、斯里兰卡港口管理局副主席、中国可持续发展基金会和斯里兰卡地理学家协会前任秘书长。现任斯里兰卡海上丝绸之路“智库”中心主任，出版的著作超过65部，在国内和国际会议上发表了十几次主旨演讲，曾在伊利诺伊大学发表了著名的“南亚与中东研究中心”（Center for South Asia & Middle Eastern Studies-BROWN BAG of the International Scholar－2013）演讲，并在国内和国际会议上发表了十几篇主旨演讲。

刘文波 女，吉林大学国际政治专业毕业，法学博士，华侨大学海上丝绸之路研究院副教授，硕士生导师，主要从事地缘政治、中国国际战略与外交政策、亚太政治与国际关系的教学与研究。主持国家社科基金项目、省部级项目各一项，市厅级两项，参与国家级、省部级科研项目多项，以第一作者身份在CSSCI期刊上发表学术论文10余篇，获得省哲学社会科学优秀论文一等奖一次。2014年以来，先后参加了丝路规划研究中心、中国社科院、国务院侨办、福建省海峡战略研究与发展协会、马来西亚南方大学学院、中共中央对外联络部主办的丝路论坛、“南海战略与安全”高层研讨会、“华侨华人与海上丝绸之路”研讨会、海峡战略发展论坛、“一带一路：海上丝绸之路”国际学术研讨会、“海上丝绸之路互联互通”国际研讨会等国内外会议，并在会上提交论文、发表演讲。

摘　要

《21 世纪海上丝绸之路研究报告（2017）》分为总报告，东南亚篇，南亚、西亚及其他地区篇，专题篇四部分。总报告指出“一带一路”是中国中央政府统揽国内国外两个大局，基于国家主权安全和经济发展利益需要，在周边和国际环境趋于复杂的背景下，提出的一个重大的地缘政治和地缘经济战略构想。21 世纪海上丝绸之路建设的基本路径是：以国际经贸合作为核心，以海上运输通道和基础设施建设为骨架，以沿线的重点港口、中心城市、资源区块、产业园区为支撑体系，以互联互通和贸易投资便利化为手段，以利益共同体和命运共同体为战略方向，推动以南海和战略通道为主的海上合作和共同开发，实现海上的联通便利化，同时推动丝路经济融合，形成开放式国际经济合作带，打造具有强大产业聚集效能的经济走廊，以利益交融、互利共赢的一体化伙伴关系，重构丝路经贸合作新格局，参与和引领全球经济治理，拓展国际合作发展新空间。

东南亚篇重点分析了中国同东盟尤其是印尼和马来西亚在海上丝绸之路建设上的合作潜力。伴随着“一带一路”倡议的持续推进，东盟地区作为 21 世纪海上丝绸之路建设的重点和优先地区，各成员已成为中国构建新的区域合作模式的首选对象，双边在经贸合作、能源合作等领域面临更大的机遇。当前东南亚国家对加深与中国在“一带一路”框架下的合作均表示出较强的意愿，相关的项目和工程也在有条不紊地推进中，但当前中国 - 东盟合作也出现了一些新的特征和问题，这些挑战也是 21 世纪海上丝绸之路在建设中需要针对性克服的，双方应在共建过程中积累经验，突破双边合作所面临的瓶颈，将东南亚建成 21 世纪海上丝绸之路的示范区。中国与印尼建交 65 年来，双边贸易连创新高，相互投资不断增长，各方面的经济技术合作富有成效。尽管仍存在许多困难与障碍，但由于两国政府重视，加上互补性较强，中国与印尼之间的经济合作仍有广阔的发展前景。在“一带一路”对接“全球海洋支点”中，中国—印尼合作取得积极进展。马来西亚是历史上海上丝绸之路的重要节点，同时也是21世纪海上丝绸之路建设构想提出后习近平主席出访的第一批国家之一，中国与马来西亚在地域上接近，双边关系稳定，因此两国共建海上丝路具有重要的历史与现实意义。当前两国共建海上丝路具有政治互信度高、经济交往密切、文化认同度高、马来西亚地缘政治经济地位突出等优势。同时，金融危机影响下两国合作需求加大、发展战略契合度高、中国－东盟合作紧密等则为当前两国共建海上丝路提供了良好的机遇。在当前的合作共建中，两国主要可以进一步深化政治互信、加强安全合作，实现工业与自贸园区、清真产业、互联互通等项目的发展，并共同打造东南亚华文、留学与高等教育中心，海上丝路旅游、文化展示与传播中心以及中国－新马泰次区域合作机制等。马来西亚有大量华人人口，潘永强博士在报告中分析了近年中国在马来西亚推展软实力的策略，以及相关努力的成效。指出尽管中国的崛起为马来西亚创造了许多机遇与商机，但在制度、价值观与文明体系这些深层次的软实力领域上，中国的影响力尚待加强。

南亚、西亚及其他地区篇分析了斯里兰卡、澳大利亚、埃及等国家对21世纪海上丝绸之路建设的认识及合作进展。斯里兰卡 C. Krishan M. Deheragoda 教授指出：斯里兰卡位于“海上丝路”倡议版图上印度洋的中心地带，自古以来一直是远东航海者们前往西方、东非、中东和地中海沿岸的必经之地，也是中世纪甚至更早时期亚欧大陆的海上军事要道中心。斯中两国在数千年的历史长河中一直保持着良好的互动与联系。近年来，中国人民和政府始终走在对斯里兰卡援助的前列，尤其是对斯里兰卡战后重建与发展的援助。由于中国人民的及时援助，斯里兰卡才有能力在海上丝绸之路开发出急需的全新海港，落实好经济特区的基础设施和国家道路的建设。中国在国际上坚定支持斯里兰卡。如今正是支持中国提出的“21世纪海上丝绸之路”计划的最佳时机，因为它能为“一带一路”合作伙伴国家和亚洲落后国家提供加入计划、共享繁荣的重要先决条件和平等机会，让它们能够在这个属于亚洲的世纪舞台上，以令人自豪的姿态重新登场，连接起古代海上丝路中缺失的节点，大刀阔斧地重建世界版图上的 21 世纪海上丝绸之路。中国与澳大利亚是全面战略伙伴关系，两国互为主要的经济合作伙伴，在区域和全球的和平与繁荣中有着许多共同利益。“一带一路”能够并已经开始为两国深化相互间的贸易和投资提供巨大的商机与合作平台。而中国与埃及之间的交流合作源远流长，埃及地处亚非欧三大洲交通要冲，扼有苏伊士运河航运要道，一脚踏三洲、跨两海两洋，作为“一带一路”西端交汇地带的区位优势突出。“一带一路”倡议提出后，在建设 21 世纪海上丝绸之路背景下，两国在政治、军事、安全、经贸、产能、文化艺术和教育科技等领域都有合作，也取得了不少成果。但双方的合作交流也存在一些问题，应引起足够的重视，以持续、有效推进合作。非洲是 21 世纪海上丝绸之路建设的重要方向，不少规划和项目已经逐步落实实施，其中在贸易、基础设施建设、产能合作与发展能力建设等领域取得了一系列丰硕成果。但是，由于非洲经济发展相对滞后、营商环境有待改善等问题，中国拓展非洲经贸关系也面临诸多风险与挑战。中国在拓展非洲经贸合作时应抓住重点国别和市场，以投资和产能合作为重点培育市场，强化人文交流合作，促进民心相通，加强基础设施领域的投资合作，促进互联互通。

专题篇研究了 21 世纪海上丝绸之路建设中的南海问题、渔业涉外事件、能源安全以及海外华商的产业布局。南海争端是中国 - 东盟关系的短板，已经影响了“一带一路”在东南亚的落实。未来几年是中国调整南海应对策略的时间窗口。中国有必要调整应对思路，从“维权维稳”转向“设计多边共赢方案并主导争端解决进程”，即协调制定出一套能为各个声索国接受的南海争端解决方案。这样，中国可望在主导解决南海争端的过程中，推进东南亚海丝枢纽建设。近年来频繁发生的中国与相关国家的渔业涉外事件对 21 世纪海上丝绸之路建设造成了严重的负面影响。中国应通过采取强化和完善渔业权行政保护机制、积极主动地运用渔业权国际法保护机制、寻求与相关国家构建和完善国际渔业合作机制等系列对策，来有效应对渔业涉外事件，顺利推进21世纪海上丝绸之路建设。推动与沿线国家的能源合作是21世纪海上丝绸之路建设的核心内容，也是保障我国能源安全的现实需要，这需要完善的法制保障。基础设施互联互通是“一带一路”建设的优先领域，而基建、航运和电信业担负着实现各国互联互通的主要任务。沿线许多国家和地区经济发展潜力巨大，发展愿望强烈，但是基础设施发展水平亟待提高。许培源和陈乘风分析了“一带一路”沿线各区域的基础设施互联互通情况、投资机遇及主要投资领域，给出在“一带一路”基建、航空、海运、电信领域有重要投资的海外华商及其投资的国别、行业分布，并以长江和记实业有限公司为例，深入分析其在“一带一路”的港口布局。

关键词： 21世纪海上丝绸之路　东南亚　南亚　西亚　合作与发展

目录

Ⅰ 总报告

Ⅱ 东南亚篇

Ⅲ 南亚、西亚及其他地区篇

Ⅳ 专题篇

皮书数据库阅读**使用指南**

总　报　告

B.1

21世纪海上丝绸之路及其建设路径*

许培源　贾益民**

摘　要：“一带一路”是中央统揽国内国外两个大局，基于国家主权安全和经济发展利益需要，在周边和国际环境趋于复杂的背景下，提出的一个重大的地缘政治和地缘经济战略构想。21世纪海上丝绸之路建设的基本路径是：以国际经贸合作为核心，以海上运输通道和基础设施建设为骨架，以沿线的重点港口、中心城市、资源区块、产业园区为支撑体系，以互联互通和贸易投资便利化为手段，以利益共同体和命运共同体为战略方向，推动以南海和战略通道为主的海上合作和共同开发，实现海

* 本文部分内容由2014年9月华侨大学举办的“21世纪海上丝绸之路高端论坛”上的专家发言整理而成。

** 许培源，华侨大学海上丝绸之路研究院常务副院长，教授、博士生导师；贾益民，华侨大学海上丝绸之路研究院院长，教授、博士生导师。

上的联通便利化；同时，推进丝路经济融合，形成开放式国际经济合作带，打造具有强大产业聚集效能的经济走廊，以利益交融、互利共赢的一体化伙伴关系重构海丝经贸合作新格局，参与和引领全球经济治理，拓展国际发展新空间。

关键词：　海上丝绸之路　海上联通便利化　丝路经贸合作　政经互动

一　21世纪海上丝绸之路的内涵及其意义

（一）“一带一路”的提出

2013 年 10 月习近平在印度尼西亚出席亚太经济合作组织（APEC）领导人非正式会议期间，提出中国愿同东盟国家加强海上合作，共同建设 21 世纪海上丝绸之路的倡议。这与 2013 年 9 月习近平访问哈萨克斯坦时提出的“丝绸之路经济带”一脉相承。“一带一路”是中央统揽国内国外两个大局，基于国家主权安全和经济发展利益需要，在周边和国际环境趋于复杂的背景下，提出的一个重大的地缘政治和地缘经济战略构想。目的是通过向西向海开发开放，形成沿海沿边全方位对外开放的新格局，把握陆地和海上区域合作的主动权，贯通陆海战略大通道，与周边国家结成政治互信、经济融合、文化包容、安全合作的利益和命运共同体，以更加牢固的国家安全屏障、更加广阔的国际市场空间以及更加紧密的战略伙伴网络，来突破美日的战略围堵，缓解海权争端的压力，突破内外发展的瓶颈，营造更为宽松的国际和周边环境，从而实现我们国家和平发展和可持续发展的目标。

（二）21世纪海上丝绸之路的战略内涵和实现形式

21 世纪海上丝绸之路与古代海上丝绸之路有相似的地理范围和概念，但却有完全不同的战略内涵和建设内容。它既是国家发展、区域合作和周边外交的需要，也是维护民族主权、建设海洋强国的需要，在“一带一路”建设中具有更重要的战略意义。我们必须在国家最高层面和战略全局上对其进行权威解读、统一认识、科学谋划和整体推进。

从地理范围来看，21 世纪海上丝绸之路的重点方向是从中国沿海港口过南海到印度洋，延伸至欧洲；从中国沿海港口过南海到南太平洋。① 这条路线覆盖了东南亚（包括越南、菲律宾、马来西亚、文莱、印度尼西亚、泰国、新加坡、柬埔寨、缅甸和老挝，简称东盟10 国）；南亚及波斯湾（包括孟加拉国、斯里兰卡、印度、巴基斯坦、伊朗、伊拉克、科威特、沙特阿拉伯、卡塔尔、巴林、阿拉伯联合酋长国、阿曼等 12 国）；红海湾及印度洋西岸（包括也门、埃及、苏丹、厄立特里亚、吉布提、索马里、肯尼亚、坦桑尼亚、莫桑比克 9 国）② 以及澳大利亚和新西兰等 30 多个国家和地区。

从战略内涵来看，21 世纪海上丝绸之路是中国参与和引领全球治理尤其是亚太治理、从经济大国转向经济强国的经济外交平台。其主旨在于依托沿线重点港口和城市，通过完善区域基础设施实现高水平的互联互通，提升贸易投资便利化水平，进而实现区域经济融合和政治互信，通过深入人文交流实现不同文明的互鉴共荣和和平友好，最终打造政治互信、经济融合、文化包容的利益共同体、命运共同体和责任共同体。

从实现形式来看，21 世纪海上丝绸之路要以多元化的合作机制为推动，围绕“政策沟通、设施联通、贸易畅通、资金融通和民心相通”五大重点，建设一条始发于中国沿海，途经东南亚、南亚、波斯湾、红海湾及印度洋西岸各国的航线，通过沿线港口及其城市合作③建立起全球化的经贸合作网络。

---

① 国家发展改革委、外交部、商务部：《推动共建丝绸之路经济带和 21 世纪海上丝绸之路的愿景与行动》，http：//www. sdpc. gov. cn/gzdt/201503/t20150328_ 669091. html。

② 陈万灵、何传添：《海上丝绸之路的各方博弈及其经贸定位》，《改革》2014 年第 3 期，第 76 页。

③ 刘赐贵：《发展海洋合作伙伴关系推进 21 世纪海上丝绸之路建设的若干思考》，《国际问题研究》2014 年第 4 期，第 2 页。

（三）21世纪海上丝绸之路的意义

共建21世纪海上丝绸之路，是中国在国内外发展格局深刻变化的背景下做出的战略决策。一方面，虽然中国的改革开放已经取得了举世瞩目的成就，中国也成为名副其实的经济大国，但是经济发展开始进入新常态，而进一步改革攻坚、成为经济强国依然任重道远；另一方面，全球范围内尤其是亚太地区的政治、贸易和投资格局正在进行深刻调整，中国迫切需要在新一轮的变革中寻求和掌握发展的主动权和主导权。

1. 有利于中国在全球尤其是亚太的经济合作和治理中发挥更大的作用。目前，中国加速崛起，在全球和亚太地区的影响力大幅提升。但是发达国家长期主导全球经贸制度和规则，主导亚太地区事务，而我国处于被动位置。美国提出“亚太再平衡”战略，推进跨太平洋伙伴关系协定（TPP），试图推动一个没有中国参与的美国主导的“美式”亚太经济一体化进程，以此分化、阻挠当前的东亚一体化（中国－东盟自贸区，RCEP的“10＋3”、“10＋6”）进程。而亚太国家，特别是我国的周边国家和地区奉行经济上与中国加深联系，政治上向美国靠拢的“双边平衡”战略。因此，中国扩大开放的国际空间受到了限制和压缩，深度融入世界经济的步伐受到了阻碍。21世纪海上丝绸之路的建设，旨在建立一个开放、多元、包容、可延展的经贸合作和经济治理平台，通过团结更多国家、汇聚更多变革能量，推动全球治理和改革朝着更加公正、合理的方向发展，在全球经贸制度建设和全球经济治理中注入更多“中国元素”，争取在全球和亚太区域合作中赢得主动。

2. 有利于构建多元平衡的开放体系，形成全方位开放新格局。当前，我国的进出口贸易过度依赖欧美发达国家，不仅贸易摩擦频发，而且增长空间有限。海上丝绸之路沿线广大发展中国家和新兴工业化国家的市场潜力巨大、能源和原材料丰富。建设海上丝绸之路，既可以拓展市场，又可以保障能源供应。在国际投资方面，我国之前主要是吸引外资尤其是发达国家和地区的外资，对外投资明显不足。建设海上丝绸之路，有利于推动中国企业到

“海丝”沿线国家投资。在开发开放方面，我国以面东、面海的东部地区为主，广大内陆地区尤其是西部和西南沿边地区开发相对缓慢，导致区域经济发展很不平衡。21 世纪海上丝绸之路既是对外开放国策的延续，又是进一步的深化和调整，对外开放方向逐步向广大发展中国家，向我国内陆和西部地区延伸，客观上有利于实现“走出去”和“引进来”的结合，构建多元平衡的开放体系，形成全方位开放新格局。

3. 有利于构建新时期的国家战略安全体系。21 世纪海上丝绸之路具有多元综合的国家战略安全内涵，以政治和经济的深度互动为主轴，强化国家的交通安全、能源安全、金融安全、产业安全和人文安全等战略体系。综观世界各国，无不将经济议题置于对外关系和国家安全战略的重要地位，美国政府将经济问题置于国家安全战略的首要位置，以经济力量巩固美国在全球的领导地位。在自由贸易方面，积极推进 TPP 和 TTIP 这两个新自由贸易安排。①“海丝”沿线各个国家和地区的经济发展水平、政治体制、文化、宗教和民族成分千差万别，利益诉求错综复杂，同时部分区域还是大国利益交织的焦点地区。而中国在丝路沿线具有较大的经济和地缘政治利益，在该地区构建良好的国际环境对我国有着重要的战略意义。以能源为例，加强与印尼和波斯湾沿岸国家的合作，可以保障我国的能源供应；加强沿线港口、航线和管道建设，可以进一步巩固我国能源运输的通道安全。

4. 有利于形成和平共荣的亚太合作新格局。21 世纪海上丝绸之路致力于打造的利益共同体、命运共同体和责任共同体，将是今后中国周边外交的战略方向。冷战结束以来，亚洲地区的力量格局发生显著变化，主要是中国的加速崛起、日本经济的衰落、美国的焦虑和调整以及东盟诸国的快速发展。中国的崛起客观上使西太平洋地区出现以中国和美国为核心的双中心格局。② 美国的“再平衡”战略对亚太地区的局势造成了冲击，使得地缘博弈

① 达巍：《全球再平衡：奥巴马政府国家安全战略再思考》，《外交评论》2014 年第 2 期，第 66 页。

② 阮宗泽：《中国需要构建怎样的周边》，《国际问题研究》2014 年第 2 期，第 13 页。

更趋复杂化。中国领导人以共建21世纪海上丝绸之路的倡议诠释中国外交新理念，把中国梦（国家富强、民族振兴、人民幸福）同周边国家人民的幸福、周边国家的发展对接起来，使命运共同体意识在周边国家落地生根。21世纪海上丝绸之路向世人展示了一个开放、和平、自信的中国，为实现亚太地区的和平共荣发展指明了方向。

二　中国倡议建设21世纪海上丝绸之路的优势和困难

（一）中国倡议建设21世纪海上丝绸之路的优势

一是综合国力强劲。21世纪海上丝绸之路战略是涉及多个国家、多个领域的全方位的系统工程，其主导者和推动者必须具备相当强劲的综合国力。经过几十年的发展和积累，中国成为无可争议的区域性大国，正处于向全球性大国（强国）转变的“换挡期”和“上升期”。2014年，我国经济总量位居世界第二，外汇储备、制造业产值、货物贸易和吸引FDI流入量均为世界第一，我国还是120多个国家和地区的第一大贸易伙伴。与此同时，我国的政治实力、科技实力和人口素质都表现出强劲的上升势头，几乎处于历史上绝无仅有的发展机遇期。

二是区域合作深化。多年以来，中国与日韩及东南亚各国因为地理位置的毗邻优势，通过产业转移和加工贸易形成了一个梯度传递型的区域分工体系，实现了各国间产业和贸易的深度融合，形成了经济上的紧密联系。随着中国劳动力成本上升和产业梯度转型升级，一些低端的加工制造环节开始向越南、孟加拉国等东南亚国家转移，但长期内仍将与国内的中高端制造环节形成配套并依赖于广大的中国市场。正是基于地理邻近和经贸关系的紧密，中国一直在大力推进亚洲地区的经济一体化进程，包括各种双边、多边、区域、次区域合作。这些多层次、开放型、多样化、包容性的区域合作组织和架构，特别是中国－东盟自贸区以及某些次区域合作，深化了中国同东南亚和南亚国家之间的经贸联系，提升了区域经济一体化水平，为未来各个领域的合作提供了基础条件、机制保障和先期经验。

三是地缘优势突出。我国处于亚太地区的中心位置，同时也处于欧亚大陆地缘战略区和海洋地缘战略区的结合点，既是连接欧亚非三大洲和太平洋两岸诸航线的重要枢纽，又是中国周边地区海上贸易的经济走廊，有着良好通达性。21 世纪海上丝绸之路作为“一带一路”战略的一部分，与丝绸之路经济带结合，起于国内沿海发达地区，直达西亚、中东等地，辐射西非和欧洲地区，具有非常突出的地缘战略优势。

四是历史渊源深厚。从汉代到隋唐，再到宋元，海上丝绸之路推动了中原文化与海洋文明融合发展，在东南沿海形成了诸多重要的港口和对外通商的口岸，曾经创造过海上国际贸易的辉煌历史。古代海上丝绸之路包含了中国与沿线国家间的航海、造船、港口往来、国际贸易、移民、国际关系和科技文化交流等丰富多元的历史内容。可以说，海上丝绸之路的历史文化，是沿线国家和地区共同的历史和文化。

五是人文联系紧密。中华文明在中国周边地区具有深远的影响，儒家文化得到广泛的认同，并且形成了共通的东亚文化圈。数百年来，有大量的华人迁移到东南亚国家，据统计，海外华人华侨不少于 6200 万人，其中 80% 以上都集中在海上丝绸之路沿线。这种文化同一性、价值认同感和民族向心力所产生的共同或相似的语言、价值观、思维方式、生活习俗、民族性格、地缘意识、血缘关系、历史传统等文化要素，都有利于形成凝聚力和整合力，赋予 21 世纪海上丝绸之路特殊的精神动力和人文资源。另外，在东南亚还形成了以中国为中心、以华人为主导、以华资即华商资本为引擎的华人经济圈，形成工商业和金融业经济网络和增长中心，带动了整个地区的投资、贸易、旅游、交通、通信等各个领域的发展。这无疑为以文化为纽带开展海上丝绸之路建设创造了优良的基础条件。

（二）中国倡议建设21世纪海上丝绸之路的困难和挑战

一是国内改革攻坚任务繁重，经济发展进入“新常态”。经过多年的经济高速增长，中国开始进入经济发展的“新常态”，目前仍处于经济增速换挡期、结构调整阵痛期和前期刺激政策消化期“三期叠加”阶段。在“新常态”下，经济增长速度转入中低水平，产业结构面临升级换代，同时就业、环保、区域发展平衡和社会公平等各种经济、政治问题日益突出，在高速增长阶段所潜藏的各种风险也逐步显露出来。建设21世纪海上丝绸之路是以开放促改革、为发展谋空间的创举，但也需要强劲的经济实力、良好的国内环境作为后盾。具体来说，需要大量的资金投入用于对外投资和建设工作，需要强大的产业实力以不断提高中国在全球生产网络中的地位，同时还需要较强的制度创新能力构建国际合作和全球经济治理的新模式。因此，在“海丝”建设的过程中，将会面临资金分配、政策协调和利益平衡的种种困难。

二是“海丝”沿线政经博弈复杂，外部干扰因素多。21世纪海上丝绸之路的区位早已引起世界各国重视，不少国家早已或明或暗进行布局，展开争取丝绸之路建设主动权的博弈。整体战略方面，美国提出了“新丝绸之路”行动计划，印度、伊朗和阿富汗试图共同推进南亚“南方丝绸之路”建设行动，巴基斯坦、伊朗、土耳其三国共同建设战略“通道”。各种计划和行动显示了东亚、南亚、中亚、西亚各国围绕“通道”建设出现了复杂的竞合局面。① 区域一体化方面。有关国家展开了更大范围的合作与竞争，亚太地区出现了“意大利面碗”式的多重自贸区网络治理难题。其中，美国提出了“亚太再平衡”战略。在经贸方面，推行跨太平洋伙伴关系（TPP），以阻碍东亚区域一体化进程，对亚太地区逐步形成的“区域全面经济伙伴关系”（RCEP）起到了分化作用，干扰了亚洲向西亚和欧洲的扩展。而欧美联合构建的跨大西洋贸易与投资伙伴协议（TTIP），从欧洲大陆方面阻碍亚洲与欧洲的经贸合作进程。地缘政治方面，中国周边地区的地缘矛盾复杂，南海争端尤其突出。沿线的部分国家政局动荡，南亚地区的反恐形势严峻，一些国家之间存在着边界纠纷，特别是我国与沿线六个国家存在着领

① 陈万灵、何传添：《海上丝绸之路各方博弈及其经贸定位》，《改革》2014年第3期，第78页。

土主权和海洋国际争端。而美国长期主导“海丝”沿线海洋地缘战略格局，控制着和我国相关的日本海、渤海、黄海、东海、南海等太平洋边缘海，以及朝鲜海峡、琉球诸海道、台湾海峡、巴士海峡、马六甲海峡等半封闭海区和航道，存在“对华战略包围圈”问题。这些都限制了我国与“海丝”沿线国家和地区开展海上合作和资源共同开发，也不利于我国的能源运输安全，更不利于我国实现海洋强国的目标。

三是地区发展多元化，多边协调难度大。沿线各国和地区经济发展水平差异大，合作基础不牢。沿线各国的发展不平衡，各国之间的政治安全互信不足，同我国贸易投资自由化的程度不一，海上商贸物流通关体系有待完善。其中，东南亚国家同我国接壤的地区，互联互通的基础设施和配套设施建设相对滞后，口岸和边贸的管理水平不高，管理制度创新不足。在此基础上进行“海丝”经贸一体化将面临很大的挑战，最严峻的是互联互通建设所需要的大量资金问题，而核心是如何在地区发展高度差异化的基础上推进经济一体化。“海丝”建设辐射30多个国家，涉及亚太经合组织（APEC）、东盟（ASEAN）、跨太平洋战略合作伙伴关系（TPP）协定、区域全面经济伙伴关系（RCEP）协定等错综复杂的经贸合作和制度安排。沿线各国的政治生态迥异，政策规划有别，宗教文化不同，民族交叉融合，利益诉求多元，与我国的关系有亲有疏，在经济一体化过程中还涉及南海争端、边界纠纷、主权让渡、资源保护和生态环境等复杂课题，短时间内难以形成统一建设的共识。

三　21世纪海上丝绸之路建设路径

21世纪海上丝绸之路建设的基本路径是：以国际经贸合作为核心，以海上运输通道和基础设施建设为骨架，以沿线的重点港口、中心城市、资源区块、产业园区为支撑体系，以互联互通和贸易投资便利化为手段，以利益共同体和命运共同体为战略方向，推动以南海和战略通道为主的海上合作与共同开发，实现海上的联通便利化；推进亚太经济融合，形成开放式国际经济合作带，打造具有强大产业聚集效能的经济走廊，以利益交融、互利共赢的一体化伙伴关系，重构亚太经贸合作格局，参与和引领全球经济治理，拓展国际发展空间。

基于以上路径选择，我们认为 21 世纪海上丝绸之路建设应当致力于以下三大合作机制的建立、五大战略举措的实施。

（一）三大合作机制

1. 外交与安全合作机制

任何一个国际经济决策都伴随着外交决策，尤其是在政经博弈复杂的“海丝”沿线。要重视外交工作的高层引领作用，将经济工作置于首要位置，形成经济和外交相互促进的良性机制。要与“海丝”沿线国家加强沟通协调，加紧商签投资保护、交通运输、贸易便利化、金融合作、司法协助等相关的一些协议，推动海上国际合作，共同保护海上航道安全，打击海上跨国犯罪，推进《南海行为准则》的谈判。整合现有多边协商机制，建立沿线国家和地区共同参与的战略平台，共同商讨、解决事关“海丝”建设的经济、外交和安全问题。提高国家领导人、经济和外交高级官员互访和相互交流的频率，增进了解和战略互信。

2. 海洋、港口与城市合作机制

首先要用好现有合作机制，在与印尼、马来西亚、泰国、越南等国签署双边海洋领域合作谅解备忘录和协议的基础上，继续推动与更多国家签订双边或多边海洋合作机制，探索建立海洋部门的多边联席制度，共同开展海洋经济、环保、科技和渔业等各个领域的合作。

其次要根据各个省市的比较优势和在“一带一路”中的定位，建立各省市与“海丝”沿线重点地区的城市合作机制。以对方首都、港口、地方首府和经济发达城市为重点，通过产业园区共建、友好城市协作、“海丝”世界文化遗产联合申报等多种形式建立合作关系。

还要建立“海丝”港口合作机制。以上海、天津、宁波－舟山、广州、深圳、湛江、汕头、青岛、烟台、大连、福州、厦门、泉州、海口、三亚等沿海港口城市为主，与东盟、南亚和中东各主要港口建立港口城市联盟和“一对一”的港口合作关系，建立大陆、台湾和香港合作开发与运营重要港口的机制。

3. 经贸合作机制

经贸合作是21世纪海上丝绸之路建设的主渠道和优先领域。不同于其他区域贸易协定，“海丝”既不是一个制度性的安排，也不是一个架构性的组织，更不是一个排他性的区域组织。[①] “海丝”经贸机制要吸收和整合现有亚太经贸合作机制，融入中国元素，形成独特的多元化合作机制。要大力推动中国－东盟“10＋1”升级版，更好地发挥亚太经合组织（APEC）的作用，积极做好亚欧会议（ASEM）、亚洲合作对话（ACD）、亚信会议（CICA）、中阿合作论坛、中国－海合会战略对话和大湄公河次区域经济合作（GMS）等多边合作平台。同时还要充分发挥各类境内外投资贸易博览会、国际论坛等区域和次区域平台的作用。

（二）五大战略举措

1. 打造战略支点体系

海上丝绸之路涉及境外30多个国家和地区以及境内众多省市，而我国国内改革攻坚和各项建设的任务依然繁重，不可能面面俱到。因此，一定要突出国家的总体战略意图，明确战略需求导向，确定“海丝”建设的核心区域、重点对象、优先领域、重大项目以及关键节点，按照轻重缓急有序谋篇布局，精准发力、重点突破。换言之，要选取有价值的国家（地区）率先构建战略支点，进行战略性建设，推动以南海和战略通道为主的海上合作和共同开发，实现海上的联通便利化，同时，结合经贸合作布局，打造利益共同体和命运共同体，对其他各方形成积极的示范、引导和激励效应。

在区域层面，重点选择周边国家、资源丰富型国家、战略通道型国家等

① 李向阳：《论海上丝绸之路的多元合作机制》，《世界经济与政治》2014年第11期，第5页。

不同类型的国家（地区）作为战略支点。其中，我国的台湾、香港和澳门地区是首选；泰国、缅甸是政经关系良好的周边国家；印尼既是资源丰富型国家又是通道型国家，还是东盟最大的市场；海湾诸国则是资源丰富型国家；新加坡、马来西亚、斯里兰卡、马尔代夫都具有战略通道价值。

在次区域层面，着眼于中南半岛和马六甲海峡，打通陆海两条战略通道，突破贸易和能源运输网络的运输瓶颈。[①] 大力支持“泛亚铁路计划”，实施高铁“走出去”战略，建立连接中国西南地区和中南半岛直达孟加拉湾、安达曼海和马六甲海峡的铁路、管道运输网络。争取在马六甲海峡及其周边区域的港口进行联合开发和运营。

2. 提升互联互通水平

基础设施互联互通是“海丝”建设的优先领域，也是将其红利惠及沿线地区最直接有效的手段。要在战略支点体系选择的基础上，打造陆海空一体化的互联互通网络。

一是海上互联互通，涉及港口及航线、物流集散和交易设施，重点是打造东南亚重要港口与西南陆地的通道，对接西南陆上丝绸之路。

二是陆上的高速公路、高速铁路和油气管道互联互通。主要是加快中国与越南、老挝、柬埔寨、泰国、马来西亚、缅甸6国的陆路通道建设；重点推动GMS公路和铁路运输通道及相关基础设施建设；以“高铁换大米”为样板，推进“泛亚铁路计划”；建设和运营好中缅油气管道并研究发展至其他国家的支线。

三是空中互联互通。以北京、上海和广州的枢纽港为主，包括沿海各个主要航空港，积极开通至东南亚和中东地区的航线，研究加快加密航班，大力发展航空货运业务。

四是信息和电网联通。研究发展与越南、缅甸和老挝等国的电信基础设施互通、电力资源共享以及水利开发合作。

---

① 周方冶：《中泰关系 - 东盟合作中的战略支点作用——基于21世纪海上丝绸之路的分析视角》，《南洋问题研究》2014年第11期，第20页。

3. 推进“海丝”经贸合作

一是大力推进自由贸易区战略。要顺应第一代国际贸易规则向第二代升级的趋势，保持同美国推动的 TPP 谈判的某种沟通和互动，同时加快启动和推进中国 - 东盟自贸区升级版谈判，争取在 TPP 达成协议之前完成区域全面经济伙伴关系（RECP）协定的谈判。[①] 同时争取与“海丝”战略支点国家完成双边自贸协定的签订。

二是参与重构东亚生产分工体系。东亚地区独特的垂直分工制造网络是其全球竞争力的主要来源。随着中国“劳动力”红利的结束和产业转型的推进，东南亚国家正在承接相应的产业转移。中国要加快向东南亚“走出去”的步伐，引导建立以中国为中心的生产分工体系。

三是推动服务贸易自由化。应发挥中国在建筑、咨询、信息技术等方面的服务优势，以及新加坡在金融服务，其他东盟国家在旅游、运输服务方面的优势，放宽服务业市场准入条件，推动服务贸易自由化。

四是加快境外经贸区建设。在战略支点国家和地区、重要港口、铁路沿线，以中国 - 马来西亚“两国双园”模式为样板，进行境外经贸区建设，重点发展资源开发型、港口服务型、国内产业配套型三种园区。比如在中缅油气管道沿线建设石化基地，在印尼纺织服装重要产区万隆建设工业园区以承接国内产业转移。

五是创新亚太金融合作。以亚洲基础设施投资银行为杠杆，进一步推动亚太金融合作格局的改革和创新；推动人民币由周边化到区域化进而到国际化的发展步伐；加强与东南亚各国金融市场开放和货币政策的协调。

4. 加强海洋开发与合作

海洋开发与合作是 21 世纪海上丝绸之路建设的重点内容之一，也是建设海洋强国的应有之义。[②] 要推动与“海丝”沿线国家在渔业捕捞、能源开

---

① 盛斌、果婷：《亚太区域经济一体化博弈与中国的战略选择》，《世界经济与政治》2014 年第 10 期，第 20 页。

② 全毅、汪洁、刘婉婷：《21 世纪海上丝绸之路的战略构想与建设方略》，《国际贸易》2014 年第 8 期，第 11 页。

发、海洋船舶、海洋工程设备和海洋科技研发等领域的跨国合作。以水产品为例，我国水产品总量、出口量和远洋捕捞量均为世界第一，对于发展农产品贸易、促进就业等具有重要作用，但随着远洋捕捞活动的增加，也出现了很多跨国渔业纠纷和环保问题。因此要进一步推动与“海丝”国家签订渔业合作协议，共同进行渔业资源开发和利用。还要大力发展跨国海洋产业价值链，鼓励在印尼、缅甸等战略支点国家建立远洋渔业基地，同时发展与远洋渔业相关的渔业资源调查、渔场探测、冷库、物流、水产品深加工、海洋食品开发、远洋渔船检测服务等，建立国际性的海洋全产业链。

5. 大力推进人文交流

国之交在于民相亲，民相亲在于心相通。民心相通是“海丝”五大合作重点之一。首先要充分发挥“海丝”历史文化的天然纽带作用，同时赋予“亲、诚、惠、容”的新内涵，同沿线国家加强人文交流，增设友好城市和协调机制，共同打造世界遗产和风景旅游区，联合举办各类文化节事活动。还要积极开展各类文化产业和文化贸易合作，深入实施人脉工程，加强教育、智库、媒体、非政府组织等的交流。

此外，要积极发挥华侨华人在“海丝”建设中的独特作用。华侨华人是丝路建设的天然合作者、积极贡献者和努力推动者，在参与建设、协助公关、舆论宣传等方面具有得天独厚的优势。要以“侨”为示范，发扬“丝路精神”，讲好丝路大故事，传播中国好声音；以“侨”为中介，借助华商经济金融实力，实施境外自贸区战略；以“侨”为伙伴，互利合作，助力海上运输通道和陆上基础设施的互联互通。

东南亚篇

B.2

“21世纪海上丝绸之路”建设与中国 – 东盟经济合作

王玉主　王 伟*

摘　要：全球货物贸易增速在 2016 年下滑至金融危机以来的最低水平，现阶段中国 – 东盟经济合作也面临着动力不足的困境。货物贸易总额连续两年递减且长期失衡，东盟相对落后的基础设施水平制约了双边产业的重新布局。另外，“21 世纪海上丝绸之路”的提出为中国 – 东盟“钻石十年”的合作提供了新的历史机遇和动力。未来 21 世纪海上丝绸之路的合作中应融入中国 – 东盟命运共同体建设，打造中国 – 东盟区域合作新模式，平衡双边贸易和投资活动，发挥东盟作为建设先

* 王玉主，中国社会科学院亚太与全球战略研究院研究员；王伟，对外经贸大学世界经济研究院博士生。

行地区和重点地区的示范效用。

关键词： 21世纪海上丝绸之路　中国－东盟　经济合作　区域合作新模式

兴起于秦汉时期的“海上丝绸之路”并不是一条固定的线路，这一概念自诞生起就与东南亚地区密切相关。古代海上丝绸之路是伴随着造船及航海技术不断发展而逐渐成为中国对外贸易商路和文化交往的主要通道的，其南海航线即是以中国东南沿海港口为起点，经东南亚向孟加拉湾和印度洋辐射而形成的。作为古代海上丝绸之路的重要枢纽和组成部分，东南亚在中国海外贸易和对外交往中发挥着重要作用。这一作用也在当前中国建设“21世纪海上丝绸之路”的过程中得以延续：21世纪海上丝绸之路的一个重点方向便是从中国沿海港口经南海到印度洋，再延伸至欧洲。[①] 作为建设的先行地区和重点地区，中国和东盟国家的合作项目承担着“一带一路”建设的示范功能。

自2003年中国和东盟建立战略合作伙伴关系以来，双边贸易投资合作发展迅速。截至2016年年底，中国已连续8年成为东盟第一大贸易伙伴国，东盟也连续6年成为中国第三大贸易伙伴，2016年双边贸易额达到4521亿美元。2015年中国对东盟的投资存量也达到了627.1亿美元，而2003年仅为5.9亿美元。但当前深化中国－东盟合作也面临一些制约，价值链分工地位相似导致双边贸易增长动力不足，中国对东盟投资存量仍大幅落后于东盟对华投资，东盟相对落后的基础设施水平限制了中国和东盟地区产业重新布局的能力。而21世纪海上丝绸之路的适时提出及其后续建设为深化中国－东盟合作提供了新的历史机遇，有助于促进地区生产网络的完善和统一市场的构建，从而为东亚经济的发展提供新的内生动力。

---

① 中国国家发展改革委、外交部、商务部：《推动共建丝绸之路经济带和21世纪海上丝绸之路的愿景与行动》，《人民日报》2015年3月29日，第4版。

一　中国－东盟经济合作现状及挑战

伴随着“一带一路”倡议的持续推进，东盟作为21世纪海上丝绸之路建设的重点和优先地区，势必将吸引更大规模的中国企业前来投资，双边经贸合作有望迎来新的增长点。尽管东南亚国家对加深与中国在“一带一路”框架下的合作均表示出较强的意愿，相关的项目工程也在有条不紊地推进中，但当前中国－东盟经济合作也出现了一些新的特征和问题，这些挑战也是21世纪海上丝绸之路在建设中需要针对性克服的。

（一）贸易增长动力不足与经常项目持续失衡

2003年，中国和东盟建立了战略合作伙伴关系，开启了双方合作的“黄金十年”，其间经济领域的最大建树莫过于2010年建立的中国－东盟自贸区（CAFTA）。双边贸易额从2003年的782.5亿美元增加至2013年的4436亿美元，年均增长率达18.9%。但在下一个“钻石十年”合作的初期，中国和东盟面临贸易增长动力不足的问题，双边贸易额意外地未能实现2015年达到5000亿美元的目标（如图1所示）。近两年全球贸易增长停滞无疑是中国东盟

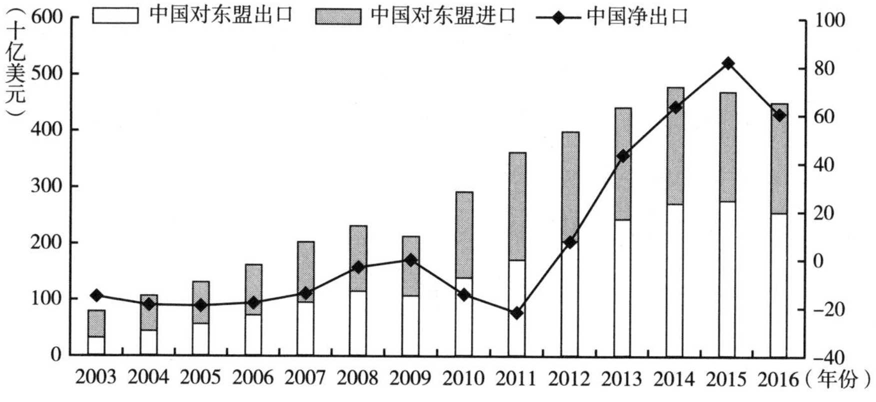

图1　2003～2016年中国－东盟进出口贸易额

数据来源：2003～2015年数据来自中国国家统计局，2016年数据来自Wind资讯。

双边贸易表现不佳的关键因素，但同时要注意到双方在本地区价值链中的分工地位相似以及分工程度接近极限也是重要原因。

值得注意的是，自2010年自贸区建立以来，东盟对中国的贸易顺差被迅速逆转，2015年东盟对中国的贸易逆差甚至高达829亿美元（如图1所示）。具体国别上，东盟逆差主要集中在越南、新加坡、菲律宾以及印尼等国，所有成员国中也仅有马来西亚能够对中国长期保持一定规模的顺差（如表1所示）。

表1　CAFTA建成后中国对部分东盟国家的贸易净出口

单位：亿美元

年份	2010	2011	2012	2013	2014	2015	2016
越　　南	161.2	179.7	179.8	316.9	438.2	361.9	239.6
新 加 坡	76.2	74.3	122.1	157.7	180.8	243.6	185.3
菲 律 宾	-46.8	-37.4	-29.1	16.9	24.9	77.1	124.6
印　　尼	11.6	-21.2	23.3	55.1	145.7	144.6	107.2
泰　　国	-134.5	-133.4	-73.6	-58.0	-40.4	11.2	-14.9
马来西亚	-266.4	-342.5	-217.8	-142.2	-93.0	-93.0	-115.5

数据来源：2010~2015年数据来自中国国家统计局，2016年数据来自Wind资讯。

双边贸易持续失衡引发了东南亚国家对于中国商品较强竞争力的顾虑，担心中国-东盟自贸区升级版的建设会导致本地区国家进一步依赖中国经济，不利于东盟中小企业的发展，这也弱化了部分东盟成员国与中国深化贸易活动的动力。随着中国中产阶级群体数量不断增加，未来中国对双边经济合作的引导还应该体现在提供庞大且开放的消费市场以促进经常项目均衡化。

（二）中国对东盟投资存量有待增加

近些年中国对东盟的直接投资增长迅速，在“一带一路”倡议的推动下，2014年中国对东盟直接投资首次超过东盟对华投资，这一趋势也在2015年得到加强，中国对东盟投资额在2015年同比增加了87%（如图2所示），其中租赁和商务服务业 66.74 亿美元，占 45.7%。[①] 但在具体的投资实践中还存在提升的空间，就存量而言，根据商务部统计数据，截至 2015 年年底中国对东盟投资存量为 627 亿美元，还大幅落后于东盟对华的累计投资额 994 亿美元，这一现状有望随着 21 世纪海上丝绸之路建设的推进而得到改善。

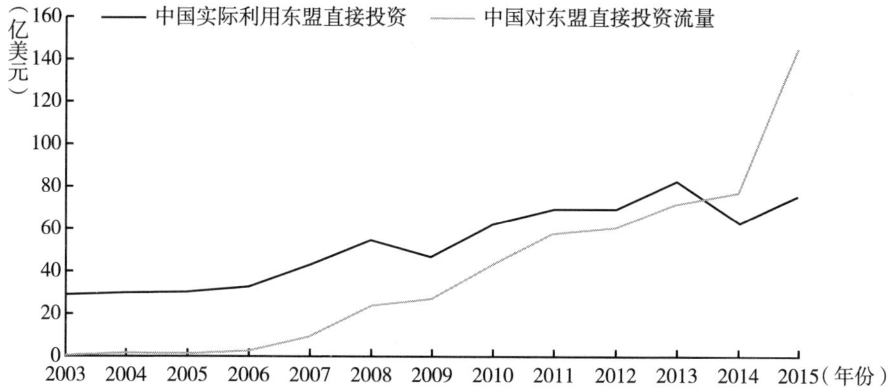

图 2　中国与东盟双向投资流量对比

数据来源：Wind 资讯。

目前中国在东南亚的投资比重也有待提升，2015 年中国对东盟的直接投资有大幅度增长，但也仅占中国对亚洲地区投资总流量的 13.5%，对东盟的投资存量目前只达到中国对外直接投资存量的 5.7%。中国在东南亚地区的投资流量也常年位于欧盟、日本和美国之后，对东盟而言，双边投资合作中中国还未能发挥出在贸易领域内相似的重要作用。另外，中国对东盟直接投资的国别分布较不平衡，有多达 51% 的投资存量流向了新加坡，位居其后的印尼仅吸收了 13% 的投资存量。考虑到近些年在 21 世纪海上丝绸之路建设框架下中国加大了对柬、老、缅、越等新成员国的投资，国别引资的分化问题有望得到缓解，但为了避免密松水电站事件的重演，新四国的政治风险是中资企业需要重点考量的。

① 中国商务部、中国国家统计局、国家外汇管理局编《2015 年度中国对外直接投资统计公报》，中国统计出版社，2016，第 29～30 页。

二　东南亚国家在“海丝”建设中的定位及其反馈

中国的对外开放是从沿海地区开始的，通过引进外资和先进生产技术，参与国际分工，发展外向型经济，实现了沿海地区经济的快速发展。海路还是我国能源进口的主要通道，2014 年“一带一路”国家在中国原油进口中的份额为 66%，中国 90% 的原油进口通过海上运输，其中 80% 需经过印度洋—马六甲海峡—南海通道。“一带一路”国家在中国天然气进口中的份额高达 86%，2014 年中国进口的天然气中有 18.1% 来自马来西亚、印度尼西亚和缅甸等国。[①] 再加上大部分的货物进出口需要通过海路，因此保障海上航运畅通与安全关乎中国的发展和稳定。

建设 21 世纪海上丝绸之路是深化我国沿海开放，建设海陆连接地区合作发展的新战略，东南亚地区在其中发挥着关键作用。考虑到亚太、欧亚区域合作的复杂性和多样性，以及中日关系的不可测、中韩朝鲜半岛问题的长期化趋势，应以东南亚地区作为 21 世纪海上丝绸之路建设的优先方向。中国和东盟已经开启了“钻石十年”的合作，在上一个“黄金十年”，双方携手建成了中国－东盟自贸区，积累起了良好的合作基础和经验。将东南亚作为 21 世纪海上丝绸之路建设的示范区，打造一批标志性的互联互通合作项目，构建如产业合作等新的合作模式，[②] 有助于带动中国和其他沿线国家或地区的合作。

（一）21世纪海上丝绸之路建设契合东盟发展规划

无论从地理方位、经济发展还是相互关系角度看，周边对我国都具有极为重要的战略意义。与中国陆海相邻的东盟是周边外交工作的重心之一，也是 21 世纪海上丝绸之路建设的优先方向。东盟共同体建设蓝图、互联互通

① 《“一带一路”油气资源分布明细》，《中国能源报》2015 年 7 月 13 日，第 4 版。

② 王玉主：《海上丝绸之路与东亚区域合作》，载李向阳主编《亚太地区发展报告（2015）》，社会科学文献出版社，第 37～47 页。

总体规划以及部分东南亚国家的发展战略与“一带一路”也有很多的契合点，存在较大的对接空间。

具体来说，东盟共同体旨在将东盟打造成政治上具有凝聚力、经济上具有活力、能担负起社会责任的和谐共同体，逐步建成一个以人为本、具有共同价值观的东盟。“一带一路”倡议秉持和平合作、开放包容、互学互鉴、互利共赢的理念，打造政治互信、经济融合、文化包容的利益共同体、命运共同体和责任共同体，与东盟共同体的基本内涵相一致。

为加强成员国间的联系和合作，助力东盟共同体建设，东盟制定了《东盟互联互通总体规划2025》，加强东盟内部的基础设施互联互通、机制互联互通和人文交流，并将具体关注以下五大领域：可持续性基础设施建设、数字创新、无缝物流、机制建设以及人员流动。而“一带一路”的主要内容在于政策沟通、设施联通、贸易畅通、资金融通以及民心相通，各个领域的合作重点又都与东盟互联互通总体规划存在契合点。

尤其是在基础设施领域，当前东南亚地区交通运输基础设施水平相对落后，制约了东盟共同体的构建以及地区一体化水平的提升。随着东南亚国家区域合作的不断深化，本地区大部分的贸易壁垒已经消除，特别是进口关税等贸易限制性措施，基础设施覆盖率低、水平落后便日益成为经济社会发展的障碍。世界银行统计数据显示，2016年东盟国家因道路年久失修、未能修缮导致物流绩效指数普遍出现下滑（如表2所示），柬埔寨、菲律宾以及缅甸等沿海国家的港口基础设施也急需改善。

表2　中国和东盟国家交通运输基础设施评分

国家	物流绩效指数		港口基础设施质量指数	
	2014	2016	2015	2016
中　　国	3.67	3.75	4.55	4.50
新 加 坡	4.28	4.20	6.66	6.70
马来西亚	3.56	3.45	5.57	5.60
印度尼西亚	2.92	2.65	3.81	3.80

续表

国家	物流绩效指数		港口基础设施质量指数	
	2014	2016	2015	2016
泰　　国	3.40	3.12	4.49	4.50
文　　莱	—	2.75	—	—
菲 律 宾	2.60	2.55	3.22	3.20
越　　南	3.11	2.70	3.91	3.90
缅　　甸	2.14	2.33	2.62	2.60
老　　挝	2.21	1.76	2.18	2.20
柬 埔 寨	2.58	2.36	3.71	3.70

数据说明：物流绩效指数反映的是与贸易和运输有关的基础设施的质量（其中1表示很低，5表示很高）；港口基础设施质量指数中1表示十分欠发达，7表示十分发达高效；“-”代表数据缺失；世界银行未统计2015年物流绩效指数。

数据来源：根据世界银行官网数据整理制成。

此外，在东盟互联互通总体规划中，陆路运输有两个核心项目：东盟公路网（AHN）计划和新加坡—昆明铁路（SKRL）计划。AHN目前已完成所有建设，不再有缺失路段。而SKRL项目中，柬埔寨至越南路段以及老挝国内部分路段因缺乏建设经费仍在寻求资金支持。① 中国在交通运输基础设施建设领域有着明显的比较优势，结合亚投行等融资平台，可以在项目工程建设上对东盟的互联互通规划提供有力的支持。

最后，“一带一路”建设中强调对于双边和多边机制的参与，包括强化中国-东盟“10+1”、亚太经合组织（APEC）、大湄公河次区域（GMS）经济合作等现有多边合作机制的作用，这些也都是目前东盟国家深度参与的区域经济合作机制。另外，由东盟主导的“区域全面经济伙伴关系”（RCEP）在2017年7月底结束了第19轮谈判，涵盖的议题包括货物、服务、贸易救济、海关通关、政府采购、竞争政策、电子商务和争端解决等领

① ASEAN Secretariat, “Master Plan on ASEAN Connectivity 2025”, Jakarta: ASEAN Secretariat, August 2016, p. 19.

域，并有望在2018年结束全部谈判。[①] RCEP旨在推动东亚生产网络的调整、改善东亚地区经济发展环境，其建成将有效地促进21世纪海上丝绸之路在东亚地区的项目建设。中国和东盟共同参与或主导了多个地区经济合作机制，双方有着广泛的合作空间和坚实的基础，可以在多个框架下就具体领域展开经济合作。

（二）东南亚国家对于“海丝”建设的态度

“一带一路”倡议提出后，周边国家对其支持与否在一定程度上可以反映出这些国家对中国崛起的态度。[②] 2017年5月中旬，第一届“一带一路”国际合作高峰论坛在北京举行，东盟地区有七个国家的最高领导人前来参会，分别是印尼、老挝、菲律宾、越南、柬埔寨、马来西亚以及缅甸，反映出东盟地区普遍重视与中国就“一带一路”倡议展开合作。

东南亚各国根据自身国情制定了不同的发展战略，推动21世纪海上丝绸之路的建设和各国的发展战略对接，扩大利益基础，有利于双方共同实现国家发展目标。老挝是东南亚地区唯一的内陆国家，一直饱受交通不便、招商引资不力、经济发展后继乏力等问题的困扰。为了突破这种困境，老挝政府提出了建立“陆联国”的战略规划。老挝国家主席本扬·沃拉吉曾指出，“一带一路”倡议为促进老挝社会经济发展作出了积极贡献，也与老挝变“陆锁国”为“陆联国”战略高度契合，作为“一带一路”建设早期收获的重要项目，老中铁路的修建是让两者实现契合的关键所在。[③] 有关“一带一路”倡议的对接，越南也表现出了相似的积极性。越南国家主席陈大光表示，越中自2006年以来就在“两廊一圈”规划框架内开展合作，取得了重要成果，特别是越南北方省市与中国西南省区围绕“两廊一圈”开展了

① 《RCEP第19轮谈判结束，推动“加速”进程》，http://www.sohu.com/a/162764691_669832。

② 林民旺：《印度对“一带一路”的认知及中国的政策选择》，《世界经济与政治》2015年第5期，第42～57页。

③ 《“一带一路”为发展中国家创造机会》，《人民日报》2017年5月15日，第9版。

基础设施互联互通和贸易便利化的合作。目前越南和中国正在推动“两廊一圈”规划和“一带一路”倡议有效对接，为两国企业特别是中小企业深入参与区域及全球价值链生产创造更多机会。[①]

印度尼西亚总统佐科·维多多在2014年上台后不久便提出“全球海洋支点”的战略构想，旨在将印尼打造成海洋强国。近年来，中国和印尼也在积极对接上述倡议和构想，佐科也表示印尼愿深化同中国在“一带一路”框架下的合作，提高双边经贸投资水平，探讨互联互通走廊等重大项目的建设。[②] 与印尼加强在地区事务中的沟通和协作也有助于维护中国-东盟关系稳定发展。在基础设施建设方面，“一带一路”倡议同菲律宾政府提出的“打造基础设施建设黄金时代”目标十分一致，因此菲律宾总统杜特尔特曾表示，“一带一路”倡议和菲律宾正在推进的“2017～2022发展规划”十分契合，未来菲律宾希望对“一带一路”倡议加深认识和理解，进一步发现菲中潜在合作领域，为双边经贸合作和扩大市场作出贡献。[③]

尽管其他东南亚国家政要也无一例外地在不同场合表达过对“一带一路”倡议的支持和合作意愿，但在实际合作层面上，也有一些政界人士或学者表示出一定的顾虑，担心“一带一路”成为中国向外输出过剩产能、倾销产品的平台。例如，印尼前贸易部部长冯慧兰在2015年博鳌分论坛上曾表示，外界担忧中国是否会借助海上丝绸之路倡议把中国的产品、服务或者是公司强行输送至其他国家。[④] 或者是担心中国借助“海丝”建设，不断增强对东南亚国家的影响力，并借此干预东盟和地区事务。例如，有学者认为“一带一路”的构建将导致中国及其邻国之间出现不对称的依存关系，

① 《越南国家主席陈大光：推动“两廊一圈”与“一带一路”有效对接》，http://www.ce.cn/xwzx/gnsz/gdxw/201705/12/t20170512_22734863.shtml。

② 《习近平会见印度尼西亚总统佐科》，《人民日报》2017年5月15日，第2版。

③ 《杜特尔特出席一带一路峰会接受采访：大谈中菲友好》，http://military.china.com/important/11132797/20170512/30515976_all.html#page_2。

④ 陆建人、蔡琦：《“一带一路”倡议在东盟的实施：成绩与问题》，载陆建人主编《中国-东盟合作发展报告（2015～2016）》，中国社会科学出版社，2016，第261～262页。

中国未来有可能会利用其在亚洲的影响力来调动欧亚大陆和非洲的资源，并最终建立起有利于中国的新秩序。[①] 认为中国试图通过21世纪海上丝绸之路来与美国争夺东南亚的观点也存在。

国外部分学者或政界人士对“一带一路”存在误解，一是因为倡议之初，有关“一带一路”建设的发展理念和实际规划上，中国和沿线国家存在政策沟通不足的问题。这些顾虑在倡议提出后的最初阶段较为普遍，随着合作的开展、官方文件的发布、多轨道公共外交的推动以及高峰论坛的召开而逐渐消弭。误解的另一个原因则是部分学者或政客仍然以冷战对抗思维及零和博弈认知来看待中国有关合作共赢的国际诉求，对中国主动承担大国责任的行为作出有意识的错误解读，对于这类问题，实践层面的示范性合作项目是最有效的解决途径。

三　21世纪海上丝绸之路在东南亚地区的进展

“一带一路”倡议提出至今，顶层设计逐步完善：国家三部委于2015年颁布了《推动共建丝绸之路经济带和21世纪海上丝绸之路的愿景与行动》，明确了共建原则、框架思路、合作重点和机制等内容；“一带一路”取得重大进展业已成为“十三五”时期主要目标任务和重大举措。相应的统筹协调机制和保障体系也陆续建立：2015年2月，中央成立“一带一路”建设工作领导小组，由国务院副总理张高丽担任组长，办公室设在国家发改委，下设综合组、丝绸之路组、海上丝绸之路组和对外合作组[②]；2017年1月，国家发改委同外交部、中国铁路总公司等13个部门和单位共同设立“一带一路”PPP（政府和社会资本合作）工作机制[③]，旨在加强与沿线国

① David Arase，“China's Two Silk Roads：Implications for Southeast Asia”，Singapore：ISEAS，2015.

② 《全面推进“一带一路”发展战略对接》，http：//news. cri. cn/2016328/c2d2e285－e0ba－9207－bba4－59df7c99448b. html。

③ 傅梦孜、徐刚：《“一带一路”：进展、挑战与应对》，《国际问题研究》2017年第3期，第87～96页。

家在基础设施等领域的合作，积极推广 PPP 模式，促进中国企业“走出去”；金融保障也不断得到巩固，除加强国家政策性银行和商业银行的贷款支持外，还设立丝路基金，成立亚洲基础设施投资银行。截至 2017 年 6 月中旬，亚投行成员总数已增至 80 个，目前共批准了 16 个投资项目，总金额为 25.7 亿美元，今年将落实项目资金总计 7.7 亿美元。[①]

21 世纪海上丝绸之路建设至今，一批重大项目建设也取得了早期成果。中老铁路是我国通往老挝、泰国的重要国际铁路通道，国内段全长近 600 公里，从昆明出发，经玉溪后在磨憨口岸与老挝铁路连接。其中，昆明至玉溪段已开通运营，玉溪至中老口岸磨憨的玉磨铁路已全线开工，项目建设稳步推进。建成通车后，昆明至西双版纳傣族自治州景洪市仅需 4 小时左右，前往老挝万象有望实现夕发朝至。中老铁路老挝段北起两国边境磨憨 - 磨丁口岸，南至老挝首都万象，项目全长 414.332 公里，其中桥梁和隧道总长 258.539 公里，约占线路总长的62.40%。[②] 老挝段于 2016 年 12 月全线开工，总投资约 374 亿元人民币，采用中国铁路 1 级标准，为客货共线的单线电气化铁路，设计时速 160 公里，预计建设期为 5 年，计划于 2022 年初投入运营。全线采用中国技术标准、使用中国设备，这条铁路是第一个以中方为主投资建设、共同运营并与中国铁路网直接连通的境外铁路项目。

位于泰国东部海岸的泰中罗勇工业园，是中泰两国企业合作开发的现代化工业区，也是中国首批“境外经济贸易合作区”之一，现在已成为中国传统产业在泰国乃至东盟地区的最大产业集群中心和制造出口基地。“一带一路”倡议提出后的三年多时间里，罗勇工业园加速发展，有 35 家企业入驻园区，实现工业总产值 55 亿美元，占园区近十年累计工业总值的 2/3。截至 2017 年 4 月份，罗勇工业园已经完成约 6 平方公里的开发与招商，累

① 《亚投行成员增至 80 个，今年落实项目资金 7.7 亿美元》，http://www.nbd.com.cn/articles/2017-06-19/1118438.html。

② 《中国中铁累计中标中老铁路 4 个标段合计 104 亿元》，http://ggjd.cnstock.com/company/scp_ggjd/tjd_ggkx/201609/3896687.htm。

计吸引86家中国企业入驻，带动中国对泰国的投资超过25亿美元。工业园正在进行第三期开发，目标是使园区总面积达到12平方公里，入驻的中资企业达到300家，园区内工作的本地员工占90%以上，为泰国当地创造了10万个以上的就业岗位。[①] 大批中国制造企业的入驻也填补了当地多个制造领域的技术空白。从入园企业的质量和数量、投资规模以及产业定位等角度看，泰中罗勇工业园可被视为目前开发建设最好的中国境外经济贸易合作区之一。

同样是中国首批“境外经济贸易合作区”之一的柬埔寨西哈努克港经济特区，是柬埔寨政府批准的最大经济特区，也是“一带一路”倡议的标志性项目，特区以纺织服装、五金机械、轻工家电等为主导产业。截止到2017年5月，西港经济特区已经吸引109家企业入驻，区内从业人员1.6万人。特区总体规划面积为11.13平方公里，首期开发面积5.28平方公里，全部建成后，可实现300家企业或机构入驻，8至10万名产业工人就业。在缅甸的能源管道建设也取得了突破，全长约2380公里的中缅油气管道是我国第四大能源进口通道，包括天然气管道和原油管道。其中天然气管道已于2013年全线贯通，开始输气，该管道的建成投运有效缓解了缅甸电力紧张局面，还推动了当地经济发展，改善了人民生活质量。2017年4月，中缅原油管道工程正式投入运行，油管的设计年输送能力为2200万吨。[②] 另外，被视为中国高速铁路全方位整体“走出去”的第一单项目雅万高铁项目也于2017年7月15日正式开始了瓦利尼隧道的工程建设，标志着雅万高铁项目进入了实质性施工阶段。雅万高铁打破了之前中国高铁对外只单方面负责基建或设计的单一输出模式，实现了技术标准、勘察设计、工程施工、装备制造以及物资供应、运营管理和人才培训等多方面的全产业链输出。

---

① 《罗勇工业园：搭乘“快车”迅速发展》，http：//news.cctv.com/2017/04/20/ARTIUV0dv57teNpX5hFDLrba170420.shtml。

② 《走起！“一带一路”》，《人民日报》2017年5月14日，第6版。

四 结语

21 世纪海上丝绸之路的建设为中国 - 东盟合作提供了新的历史机遇，有助于解决近些年双边经济合作所表现出的新问题，可以为贸易增长提供动力，提升中国对东盟地区的投资存量，平衡双边贸易和投资活动。在项目实践方面，合作单位或企业还需要应对部分东盟成员国因国内政局动荡或武装冲突而引起的政治安全风险。地缘政治上，南亚印度以及东亚日本可能会对“海丝”在东南亚的建设实行对冲策略，以平衡中国在东盟地区的影响力，这也将在客观上加大 21 世纪海上丝绸之路建设的阻力。

南海问题方面，2017 年 8 月在菲律宾首都马尼拉召开的第 50 届东盟外长会议正式通过了“南海行为准则”框架，尽管框架目前还不具有法律约束力，但无疑对推动地区局势朝着和平与稳定的方向发展起了积极作用。南海域内国家通过寻求共同利益基础、开展政治安全对话，为缓解南海问题的紧张局势做出了实质性的努力，也为 21 世纪海上丝绸之路的建设营造了利好局面。

在未来的项目合作过程中，还应该注意规制的统一和标准化问题。中泰铁路项目在基本达成协议后仍波折不断，其中一个原因便是泰国方面认为中国提供的 2.5% 贷款利率还存在议价空间，因为中国在印尼雅万高铁项目上的贷款利率仅为 2% 。[①] 这也反映出在“一带一路”建设过程中，中国目前多采取“一事一议”的方式，还没有形成完整的规范或者标准程序。

东盟作为 21 世纪海上丝绸之路建设的优先地区，同时也应该是中国构建新的区域合作模式的首选对象，利用双方在建设自贸区过程中积累起来的丰富经验，突破双边经济合作所面临的瓶颈。新区域合作模式的实现，有赖于对以下问题加以注意。第一，将中国 - 东盟命运共同体建设融入 21 世纪

---

① 《中泰铁路有望年内签约：中方将贷款利率降至与印尼高铁一致》，http：//www. thepaper. cn/newsDetail_ forward_ 1432325。

海上丝绸之路中，推动双边合作朝着政治互信的方向发展。在中国崛起的背景下，政治互信赤字是深化中国和东盟合作的一大障碍，“海丝”的建设应该成为崛起大国处理周边合作关系的样板。第二，在基础设施互联互通和产业合作中推动东盟内部发展平衡。东南亚地区面临着内部经济发展以及产业结构不平衡问题，“海丝”建设过程中应通过加强基础设施项目合作、产业升级以及能力建设等提高落后国家对地区生产网络的参与。最后，关注以促进人员交流、增进人文合作为主的民心相通。古代海上丝绸之路精神在当代的映射体现在，伴随着商品流通与产业合作的人员流动，以及建立在这一基础上的文化交流与融合是把沿线国家联系起来的重要黏合剂。21 世纪海上丝绸之路应秉持古代海上丝绸之路的精神，注重中国和东南亚地区人与人之间深层次的交流，为深化双边合作打下坚实的民意基础。

B.3
中国 – 东盟能源合作进展：引领绿色发展共筑能源安全*

杨晨曦**

摘　要：2016年以来，中国与东盟各国以纪念中国 – 东盟对话关系25周年和东盟建立50周年为契机，举办多次纪念活动，推动了中国与东盟各国的能源合作。双方以“共商、共建、共享”为指导思想，共倡“共同、综合、合作、可持续”的能源安全新理念。中国与东盟各国不断丰富既有能源合作机制、推动构建企业间跨国合作机制，夯实了中国 – 东盟能源合作的制度基础。中国与东盟国家间清洁与绿色发展能源项目种类逐渐丰富，为保障地区能源安全、提高地区电力产能做出贡献。地区国家共享能源发展新成果，在电力、油气资源运输方面实现互利共赢，为继续深入合作奠定了物质与利益基础。未来，中国与东盟各国将在“一带一路”建设框架中继续引领绿色发展、共筑能源安全，绑定共同利益从而构建利益共同体、命运共同体。

关键词：能源合作　东盟　能源安全　低碳绿色

* 本文为国家社会科学基金项目“‘一带一路’战略的地缘政治分析研究”（15BZZ079）的阶段性成果。

** 杨晨曦，中国国际问题研究院国际战略研究所助理研究员，法学博士。

2017年是东盟建立50周年；2016年是中国－东盟建立对话关系25周年；若自1997年第一次中国－东盟领导人非正式会议算起，2017年也是东盟－中国“10+1”机制建立20周年。20年来，中国深耕周边合作，与东盟共同协商、互利共赢，在贸易、金融、制造业、基础设施建设等领域取得了丰硕成果；双方能源领域的合作不断深化，在实务与制度层面上为构筑地区共同能源安全奠定了基础。

实务层面上，东盟已成为中国能源进口的重要来源地、能源运输的必经之地和能源企业实施“走出去”战略的重要目的地。东盟是中国在全球范围内建立的四个重点能源开发区之一。中国能源企业不仅为东盟提供了许多专业性的能源服务，还通过各种方式在东盟进行广泛的能源投资。此外，中国每年约有80%的进口原油需经马六甲海峡入境①，中缅油气管道2013年投产，为中国进口油气资源开辟了新的陆上通道，降低了我国西南地区天然气消费成本，也是我国实现天然气进口通道多元化的重要成就。制度层面上，中国－东盟已经形成了一系列能源合作对话机制，如中国－印尼能源论坛、“10+3能源部长会议”等；中国－东盟自贸区、大湄公河次区域合作、东盟地区论坛等综合性合作框架，也为地区能源合作提供了对话平台。

近年来，中国－东盟能源合作在“一带一路”建设的带动下向纵深发展，双方在能源合作理念、合作机制、能源项目等领域的合作成就斐然。在全球气候治理、温室气体减排和大气污染治理进程的推动下，中国－东盟能源合作开始共倡绿色低碳发展新道路，寻求共同可持续的能源安全。在“一带一路”框架下，中国与东盟在多个层次上共倡能源安全新理念、共建能源合作新机制、共商绿色发展新项目、共享能源发展新成果。

一　共倡能源合作新理念

深化中国与东盟的能源资源和能源产能合作，需要对合作理念、企业

① 谭民：《中国－东盟能源安全合作及其国际法律保障》，载《云南民族大学学报》（哲学社会科学版）2012年第3期，第104～109页。

“走出去”方式、合作模式等做进一步的调整。其中一个重要方面，就是要使合作的理念和模式更加适应世情区情和绿色低碳发展的新趋势。

近年来，习近平主席深入发掘中华文化中独特的治理理念和智慧同当今时代的共鸣点，突出中国人民和世界人民的共同意愿，针对全球治理面临的重大现实问题和挑战，提出了全球治理观、新安全观、新发展观、正确义利观、全球化观等一系列新理念新主张，推动建立更加公正合理、普惠均衡的全球治理体系。自 2013 年 9 月提出“一带一路”倡议以来，中国政府和企业唱响“共商、共建、共享”理念，与沿线国家一道谋划经济合作、制定发展战略对接方案；以“共同、综合、合作、可持续”的安全观引领传统与非传统安全合作，与沿线国家共同维护稳定与发展。在中国 - 东盟能源合作中，双方共同倡导国际关系新理念，并将之践行到地区能源合作当中，为共同维护地区能源安全指出了合作路径；同时，中国与东盟国家共同提倡低碳、绿色发展新理念，共同为地区能源经济可持续发展指明了道路。

2016 年 3 月，中国与东盟国家共同制定了《中国 - 东盟面向和平与繁荣的战略伙伴关系联合宣言的行动计划（2016 ~ 2020）》，将“能源、矿产合作”单列为重点合作领域之一。《行动计划》特别提出，“通过地区论坛和研讨会等途径，加强关于能源，特别是水电、矿产和地质科学方面的政策交流与对话，共享清洁能源开发，特别是水文学、水电、煤炭和清洁煤技术、天然气发电、最新矿物勘探和保护技术及地热能等方面的信息和经验”。“共享”二字点明了中国与东盟国家共倡能源安全新理念的核心要素。

从《行动计划》给出的“共享”蓝图来看，水、煤炭、新能源等领域合作拉开了中国与东盟在“一带一路”合作框架下践行能源安全新理念的序幕。中国与东盟国家山水相连，多条河流跨境而流，旱涝、流量、分水等事关各国利益，中国与东盟国家共享水文、水电数据信息恰是双方合作开发、利用水利水电资源的基础工程，也为各国共筑政治互信和长久友谊奠定了基础。中国与东南亚国家的一次能源消费结构中，煤炭依然占据重要地位，而各国亦同样面临沉重的温室气体减排和大气污染治理任务。中国清洁煤技术领先世界，低热煤燃烧污染排放控制技术领先；火电机组超临界、超超临界应用推广迅速、技术能力较强，提升了能源利用效率、节约了能源、巩固了能源安全。东盟国家经济快速发展，工业化、信息化进程迅速推进，对电力、煤炭的需求呈现长期增长的趋势；中国的相关资本和技术亦需要东盟国家广阔的市场。中国与东盟各国在煤炭、清洁煤领域利益互补性强，共享相关信息有助于共筑地区能源安全。在矿产、电力、新能源等领域共享信息和经验，是中国－东盟能源合作的一个亮点。矿产与电力是国家战略产业，共享相关信息是双方共享精神的体现，也是政治互信提升结出的硕果。共享，恰是“一带一路”建设精神所在，也成了中国－东盟能源合作的出发点和落脚点，中国与东盟国家共享能源经济与安全建设成果，践行“一带一路”倡议的精神实质，也为能源国际合作提供了新理念。

共享的实现路径是共商、共建。能源合作具有鲜明的经济性、战略性、政治性。能源经贸合作首先具有大宗商品功能：煤炭、石油、天然气、电力、新能源等是“一带一路”各国谋求经济发展、社会进步所必需的大规模生产和消费的商品，也是各国间国际贸易增量的重要来源。其定价机制、贸易与结算方式、运输成本等因素深刻影响各国经济社会发展成本。能源合作同样具有战略与政治内涵。中国与东盟国家能源消费均在快速增长，对于消费国而言，能源资源供给、运输与价格安全直接关系到经济、社会的可持续发展；双方在能资领域的合作事关国家安全、政治稳定全局。在中国与东盟国家的综合性合作中持续推进能源经贸、金融、运输安全合作，事关各国经济社会发展的战略利益与国家安全。因此，更需要弘扬“一带一路”建设的“共商、共建”精神。

从2016年到2017年，中国与东盟国家以建立对话关系25周年为契机，举办系列纪念活动，为共谋能源合作、共划能源安全与可持续发展提供了平台，更践行了共商、共建精神。2016年4月11日，第17次中国－东盟联合合作委员会（ACJCC）会议在雅加达东盟秘书处举行，双方在回顾合作成果的基础上，对当前和今后工作充分交换意见，包括落实第18次中国－东盟领导人会议成果、中国－东盟2016～2020年行动计划，办好中国－东盟建立对话关系25周年纪念峰会、中国－东盟教育交流年等。4月28日，第

22 次中国 – 东盟高官磋商在新加坡举行。6 月 14 日，中国 – 东盟特别外长会在云南玉溪举行。7 月 25 日，中国 – 东盟外长会在老挝万象举行。两次外长会就双方存在的问题进行了充分沟通，为纪念峰会的召开做好了铺垫。9 月 7 日，李克强总理访问老挝并出席第 19 次中国 – 东盟领导人会议暨中国 – 东盟建立对话关系 25 周年纪念峰会，发表联合声明，双方同意迈向更加紧密的中国 – 东盟战略伙伴关系，推进落实“2 +7 合作框架”和中国 – 东盟战略伙伴关系第三份《行动计划》，推动中国 – 东盟自贸区升级成果落地，加强经贸、互联互通、防务安全、海上运输、社会人文等领域合作。中国与东盟的历次会议中，能源合作均蕴于产能、经贸合作之中，是推动中国与东盟关系发展的重要抓手。

二　共建能源合作新机制

能源合作技术性、专业性强，新技术开发、应用、推广需要综合的市场合作机制；能源资源市场供需形势变化迅速，电力合作既需供需平衡、互通供需形势和相关技术数据，也需要企业间、政府间机制提供保障；中国与东盟国家在电力、能源装备等领域标准不同，深入合作同样需要机制建设。国际机制的构建往往是经贸合作不断深化的结果，中国 – 东盟能源合作的不断深入，尤其是新能源、清洁能源和能效、减排技术开发与推广等新合作领域的开拓，也将推动中国与东盟共商共建能源合作新机制。同时，东盟国家间数十年来已经建立起众多机制化合作平台及十个“10 +1”机制，每年举行机制性会晤 700 余次，机制构建的“意大利面碗”现象已经浮现，再另建新的中国 – 东盟政府间能源领域合作机制困难颇多。因此，中国与东盟国家间构建能源合作新机制的主要路径，一是通过二轨合作、企业间合作先行铺路，取得先期成果；二是利用现有合作平台，将新的能源合作机制建设需求加入其中，既满足能源合作对机制的需求，也将现有合作平台做得更加实在、巩固。顺应时代发展，中国与东盟国家推动构建能源合作新机制的主要方向集中于技术交流、清洁电力和低碳绿色发展方面，具体有以下两个表现。

第一，在企业间合作机制的构建方面，中国与东盟国家电力企业间合作机制构建逐步萌芽。以中国－东盟博览会为契机，中国与东盟在南宁连续召开“中国－东盟电力合作与发展论坛”，共商双方电力互联互通和深度合作，企业间萌发机制建设需求。

在“2016 年中国－东盟电力合作与发展论坛”上，中方代表提出，电力市场正逐渐向区域一体化和全球一体化方向发展，电力产业作为中国和东盟合作与发展的基础产业，具有明显互补优势，将对中国和东盟经济合作提供重要支撑，中国也在持续致力于东南亚区域电网的互联互通，以实现跨地区、跨国家的资源优化配置。中国与东盟双方应着重在构建能源基础设施互联互通、大力推进区域内可再生能源高效可持续开发、强化电力产业装备与服务、促进信息技术与智能微网的融合等方面开展更加深入而广泛的合作。企业间合作不断推进，机制建设的需求也自然被提上日程。

在“2017 年中国－东盟电力合作与发展论坛”上，中方代表对中国－东盟电力合作提出了六点建议。一是进一步加强区域范围内的电力合作定期沟通交流机制建设；二是积极落实《中国－东盟产能合作联合声明》，把电力产能合作打造成中国－东盟产能合作的样板，树立合作品牌，放大示范效应；三是持续加强双方电力标准对接，开展多形式的电力标准交流培训，促进双方标准互通，形成无空白、无交叉、无冲突的标准规范，消除技术壁垒，为电力基础设施互联互通和电力产能合作提供技术保障；四是积极推动中国与东盟有关国家的电网互联互通，并将其作为《东盟互联互通总体规划 2025》与“一带一路”倡议对接的重要内容；五是大力推进区域内可再生能源高效、可持续开发；六是充分发挥企业主体作用，严格遵循市场原则和国际通行规则，加强双方企业的了解和交流，促进重大项目合作，实现融合发展。[①] 从中方的提议中不难看出，作为中国－东盟能源合作的重要增

---

① 转引自中国国际贸易促进委员会，见 http：//www. ccpit. org/Contents/Channel_ 4117/2017/0919/880471/content_ 880471. htm。

长点，电力合作是双方对机制建设需求最旺盛的领域之一，其遵循的同样是企业间机制化合作先行的路径。首先推动企业开展电力产能合作、消除技术壁垒、建立行业标准规范，从而实现电源、电网互联互通，进而推动区内电力合作定期交流机制的建设。事实上，中国与东盟在“10＋1”框架下并无高级别政府间能源合作机制，这一方面与东盟内部政府间机制繁多有关，另一方面也是因为中国与东盟国家间能源合作尚可遵循已有国际规则、地区机制，企业间合作有章可循。而电力合作的不断深入将生成新的机制建设需求，为“一带一路”框架下中国与东盟国家能源新机制建设提供契机。

第二，在不断丰富现有合作机制方面，中国与东盟国家在技术转移方面取得进展。2017 年 9 月在广西南宁举行的第 5 届中国－东盟技术转移与创新合作大会上，中国－东盟双边技术转移中心分别与文莱、印度尼西亚和越南等国建立并落实了双边技术转移中心合作机制。至此，与中国落实双边技术转移合作机制的东盟国家增加到 8 个。本次中国－东盟技术转移与创新合作大会以“创新合作，共享健康福祉”为主题，不断深化中国与东盟各国的科技合作。在中国与东盟多国有关人士的共同见证下，《中国－东盟技术转移中心与文莱首相府能源和工业部科技创新合作与技术转移谅解备忘录》、《中国－东盟技术转移中心与印尼科学院创新中心中国－印度尼西亚技术转移中心实施计划》和《中国－东盟技术转移中心与越南技术转移中心推动技术转移活动合作谅解备忘录》等一系列双边重点科技合作项目正式签署。中国科技部副秘书长苗少波表示，近 5 年来，通过中国－东盟科技伙伴计划，区域创新合作取得长足发展，技术转移转化取得重大突破。针对东盟各国需求，中国还将举办先进适用技术和科技管理培训班，构建人文交流体系，为中国－东盟科技合作提供更加坚实的基础。新增的三个备忘录中，能源技术的交流与推广均占据重要位置。中国与东盟国家利用现有合作平台，为能源技术转移提供机制化便利条件，避免了地区国际机制的进一步冗余，而合作内容更是超出了传统的经贸范畴，扩大到技术合作领域，丰富了合作内容。

三　共建绿色发展新项目

2016年3月中国与东盟国家共同制定的《中国－东盟面向和平与繁荣的战略伙伴关系联合宣言的行动计划（2016～2020）》针对绿色、低碳及能源可持续发展提出6项规划。一是加强能源合作，鼓励投资于资源和勘探、发电、在中国和感兴趣的东盟国家间进行电力贸易和联通、石油和天然气下游工业、可再生和替代能源、和平利用民用核能等领域的基础设施建设，在尊重各国国内强制性标准的同时，对安全、环境、健康和国际公认的能源资源安全标准给予认真和应有的关注，实现互利；二是在开发诸如生物能、水电、风能、太阳能、清洁煤技术、天然气发电、氢和燃料电池等新能源和可再生能源资源和技术方面加强信息共享、联合研发和技术交流；三是促进节能合作，在提高能效和能源保护方面分享最佳实践，开展能力建设，尽可能探讨进行节能政策联合研究；四是鼓励双方企业积极参与并投资矿产资源勘探与开发，实现互利，同时确保环境保护和可持续发展；五是通过开展联合研究、实施能力建设项目、建设数据库、进行信息交流及共享经验，加强地质和矿业合作，实现互利；六是加强可持续矿业领域的研发、经验分享和能力建设合作。2016年6月，《中国和东盟领导人关于可持续发展的联合声明》中提出“加强能效、新能源和可再生能源、减排、环保等领域科学研究和技术合作，促进高效、环保、节能技术和清洁技术的应用，提高非化石能源占一次能源消费比重”。外交的作用在于为经济、文化交流铺平政治道路，为市场、企业搭建政府间经济合作框架，为经济合作提供方向指引。2016年《巴黎协定》正式生效，构建清洁能源体系、打造绿色低碳经济成为全球发展共识，东盟国家以煤炭、石油等化石能源为主的能源消费结构有待转型。《行动计划》《联合声明》为中国与东盟国家在“一带一路”框架下开展能源资源合作铺就了绿色、可持续道路，也为能源企业间的合作提出了要求与方向。

同时，“一带一路”能源合作以及中国与东盟国家间的能源合作，既要依赖以政府为主导的合作为平台，也要注重发挥企业特别是民营企业的自主作用。要避免出现“两张皮”的现象，即“政府间热、民众间冷；政府间热、企业间冷”的情况。同时，要大力倡导绿色低碳理念，对传统能源项目加大创新力度和实施严格的生态环境监管；对清洁能源和风能、太阳能、生物质能等新能源项目，尽可能地考虑本地制造能力提升和本地资源利用等因素。贯彻绿色低碳发展理念，无疑会增加一些具体合作项目的建设难度和建设成本，但这是提升和拓展合作空间、适应国际化趋势和避免更大合作风险的必然要求。①

在政府间合作框架的指引下，中国与东盟国家能源企业合作蓬勃发展，在绿色与可持续发展方面的合作逐渐开花结果。

首先，清洁能源合作项目逐步落实。东盟清洁能源种类繁多、产能潜力巨大，风能、太阳能、地热能、生物质能等储备丰富，发展清洁能源体系具备天然优势。缅甸、泰国、越南等东盟多国出台能源发展规划，拟提高清洁能源消费比重，成为中国与东盟“一带一路”框架下能源合作的新契机。2016 年 1 月，中国电建与泰国就海上风电项目合作达成共识；2016 年 2 月，中国三峡集团与缅甸签署其国内首个风电项目合作协议，成为中缅能源合作的又一标志性项目；2016 年 9 月，南方电网国际公司与越南签署了中越西原风电项目合作备忘录，成为中企在越南首个新能源电力项目。随着东盟经济社会快速发展和人口不断增加，其能源需求将水涨船高，东盟能源中心预计到2040 年能源需求将比2013 年增长80%。在各国政府能源发展规划推动下，中国－东盟的清洁能源合作前景广阔，绿色“海上丝绸之路”建设有望稳步推进。

其次，加大传统能源清洁利用技术合作，实现区域共享共赢。煤炭、石油等传统能源因储量丰富、价格低廉成为东盟主要能源消费品；随着环境压力增大，提高传统能源利用效率、实现清洁使用成为东盟国家的难题。此

---

① 韩文科：《依托产业园区拓展中国—东盟能源资源和能源产能合作》，转引自中国经济社会理事会，见 http：//www. china－esc. org. cn/c/2016－06－07/856388. shtml。

外，东盟虽具备充足的可再生能源，但开发能力、能源设备等技术层面的短板无法使资源优势真正转化为能源优势。中国多年来在煤炭清洁技术、太阳能风能等新能源设备制造、水电开发、生物质能等能源技术领域积累了丰富的经验，业已形成相对完整的产业链，与东盟各国的技术需求形成有效互补。2016 年 9 月，第四届中国－东盟技术转移与创新合作大会举行，双方就新能源合作达成协议和意向签约共 6 项；中广核、南方电网等中国企业也通过协议或具体投资项目，积极开展专业培训，为东盟国家培养相关领域技术人才，促进区域内国家电力、清洁能源等行业的共同发展。

最后，人文交流与项目合作相结合，推动绿色发展合作项目不断深入。2017 年 7 月，以“深化务实合作推动互利共赢——构建绿色、互联、普惠、多元的区域能源体系”为主题的第三届东亚峰会清洁能源论坛召开，启动了“中国—东盟清洁能源能力建设计划”。参加论坛的各国代表在主论坛及区域金融与绿色能源、能源可及性、新能源和规划合作专题分论坛上深入沟通交流，积极分享清洁能源发展的成果和经验。各国专家从水电、风电、太阳能开发建设、行业管理、政策措施等方面分享了各自有关的技术和发展经验；对通过产业技术进一步优化商业合作模式，加强区域合作，提高消纳能力，加强储能技术应用，促进新能源平稳发展等方面进行了探讨。各国代表认为，东盟各国有必要通过加强产业链合作，优化商业合作模式，加强消纳能力研究，推进区域合作，加强互联互通，共同推进可再生能源健康发展和整体水平的提高。2017 年 7 月，中国与东盟国家举行了“中国—东盟清洁能源能力建设计划”启动仪式。该计划将由中国水电水利规划设计总院和东盟能源中心共同实施。计划以“十年百位政策技术骨干”为目标，围绕水电、抽水蓄能、风电、太阳能发电、核电等领域，针对政策制定者、研究机构人员、专业技术人员、运行管理人员等，通过专家授课、交流讨论、实地参观等多种方式，在未来 10 年内，为东盟国家培养百位政策技术骨干。2017 年 9 月 12 日，2017 年中国－东盟电力合作与发展论坛在南宁举行，论坛以“发展清洁电力，共促经济发展”为主题，针对中国与东盟能源国际合作机制、清洁能源发展前景、区域能源互联等相关议题展开交流讨论，为中国和东盟国家能源电力项目、业务合作和信息往来搭建了高效互动平台。

四　共享能源发展新成果

近年来，中国与东盟国家在电力互联互通与跨境输送、可再生能源技术开发推广与产能、油气资源运输等领域合作硕果累累。在“一带一路”框架下，双方共享能源发展新成果，中国与东盟各国能源进口安全得到巩固，有力保障了地区能源安全和经济发展。“一带一路”框架下，中国－东盟电源电网合作促使东盟国家电力供应更加稳定，为其工业化和制造业发展提供了充足动力；绿色能源项目推动地区国家可再生能源产能不断提升，为低碳减排与绿色发展提供了物质和技术保障；技术交流提升了地区国家能源装备和能效技术水平。此外，中国—东盟国际产业园区的壮大发展，也为双方产业合作提供了非常好的平台。

在电源建设方面，中国与东盟国家在水、风、光等可再生能源发电领域的合作不断取得进展。东盟国家可再生能源发电装机容量从 2012 年的 0.35 亿千瓦增长到 2016 年的 0.53 亿千瓦，年均增长 11.1%。其中，水电新增装机容量占可再生能源发电增量的 85%；太阳能装机容量新增 0.011 亿千瓦，增量约为 2012 年装机容量的两倍；风电新增规模虽较小，但年均增长率达到 59.3%。目前，可再生能源占东盟国家一次能源消费总量的 20.5%。在东盟，中国电力企业已与越南、老挝、缅甸、泰国、菲律宾等国家合作开发电力资源，项目投资建设和电能跨境交易的合作深度与广度也在不断拓展。

中国企业积极参与东盟国家可再生能源开发，为地区绿色发展注入动力。2016 年 2 月 29 日，三峡集团与缅甸电力部在缅甸首都内比都签署羌达风电项目开发协议。协议签字仪式由缅甸电力部部长吴钦貌梭主持。三峡集团和缅甸电力部分别代表双方签字。羌达风电项目是缅甸政府计划推进的第一个风电项目，也被中缅双方政府推荐作为中缅电力合作示范项目，其位于缅甸伊洛瓦底省勃生地区，首期开发装机30兆瓦。2016年，中广核新能源成功收购马来西亚埃德拉项目，该项目是“一带一路”倡议在海外直接投资领域的重大标志性工程，为中国新能源企业打开“一带一路”沿线国家清洁能源市场奠定了良好开局和高起点，平台作用和辐射优势明显。水电项目中，瑞丽江一级水电站扩大对缅甸输电，成为“一带一路”框架下中国－东盟能源合作的一个亮点。瑞丽江一级水电站总装机容量60万千瓦，是缅甸第一个国外投资水电项目，项目法人为缅甸电力一部水电运行司与中国云南电力联合开发有限公司组建的合资公司——瑞丽江一级电站有限公司。其中代表中方的云南联合电力开发有限公司由华能澜沧江水电股份有限公司、云南电网公司和云南机械设备进出口有限公司共同组建。全面负责瑞丽江水电站项目的开发、运营和管理工作。自2014年开始，电站送缅甸电力为每年40万千瓦。瑞丽江一级水电站建设符合缅甸开发、利用水电的诉求，有效缓解了缅甸缺电问题。2016年至今，瑞丽江一级电站已向缅甸输送了大量电力，为缅甸经济发展注入动力。

在电力互联互通和跨境运输方面，中国与东盟国家在电网与输配电领域的合作为东盟电力供需平衡做出了贡献。目前，东盟国家间跨境电力输送项目大部分集中于东盟国家之间，域外国家中，只有中国与东盟国家存在直接电力输送项目。中国与老挝、缅甸、越南之间建成了不同电压等级的联网线路，将中国境内的水电资源输送至东盟地区，解决了部分地区的电力紧缺问题。2016年以来，相关输电线路向东盟地区输电稳定，成为“一带一路”框架下中国－东盟能源合作的重要成果。

中国与东盟电力互联互通典型项目包括老挝、泰国、中国电力联网项目和缅甸、孟加拉国、中国电力联网项目。目前，老泰中项目正在筹备，计划在老泰边境建立一座100～300万千瓦背靠背换流站，老挝与泰国直流±500千伏联网，云南电网和老挝北部电网交流同步联网。该项目初期由老挝向泰国送电100万千瓦，后期由老挝、中国联合向泰国送电300万千瓦。缅孟中项目将采用多端直流送电方案，建设±600千伏电压等级的多端直流，总输电容量为300万千瓦，由中国德宏换流站链接缅孟边界附近的缅甸换流站，连接孟加拉国达卡换流站。该项目近期由中国向缅甸、孟加拉国送电，缓解两国电力紧缺问题；远期可由缅甸向孟加拉国、中国送电，将能源资源优势转化为经济优势。

在油气资源运输方面，中缅陆上石油管道开通、天然气管道平稳运行，成为“一带一路”框架下中国与东盟国家开展能源合作的重要成果。2017 年 4 月 10 日，在中缅两国元首的共同见证下，《中缅原油管道运输协议》在北京正式签署。10 日晚，运载 14 万吨原油的“联合动力号”油轮成功靠泊中缅原油管道的起点——缅甸皎漂的马德岛港，并开始卸油，中缅原油管道工程拉开投运大幕。中缅原油管道由中国石油和缅甸油气公司合资建设，起点位于缅甸西海岸马德岛，全长 771 公里，设置站场 5 座，设计年输量 2200 万吨，并建设一座规模为 30 万吨级的原油码头。管道工程投运后，每年可为缅甸运输 200 万吨原油。中缅原油管道工程投运后，中国开辟印度洋能源通道、实现油气进口多元化的构想，已经变为现实。这使得中国的油气进口在一定程度上减轻了对马六甲海峡的依赖，对我国的能源安全有着重要意义。而缅方未来也将通过这条管道获得过境费、增值税和企业运营收益。中缅天然气管道已经平稳运营 5 年，按照天然气管道运营规律，管道目前产能约为年输送天然气 30 亿立方米。未来，将逐步提高至年输送天然气 100 亿立方米的设计产能，保障我国西南、华南地区的供气安全。

未来，中国与东盟国家共建新能源国际产业园区，可以成为双方能源合作的新增长点。新能源产业孕育着新的经济增长点，也是新一轮国际竞争的战略制高点。近年来，中国不断加强双边和多边新能源国际合作，重视并积极参与区域组织下的新能源合作。以亚太经济合作组织能源合作、东亚峰会能源合作、东盟“10 + 3”能源部长对话机制和上合组织能源合作为平台，加强了区域一体化框架下的新能源合作框架。而中国和东盟国家间新能源合作项目，与域内相关国家的需求和合作的潜力相比，还有很大的提升空间。依赖产业园区，可以使企业通过技术和资金的综合优势，在实现能源资源和产能合作的生产目标的同时，能够更加有效地处理好污染物排放控制和做好环境保护工作，也能够更好地与当地的发展相融合，实现互利共赢。①

五　结论

中国－东盟能源合作在“一带一路”框架的指引下，共同引领地区能源合作新理念、新机制、新项目，共享能源发展成果，为“一带一路”建设注入了动力、提供了发展机遇、建立了示范效应。未来，中国与东盟国家将继续沿着绿色、低碳发展的方向，共同建设地区能源合作，实现共同、综合、合作、可持续的能源安全，保障地区经济社会发展。

① 韩文科：《依托产业园区拓展中国—东盟能源资源和能源产能合作》，转引自中国经济社会理事会，见 http：//www. china－esc. org. cn/c/2016－06－07/856388. shtml。

B.4

中国在马来西亚的软实力：趋势与挑战

潘永强*

摘　要：中国近年在经济和国力上有所提升，因此期望在硬实力以外，在全球范围内推广软实力，以增强中国的影响力并提升形象。中国与马来西亚在地域上接近，有着稳定的双边关系，马来西亚也有大量华人人口，本文试图分析近年中国在马来西亚推展软实力的策略，以及相关努力的成效。基本上中国的崛起为马来西亚创造了许多机遇与商机，但在制度、价值观与文明体系这些深层次的软实力领域上，中国的影响力尚待加强，马来西亚执政联盟现行亲中国路线和引进中国资金的态度，也在体制内精英之间产生争议。

关键词：软实力　马中关系　中国因素　中国投资

一　前言

中国的崛起对当前国际关系和世界秩序都有重大影响，它不只影响大国关系，对中国周边的国家更有着全面和直接的影响，这不只在经贸、政治、军事等传统关系上改变着地缘政治生态，在其他非传统的议题上，如文化、语言、传媒、教育、移民、婚姻、流行文化、民间交往等层面，也势必会引发诸多连锁效应。在中国崛起已经成为21世纪国际政治中不可改变的事实

* 潘永强，马来西亚华社研究中心副主席。

后，中国政经文化等因素的扩散与外延将无可避免地对周边地区带来复杂的后果。

在中国崛起的过程中，许多“中国因素”逐渐浮现，由此产生的意义大部分是正面的，如促进经贸互动与投资，但也有负面的，如文化冲击。有些国家因看好中国前景而改善和调整与中国的关系，如泰国和马来西亚。因此，中国如何处理与周边国家的关系，以及周边国家怎样回应中国崛起的现象，将是未来区域政治中值得关注的议题。

中国政府近年也意识到，要在海外提升中国的国家形象与影响，除了依赖经济、军事、外交这些“硬件”实力外，也需要在“硬件”延伸不到的地方辅以软性的力量来弥补，因而加强了在全球推广软实力的工作。但是，中国对“软实力”这个新颖的国际政治概念有无足够的理解与掌握？中国在海外提升软实力的努力究竟效果如何？根据国际上外交和智库专家们的观察，中国提升软实力的工作在西方收效不大，做法也不见得有效。[①] 但在周边地区，尤其是东南亚，中国软实力的推广效果较好，各国民众普遍对中国抱有好感。

本文以马来西亚为例，尝试以马来西亚社会对中国的态度探讨和检测中国软实力的推广效果。东南亚是中国的周边地带，在文化和历史上与中国存有深厚渊源，更有三千万以上从华南移居当地的华人及其后裔，他们仍与中国保持某种程度上的文化和亲缘联系。马来西亚与中国的关系有一定的独特性，马来西亚在东盟国家中是最早与中国建交的，它在国内有665万华人人口，有一个庞大和有活力的华人社群，并维持着中国大陆与港台地区以外最完整的华文教育体制。同时，马来西亚在南海问题上虽然与中国存有领土纠纷，却是涉及争端国家中最低调的一个，因而使马来西亚个案更具特殊性。

在亚洲地区，马来西亚可谓是最能体现中国软实力的国家之一，马来西亚相当大部分的政商精英和社会民众对中国的态度都是积极的。尽管马来西

① David Shambaugh, “China's Soft Power Push”, *Foreign Affairs*, July/August, 2015, pp. 99 - 107.

亚社会上有部分人士和团体对中国的政治体制、人权自由和文明水平持批判立场，但社会主流对中国的态度还是积极的。这种情况与三个因素有关，一是马来西亚始终认为中国不是区域内的不稳定因素，二是马中之间在政治体系与社会管理上有许多共同的价值观，三是马来西亚有大量具有中华文化背景的华人人口。这三个因素导致马来西亚社会不管在利益上还是情感上都与中国紧密相连，也让中国的软实力更轻易地在马来西亚社会各领域产生影响。

不过，马来西亚从2008后进入了政治转型关键期，执政联盟国民阵线（National Front）的权力弱化，政治反对力量抬头，在政治竞争日益尖锐的形式下，马来西亚的政治精英也对执政联盟现行亲中国路线和引进中国资金的做法产生疑虑这种争议正好体现了中国在“一带一路”倡议下对外投资的举动容易引起周边国家的疑虑，并对国家软实力的推展造成事倍功半的不良效果。

二　软实力与中国

软实力（soft power）是美国哈佛大学教授约瑟夫·奈（Joseph Nye）最先提出的概念，他把实力（power）区分为硬实力（hard power）和软实力，为国际关系理论开拓了新的视野。约瑟夫·奈不只是杰出的国际关系专家，也曾出任卡特政府的助理国务卿、克林顿政府的国家情报委员会主席和助理国防部长。由于在外交事务中有多年的实务经验，因此他能洞察到现代的国际政治中除了传统的武力、军事实力之外，柔性的力量同样可以在国际政治上产生有意义的影响。

约瑟夫·奈把实力（power）定义为影响他者从而获得期望结果的能力，可以通过胁迫、收买或吸引力来实现。他承认受到著名的英国现实主义学者卡尔（E. H. Carr）启发，后者把国际权力划分为三种类型：军事权、经济权和话语权（舆论控制权）。军事权体现为胁迫力，经济权体现为收买力，这两者都是硬实力，而话语权则体现为一种吸引力，因此他就把通过吸引和说服获得更优结果的能力概括为“软实力”。[1]

在他看来，硬实力是一种强制力，主要包括军事、经济、科技；软实力是一种吸引力，主要包括文化、价值观、政策。硬实力中，军事实力的表现形式包括威慑外交、战争和结盟，经济实力的表现形式包括援助、贿赂和制裁。软实力的表现形式包括公共外交、双边外交和多边外交。[2] 而一个国家的软实力，基本上有三个来源：文化（能够吸引他者的时候）、政治价值（当国家内政外交都坚持的时候）以及对外政策（当他者认为其有合法性和道德权威的时候）。

他在描述美国软实力的时候，列举了美国移民人数最多、电影电视最受欢迎、高等教育发达、诺贝尔奖得主多、美国流行文化发达等特点。在描述日本软实力时，列举了专利数量、研发水平、对外援助、人均寿命、跨国公司等。这旨在说明，在当代国家的竞争中，一国的价值观念、文化表达、对外行为的道德标准、政治法律、公民的生活方式、人权自由等，都是吸引和说服他人的软性因素，攸关一国吸引他人的能力。不过软实力这个概念并非美国特有的，中国古代文化对软实力就有很好的理解，例如重视文化的教化和宣威的功能，只是古代中国并没有软实力这一个专有概念。

当软实力这个概念在西方的学界和外交领域风行之后，也引起中国政治、外交与智库学者的注意，最后在中国高层中受到认可。时任中共中央总书记胡锦涛在 2006 年 11 月 10 日的中国文联第八次全国代表大会、中国作家协会第七次全国代表大会上，首次提到“国家软实力”的概念。而在 2007 年的中共十七大的政治报告中，“国家文化软实力”的概念正式出现，胡锦涛在中共十七大报告中指出，中国共产党“必须提高国家文化软实力……当今时代，文化越来越成为民族凝聚力和创造力

① Joseph S. Nye, *Soft Power: The Means to Success in World Politics* (New York: Public Affairs, 2004).

② Joseph S. Nye, *Soft Power: The Means to Success in World Politics* (New York: Public Affairs, 2004), pp. 2-11, p. 31; Joseph S. Nye, *The Paradox of American Power: Why the World's Only Superpower Can't Go It Alone* (Oxford: Oxford University Press, 2002), pp. 8-9.

的重要源泉、越来越成为综合国力竞争的重要因素”。到了2012年的中共十八大报告，胡锦涛又再度重申：“全面建成小康社会，实现中华民族伟大复兴，必须推动社会主义文化大发展大繁荣，兴起社会主义文化建设新高潮，提高国家文化软实力。”为此，发展中国软实力的概念，以及其后的政策行为，就具有国家政治与战略上的重要地位，被提上中国政府的议事日程。

中国在21世纪初开始强调国家软实力的建设，政治学者丁学良认为主要有以下三个基本原因：首先，中华文明的传统里本来就有这方面的深厚渊源，以道德、文化来促使他人服从自己的权威；其次是中国的政治与外交精英认为，中国在硬实力方面还达不到足以平衡西方的程度，因此想利用其他文化资源来弥补自身的不足；最后就是近年来中国在人权、少数民族和宗教等议题上，长期遭受外国媒体的误解与抹黑，因而需要增强中国文化和宣传上的影响，反制国际上的不实言论。[①]

为提升国家软实力，中国近年耗费超过千亿人民币，在全球推展文化和宣传工作。中国推动软实力的做法林林总总，但主要有二大项目值得一提，一是官方媒体向全球出击，在世界各地设点和派驻人员，布建分支机构，也增加官媒的外国语种电视和电台广播，中国报纸和杂志出版外文版在外国发行或免费派送，以及开展各种展示中国形象的宣传与公关工作等等。另一重大项目则是创办孔子学院。中国政府与全球各大学合作设置孔子学院，为海外人士教授中文、中国文化、历史等内容。第一所孔子学院于2004年在韩国首尔开设，截至2015年12月，全球已开办500所，分布在134个国家。至于在国外的中小学内设置的孔子课堂，已有1000所之多。[②] 值得注意的是，在面向海外华人华侨时，中国另设管道，通过各级侨务办公室和中共统战系统在海外华人社区协助推动国家软实力的各类项目。

① 丁学良：《中国的软实力和周边国家》，东方出版社，2014，第5~7页。

② www. hanban. edu. cn/confuciousinstitutes/node_ 10961. htm.

三　马来西亚民众对中国的态度

为检测中国在马来西亚的软实力基础，这里引用两份专业民意调查的数据以展示马来西亚民众对中国的基本态度。从马来西亚民众对中国的态度，可以间接看出中国软实力的影响或者渗透程度，以及中国在此间推动软实力的工作是否到位，同时从中了解马来西亚民众对当前政府的中国政策的支持度。

第一份民调是由美国的皮尤研究中心（Pew Research Center）定期进行的全球态度调查（Global Attitudes Survey），它是对全球 40 个国家的 45435 名 18 岁或以上的民众进行面访所得到的结果。① 这项调查从 2001 年开始进行，本文在这里引用 2015 年的调查报告，特别摘取马来西亚民众的调查结果，以展示他们对中国的态度，并分析马来西亚民众对中国和美国态度的不同。

另一份民调是由马来亚大学中国研究所和独立民调中心（Merdeka Center）联合进行的，针对马来西亚人对中国的态度展开调查，这项民调于 2016 年 4 月展开，共访问了 1109 位 21 岁或以上的各族民众，其中马来裔民众占 50%，另外 50% 受访民众则是非马来裔。②

根据皮尤研究中心 2015 年的调查数据，中国的全球形象比上一年的调查有所提升，多数亚洲邻国的民众对中国持有积极的评价，对中国评价较高的国家是巴基斯坦、加纳、俄罗斯与马来西亚。其中，马来西亚对中国持友好态度的民众高达 78%，在参与调查的 9 个亚太地区国家中排名第二高，仅次于巴基斯坦的 82%（参见图 1）。在这当中，有 88% 的马来西亚华人对中国持正面态度，而马来人当中也有 74% 对中国同样具有好感。相比之下，马来西亚民众中对美国持友好态度的只占 54%，而表示不友好的则有 41%。

① Pew Research Center, "Global Publics Back U. S. on Fighting ISIS, but Are Critical of Post – 9/11 Torture", June 2015.

② Ho Wah Foon, "Malaysians Give China The Thumbs Up", the Star, 18 Aug, 2016.

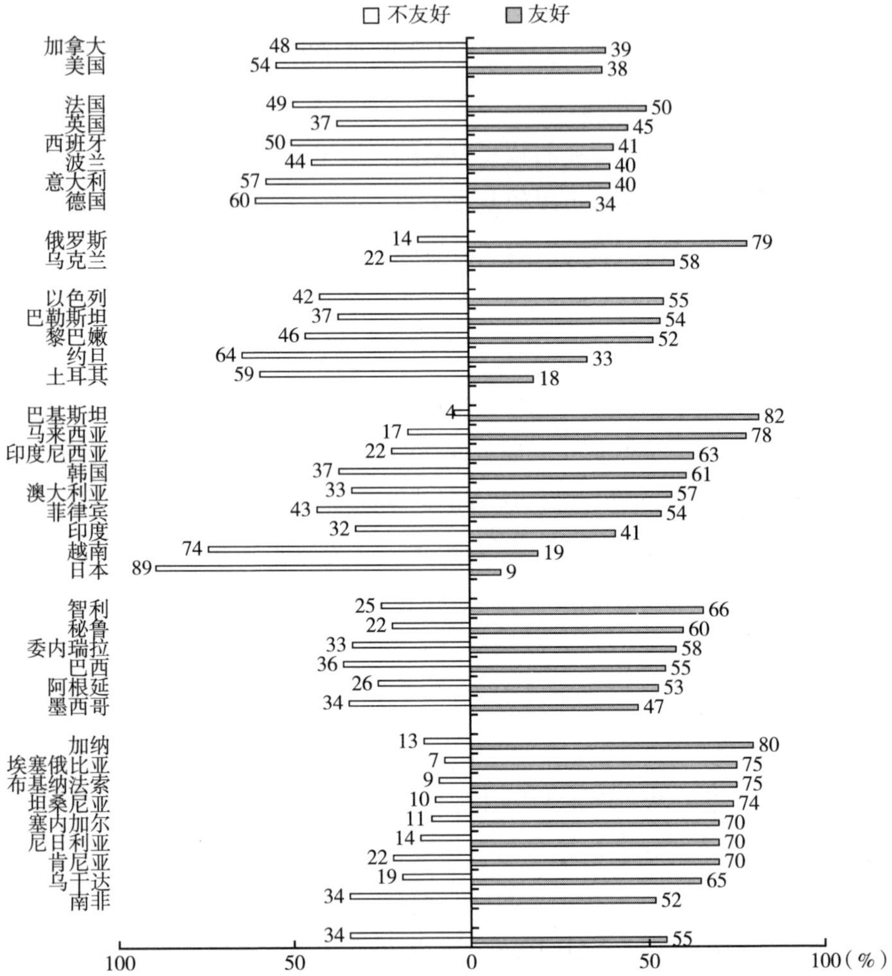

图 1　各国民众对中国的态度

资料来源：Pew Research Center，Spring 2015，Global Attitudes Survey。

在同一项调查中，当被问及中国政府是否尊重自己公民的人身自由时，马来西亚民众有高达 60% 的人认为中国尊重公民的人身自由，与印尼相同（60%），但低于巴基斯坦（65%）（见图 2）。这也比全球的平均值 34% 高出许多。值得注意的是，对中国人权给予较高评价的这三个国家都是伊斯兰教徒居多的国家。

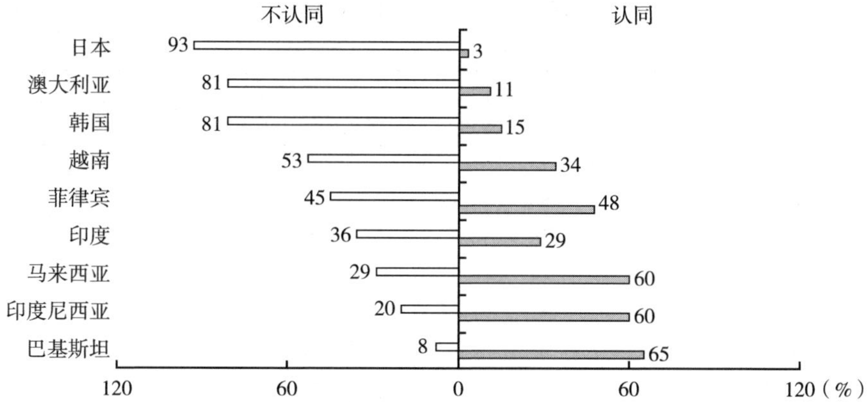

图 2　各国民众对中国人权的态度

资料来源：Pew Research Center，Spring 2015，Global Attitudes Survey。

与之相对的，马来西亚民众只有 51% 认为美国尊重人权，有高达 41% 受访民众不认为美国尊重人权，不认同的比率是参与调查的 9 国中最高的。也就是说，马来西亚民众认为中国比美国更尊重自己公民的人权。

对于是否支持美国重返亚洲的问题，马来西亚是唯一持负面看法的亚洲国家，在调查中有 54% 的民众不同意美国的做法，认为这将引发与中国的冲突。

在对华关系上应该采取怎样态度的问题，马来西亚民众也极为务实。有 83% 的民众认为应该与中国维持紧密的经济关系，而只有 7% 众认为应与中国在领土争议中持强硬态度（如表 1 所示）。马来西亚在参与调查的东亚各国中是最倾向与中国发展友好的经济关系的国家，因此有过半数民众不支持美国重返亚洲就不难理解了。

美国倡议的跨太平洋伙伴关系（TPP）协议的第一批签署成员国有十二个，马来西亚是其中一员。但在这项调查中，马来西亚民众却是 TPP 签署国中最不重视与美国经济关系的，只有 14% 民众认为美国在经济关系上比中国重要（如表 2 所示）。

表1 对华关系以何者为重

单位：%

国家	与中国在领土争议中持强硬态度	与中国维持紧密的经济关系	不知道
越　南	74	17	9
韩　国	56	40	4
日　本	46	45	9
印　度	44	37	19
菲律宾	41	43	16
印　尼	38	36	26
马来西亚	7	83	10

资料来源：Pew Research Center，Spring 2015，Global Attitudes Survey。

表2 与哪一国维持紧密经济关系更重要

单位：%

TPP 签署国	美国	中国	同等重要	都不重要	不知道
日　本	78	10	4	4	4
加拿大	73	13	8	2	4
越　南	69	18	4	1	8
墨西哥	64	15	14	4	3
秘　鲁	44	23	24	2	7
智　利	34	25	35	4	2
澳　洲	27	50	18	1	4
马来西亚	14	39	43	3	1

资料来源：Pew Research Center，Spring 2015，Global Attitudes Survey。

马来亚大学中国研究所和独立民调中心联合进行的民调也显示至少有70%的马来西亚民众对中国持正面态度，而持负面态度的民众则有22%。其中华人和马来人持正面态度的比率达69%，印度人则达81%，穆斯林土著是73%，而非穆斯林土著有60%。在中国的国际形象方面，马来西亚人认为中国的形象比美国和印度好，但逊于日本。

这项民调也显示有67%的民众认为马中关系是往正确方向发展的，而认为往错误方向发展的民众有22%。对于中国在经济领域的崛起，有45%

的民众认为对马来西亚是有利的，但 15% 视为潜在威胁，6% 认为是严重威胁，而 19% 表示中立。对于中国在军事上的崛起会否成为马来西亚的威胁，民调结果则呈现分歧，有 28% 认为中国将是潜在的盟友，但也有 20% 认为是潜在威胁，7% 甚至认为是严重威胁，另外 22% 则保持中立。

值得注意的是，这项民调显示高达 79% 的马来西亚民众没有听过“一带一路”倡议，只有 19% 回答说知道这个概念。这显然反映出马来西亚只有一部分华人较热衷于讨论一带一路。

概括而言，这两项民意调查都呈现同样的趋势，至少有七成的马来西亚民众对中国持正面态度，同时中国在马来西亚民众中的形象比美国更好，而且普遍认同与中国关系友好将有利于发展经济。不过民众也认为，中国崛起后在军事和安全上的威胁是存在的，不过现阶段马来西亚仍视中国为利益伙伴而非安全威胁。马来西亚是本区域里对中国较友善的国家，除了因为政府在外交上与中国维持紧密关系，还因为马来西亚穆斯林主导的国家机关经常批评美国的中东和以色列政策导致民众对中国的印象好于美国。

四　中国在马来西亚的软实力推广

马来西亚虽然是东盟国家中最早与中国建交的国家，但 1974 年建交后双边往来仅维持在官方层次，民间交往颇受阻隔。1990 年以前，政府因冷战思维对中国一直保持警惕和提防，即使是 1990 年苏联和东欧共产主义阵营瓦解，意识形态的矛盾淡化后，双边关系也没有即时解冻，因为“中国威胁论”时甚嚣尘上，马政府担心崛起的中国会对东南亚的安全稳定带来威胁，对中国的戒备仍旧没有解除。中国与东南亚关系真正改善的催化剂是 1998 年的亚洲金融危机，当时中国领导人坚持人民币不贬值的决定，让中国与本区域国家的关系有了加速发展的契机。

马中的双边关系在 2000 年前后稳步发展，两国政府在外交、经贸、投资以及防范犯罪方面的合作，加上高层频繁互访，都是造成马来西亚民众对中国抱有好感的主要原因。我们很难想象，如果两国政府疏于互动，而又常发生争议，社会民意不可能对中国有较高的偏好度。不过在官方渠道以外，中国也在公共外交和非传统渠道上投入资源，扩大了中国软实力的影响，这包括在文化、教育、媒体与华团方面努力经营部署，有效地走入马来西亚主流社会和华人社群，因此产生了在其他国家甚为罕见的软实力影响。以下将就中国在教育、媒体、科技、华团和驻马大使馆的角色，简述中国在马来西亚建构软实力的情况。

1. 教育

1949 年中华人民共和国成立以后，中国的大学院校自 20 世纪 50 年代起便开始接受少量留学生，但主要是社会主义国家的学生，随着近年中国高等教育的发展，中国教育部和相关单位也积极争取留学生，视之为提升软实力的手段之一，按中国教育部和国家留学基金委员会的规划，中国设定了 2020 年留学生人数达到 50 万人的目标。在 2016 年，留学中国的外国学生人数已达 44 万人。[①] 马来西亚有稳定和完整的华文教育体制，华文教学水平是中国大陆和港澳台地区以外最高的，华校学生有前往台湾与中国大陆留学的需求，因此是中国争取留学生的重要生源国之一。

新马地区在二战以前就有学生到中国升读大学，但中华人民共和国成立后这个留学管道就中断了。虽然 1940 年起，也有一部分青年与中学生因参与抗战和左翼活动前往中国而被安排入学，但他们大多数被视为归侨，而非留学生。从 1950 年开始，大马华文中学毕业生的升学管道除了西方国家，就是新加坡的南洋大学和台湾的大专院校。直到 1993 ~ 1994 年之后，马来西亚学生才恢复前往中国大陆留学，当时因为中国当局不熟悉马来西亚留学生的居留事宜，曾经发生留学生被遣返的“暨南大学事件”。不过这并没有阻止马来西亚学生继续前往中国升学。到了 2014 年，在籍的马来西亚留学生接近七千人。[②]

应中国高等教育的国际化和发展需要，大马的华文教育机构于 2003 年

---

① 中国教育部国际合作与交流司网站，https：//www. moe. gov. cn/s78/A20/。

② 中国教育部国际合作与交流司网站，https：//www. moe. gov. cn/s78/A20/。

首办中国高等教育展，此后中国各大学积极到大马招生，并提供奖助学金。在赴华留学的外国学生中，马来西亚人数在全部赴华留学生源国中排名第14位，大部分留学生是来修读学位的，而非其他国家学生以短期进修或修习语言为主，除本科生以外，也有越来越多硕博士生，有部分享有中国政府发出的各类奖学金。2012年时任中国总理温家宝访问马来西亚，两国签署相互承认高等教育学位的协议，随后大马学术资格鉴定局（MQA）正式承认中国820所大学学历。不过大马虽在学术上承认中国学历，但主管公务员征聘事务的公共服务局（JPA）尚未承认，留华毕业生申请公职仍有障碍。

留学生的培养除了学术文化交流，也应注重长远的外交与战略部署，增进留学生对中国国情和价值观的认识，这样可能培养出亲华的青年专才。由于中国国力和高教水平提升，未来赴华留学人数将会持续增长，留华毕业生若在大马政界、学界和企业界发挥影响，中国在大马的影响力必将大为增长。值得注意的是，大马政府也安排马来裔学生以公费生身份前往中国留学，主要学习语言和临床医学。毕业回马的学生，于2005年组织成立马来西亚留华同学会，与中国政府侨务单位关系密切，另外也有8所中国大学的毕业生成立了各自的校友会。[①] 未来留华学生将在大马社会日益重要。

除争取留学生赴华深造，近年中国也关注海外华文教育发展，加大力度提供资源，并由国务院组织成立跨部门的中国华文教育基金会。过去马来西亚的华文教学发展主要依赖台湾提供的支援，包括师资培训、课程介绍、教育理念培训，中国直到十余年前才开始重视海外华文教育事业。2004年胡锦涛在出席全国政协大会时提出要大力推动海外华文教育工作的开展，努力为海外华人传播中华文化。过后中国国务院侨办开始积极在这方面工作，在它的牵头下，十多个中央部委、涉侨民主党派、社会团体组织起来，举办了“海外华裔青少年寻根之旅”冬令营和夏冬营以及“海外华裔青少年中华文

① 目前已在马来西亚成立校友会的中国大学有北大、清华、复旦、厦大、浙大、中国传媒大学、暨南大学、华侨大学。

化知识竞赛”。

如今中国每年在全球提供上万个名额给各国华裔青少年前往中国各地参加冬令营和夏令营，每次活动为期两至三周，活动内容包括学习文化课程和参观各地景点，学员只负担往返国际机票，而活动一切费用包括食宿费用由中方承担。这项活动广受大马华裔中学生欢迎，每年估计有一千名以上中学生参加，不少青少年因参加此活动而首次到访中国，留下美好印象，中国学者认为这是公共外交的一环。① 中国驻马大使馆也通过此项活动接触与争取大马各大华团，邀请它们协助冬令营和夏令营招生，而华团也热衷协助大使馆招生，视为得到中国的关爱并引以为傲。于“海外华裔青少年中华文化知识竞赛”，自创办以来，中国大使馆就委托马来西亚留华同学会协办，每年马来西亚的参加者高达二万人以上，凡报名参加者还可免费获赠一套三册的中华文化丛书。2016 年的参加者有 22038 人，分布 150 个考场，比赛在同一天全国同步举行，成绩优秀者被选派前往中国参加全球总决赛。由于这项活动在大马办得最为出色，因此马来西亚留华同学会深受中国侨办和使馆的赞誉。

在支援海外华文教育的政策下，中国近年积极安排各国华校教师、校长、董事到中国访问或参加培训。这些培训班一般委托中国大学安排学者演讲，同时安排参观当地学校和名胜景点，深受马来西亚教师和学校欢迎。这类培训实质的教学成果有待评估，但行程安排兼具观光性质，旨在让大马教师、校长认识中国，加上近年风行的青少年冬令营，一旦师生们接触中国的机会增加，将对大马学生赴华留学产生拉动作用。②

马来西亚有庞大的华人社群，但中国在海外推展软实力时也应考虑当地的主流族群和非华人，否则就沦为变相的侨务工作。中国推展软实力的另一项工程就是在全球设立孔子学院。设在马来亚大学的孔子学院为非华裔或不

① 林逢春：《建构主义视野下的侨务公共外交——基于华裔青少年“中国寻根之旅”夏令营的效果评估》，《东南亚研究》2015 年第 6 期，第 72 ~ 78 页。

② 中国正推动“双十万学生流动计划”，计划在 2020 年实现中国和东盟国家双向留学生均达 10 万人规模，目前东盟赴华学生约 7 万人。

谙华文的华人提供了汉语言学习机会，讲师皆从中国引进。[1] 马大的孔子学院也受大马政府委托为政府部门公务员开办汉语培训课程，学员人数约有三千人。大马另一所孔子学院设在私立世纪大学（SEGI University）。曾有一些设在西方的孔子学院面对当地学术界和人权分子批评，时有争议，但孔子学院在社会价值观相当保守的马来西亚却适应良好，没有遇到类似问题。

近年，中国政府每年面向全球邀请约一万个相关领域专家和政府官员赴华，参加各类高阶研习会、培训班，2009 至 2015 年，马来西亚就有 400 名政府官员、商业精英和工程专家曾受邀参与。他们在中国驻马大使馆的发起下，于 2015 年 6 月成立“中国援助培训马来西亚同学会”（China-Aid Alumni Association of Malaysia），目前会员有 230 人以上，不少是政府公务员和官方机构成员。近年来，在遴选赴华留学的中国政府奖学金得主时，中方也刻意保留若干名额给非华人，希望让更多马来裔接触和了解中国国情。

2. 媒体与宣传

中国在国际上提升软实力最主要的手段就是加强国际宣传，在全球特别是西方斥巨资打造媒体网络，以及推动中国官媒的国际化，但整体的传播成效并不如预期。其背后原因是复杂的，一来建构软实力本来就不能通过宣传促成，而应通过信念与价值观产生吸引力，二来是中国媒体试图将国内的成功模式复制到国际社会，可是要在开放和多元的社会传播中国资讯，就要面对公信力和透明度的考验，在这点上中国媒体短期内不可能轻易在西方获得认可。因此有学者认为，中国首先要认清软实力不等于搞宣传，因为不宣传才是最好的宣传，中国空洞的宣传方式在国际上没有多少受众。

但是在西方世界以外，中国建构国家形象的宣传攻势，在第三世界国家如非洲和伊斯兰世界却有一定成效。在马来西亚，由于在地缘上与中国接近，加上有大量华人受众，因此中国媒体仍有一定影响，特别在国际和两岸议题上，逐渐形成影响和支配大马受众的作用，尤其在塑造华人社会方面，

---

① 马来亚大学孔子学院负责人曾向作者透露，该院曾聘请过留学中国的马来西亚人担任讲师，但情况不理想，后来全数从中国引进师资。

其角色不容忽视。

总部设在香港的凤凰卫视是在马来西亚华人社会最有影响力的中国媒体，它进入大马最大的收费电视平台寰宇电视（ASTRO）已有多年，该台以“向世界发出华人媒体的声音”“拉近全球华人距离”为目标，号称是全球唯一24小时滚动播出时事、财经新闻的华语卫星频道。它打造名记者、名主持，制作评论和资讯节目，在许多国际议题上以中国立场发声，但又有别于中国官方媒体呆板和教条的呈现方式，以较为专业的包装极大地左右和主导了马来西亚华人对中国事务、两岸关系和中美博弈等议题的观点。

相对于凤凰卫视，中央电视台虽然同样在马来西亚落地，但影响力较前者逊色，不过仍持续发挥影响。马来西亚受众可以通过CCTV中文国际频道（CCTV－4）和英语国际频道（CCTV－9）了解中国资讯，前者以港澳台同胞、海外华人华侨为主要对象，后者则以世界各国的英语受众为对象。事实上，这两个频道不乏制作严谨和益智性的节目，特别是文化和历史类的节目，有助于增加人们对中国文化的亲近和了解。而CCTV－9英语频道也让一部分不谙中文的马来西亚受众有了一个认识中国国情的平台。

除了大型电视台以外，省级和地方性的电视台也面向海外社群，它们的影响方式主要是通过流行文化推展中国的软实力。2005年6月，由广东台和马来西亚一家商业机构合办的中文卫星频道“家娱频道”就主要面向东南亚华人，广东的珠江台也在大马落地，但它们无论是在娱乐上还是文化上都不算成功。真正有影响力的是主攻综艺节目的湖南卫视，尽管它未在大马落地，但其制作的选秀歌唱节目则透过网络和本地电视台的转播，产生强大的影响力并带动模仿风潮。《声动亚洲》和《我是歌手》广受欢迎，大马的马来裔艺人茜拉参加《我是歌手》时以普通话展示歌喉，大受马中两地观众欢迎。

相对于港台综艺节目过于胡闹和搞笑，近年中国综艺节目的质量和创意水平都在提高，日益受到马来西亚受众的欢迎，也赢得各年龄层观众的接受。香港影视娱乐和台湾的流行音乐，过去曾雄霸东南亚华人市场，但近年中国影视制作水平发展迅速，中国电影和电视连续剧，都以制作认真的优势取胜，如《让子弹飞》《甄嬛传》和《琅琊榜》就深受追捧。不过问题是，中国的流行文化和影视娱乐，始终还没有走出华人受众的范围，在非华人社会仍缺乏吸引力和影响。西方和日韩的流行文化向外输出较为成功，而中国的流行音乐和娱乐文化则尚未被视为潮流。① 目前存在“韩流”但还没有“汉流”或“华流”。

在印刷媒体方面，亲北京的《亚洲周刊》是马来西亚颇有影响力的时事周刊，它早期是英文 *Asiaweek* 的中文姐妹刊，后来归入香港明报集团旗下，明报集团主要股东是马来西亚华商张晓卿。该刊进入大马近三十年，有一定口碑和公信力，在知识分子阶层有影响力，近年在报道中国和港台议题上都采取亲北京立场。至于其他印刷媒体的宣传成效就不甚理想，中国官媒《人民日报》海外版一度在大马发行，但市场反应欠佳最后停止发行。而香港《文汇报》曾与大马《南洋商报》有合作关系，在后者报纸内附有专版，最后因内容不受欢迎而结束。

中国也尝试推出英文印刷媒体，英文《中国日报》（China Daily）海外版是以赠阅方式发送，在大马某些酒店和便利店可看到其踪影，通常很少有人索取。《中国新闻周刊》英文版也在大马发行，但发行量甚少，在英文阅读圈几乎没有影响力。不过，中国新华社等机构通过加入亚洲新闻网络（Asia News Network），与各国分享新闻，使大马主流英文报《星报》（The Star）不时会选用中国媒体的特稿。新华社和中国新闻通讯社等机构在马来西亚派驻特派员、设立广播站，但主要是面向中国与其他国家，对本地作用甚微。

3. 科技创新

科技创新有助于提升一国的软实力，美国和日本在科技和研发领域常有领先世界的创新，这有效增进了他们的吸引力。近年中国在科技上的进步，包括屠呦呦赢得诺贝尔医学奖，都予人逐渐摆脱过去的落后和低技术的印

① George Gao, “Why is China So…Uncool?”, *Foreign Policy*, 8 March, 2017.

象，对年轻一代的吸引力日增。① 对马来西亚社会而言，中国在科技上的表现主要有两方面，一是工程技术，二是应用科技。中国在航天、高铁和基建工程上，不只表现精进也有能力输出技术，在发展中国家的形象较好。而在应用技术方面，尤其是资讯工业和电子商务，中国的影响力日增，阿里巴巴和淘宝的崛起、微信在生活和支付上的便利、手机品牌小米和华为在世界市场上占一席之地、滴滴打车的迅速扩张，以及涌现大批科技创业家，都有助于增强中国的软实力。对中国过去贫穷挨打历史没有记忆的年轻人更容易被当前中国科技产业和经济规模震撼。

4. 中国大使馆角色

无论是从横向比较，即相对其他国家的驻马大使馆，或是从纵向比较，即与过去的经验比较，近年中国驻马来西亚大使馆的社会活跃度与媒体曝光度，都相当高。通常，外国大使馆的角色除了负责外事交涉和官方任务外，就是协助解决侨民问题和领事签证业务，但驻马的中国大使馆走出外交圈子，广泛参与马来西亚社会特别是华人社会的社交联谊活动，这些举动既没有受到大马政府约束，也得到了中国政府的支持，最后广受马来西亚华人社会的认同与欢迎，成为中国推展软实力意想不到的管道。

早期的中国驻马大使和其他使馆人员都甚为低调，在改革开放初期，中国外交人员重新适应和学习外交工作的规范，因此对外都表现得相对保守和谨慎。从千禧年后，中国国力逐步提升，外交人员的素质也在提高，就开始展现信心，愿意扩大活动范围，在官方的任务以外也尝试接触媒体、华团和民间人士，逐渐与社会的联系紧密了起来，也在华团社交圈内受到欢迎。中国使馆人员的社会参与，刚开始仅限于出席与中国事务相关的仪式典礼，如中国来马的艺术团演出、展览、招商等场合，后期则广泛接受大马各类型团体机构的邀请，成为许多社会活动的座上宾，甚至是主礼嘉宾。2008 年后马华公会和民政党因大选惨败而减少正副部长人数，中国驻马使馆的人员就

① 作者常有机会参与奖助学金的遴选面谈，了解到不少马来西亚青少年对中国印象颇佳，在他们看来，中国在科技和技术创新上，远超马来西亚。

成了华团活动上最受欢迎的贵宾，他们也乐意应邀。凡大使和参赞级人物出席，也必受邀致辞发言。

大马的社会团体热衷邀请中国使馆人员出席各种活动和宴会，则是希望通过这些互动更多地接触中国使馆，试图拉近与中国关系。中国驻马大使馆与民间广泛接触，并没有受到大马政府的干涉，这也让社会精英放心与使馆来往。由于华团与中国关系融洽，前驻马大使刘健在2010年离任时，有不少华团发起挽留的举动。中国大使馆在华人社会活跃，是在外交领域外高调地从事侨务和统战工作，因此使馆也会适时释放资源争取华社与华团，如邀请华团领袖访华，或委托华团承办华裔青少年冬令营及其他文教活动。过去几年，中方还每年特别邀请一位华团领导出任中国人大政协两会的观察员，受邀者莫不感到无上光荣。

中国大使的个人特质，也有利于推广中国在海外的软实力。现任大使黄惠康可说是近年来最受欢迎的一位，他有几个举动深深俘获了华人社会的心。他曾经亲自走访1930年协助中国抗战的老机工，并赠予表扬证书。他也主动联系参访全国各地的华文独立中学，赠送图书和华乐乐器，并在走访一些华文小学时提供小额拨款，这些动作被缺乏政府资助的大马华校董事看在眼里，就轻易地得到赞赏。

黄惠康适当地运用这些善意，有效提升了中国在大马的形象与软实力，因此当2015年中秋节前后马来西亚族群关系紧张时，吉隆坡一些华人商团人士竟主动联络中国大使馆求助，最后由黄惠康亲自走访吉隆坡茨厂街，声称对于侵犯中国国家利益、侵犯中国公民和企业合法权益的不法行径，决不会坐视不理。他还表示，中国反对一切形式的恐怖主义、种族主义和极端主义。[①] 这席谈话引发一场外交风波，被指干预他国内政，大马政府内部对中国大使的举动缺乏一致立场，处理凌乱，但黄惠康却得到华人社会支持。黄惠康风波显示，华人社会不少人相信，强大的中国有助于维护海外华人利益，并在需要时为之出头，而中国也流露出在必要时会保护海外华人的

① 《星洲日报》2015年9月26日。

信息。

5. **分析与讨论**

马来西亚民众对中国的态度普遍积极，中国在教育、文化和媒体的输出也对大马华人社会甚有影响，除了这些操作意义上的因素外，在宏观层面上，也有其他有利的结构条件增加马来西亚民众对中国的好感。中国在西方和东亚地区同样利用教育、文化和媒体手段推展软实力，但没有类似有利的结构条件配合。综合而言，马来西亚社会普遍对中国存有好感，这与以下的结构条件有关：一是马来西亚一直不认为中国是地区不稳定因素，二是马中之间在政治与社会治理方面有许多共享的价值观，三是马来西亚有大量具有中华文化背景的华人人口。

首先，对中国负面观感偏高的国家通常对中国带有偏见。东南亚国家中，越南和菲律宾与中国有领土纠纷，反华情绪强烈，新加坡和印尼在区域安全上对中国保持警惕。但马来西亚暂时未因中国的崛起而感受到明显的威胁，这里说暂时，是因为随着中国的军事与经济力量发展，来自中国的压力和竞争是潜在的，但由于马中的综合国力有较大差距，马须在政经上依赖中国，因此选择继续与中国合作。

在东盟国家中，马来西亚的社会经济水平与现代化程度仅次于新加坡，在中国崛起的背景下，大马政府意识到在地缘政治上不可能摆脱中国的影响。在马哈迪时期，由于外交上与英美澳等西方国家时有矛盾，大马在外交上与中国友好，即使在南海问题上与中国存有领土纠纷，大马依旧保持低调，马哈迪也公开驳斥当时盛行的“中国威胁”论。在经贸上，马来西亚把中国视为出口市场，是棕油、天然气、工业制成品的重要消费国，同时也期望中国企业前来投资。马来西亚华商由于国内市场规模较小，又面对族群政治和国有企业的竞争，也把中国视为开拓市场和发掘商机的重要对象。在国力悬殊的情况下，马来西亚没有强力抗衡中国在本区域的影响，因而成为中国积极争取的对象，两国高层互访频繁，中国更把国家重点大学的第一个外国分校设在马来西亚，促成厦门大学大马校区在 2016 年 2 月开课。马中在政治与经济之间的巨大差距，加上现阶段与中国交往中有所受益，使得马来西亚社会对中国持友好态度，这些因素皆有利于营造对中国的正面态度。

其次，马中之间在政治与社会治理上有许多共享的价值观也是马来西亚民众容易认同中国发展模式，以及形成对中国正面态度的重要原因。

马来西亚尽管有定期的议会选举，自2008年以来两届大选有大量选民支持两线制和期待政党轮替，但民众在国内政治上倾向民主化的态度不等于在内心对西方制度有深刻认同。马来西亚民众特别是华人群体，虽然在国内政治议题上表现出进步改革倾向，但没有在涉及中国议题上表现出同样态度，对于中国在人权自由、政治保守、少数民族问题上的表现，马来西亚民众一般持理解的态度，认为国情不同和发展阶段有别，应该尊重不同国家的政策。

马来西亚领导人在20世纪90年代西方国家担心“中国威胁”的时期，多次在国内外场合驳斥西方言论，声称中国对本区域不构成威胁。在一些国际议题上，马来西亚与中国有相同立场，如反对美国发动伊拉克战争和争夺国际霸权。在中东情势和反恐问题上，马来西亚的穆斯林对美国为首的西方阵营持批判态度，普遍谴责美国在中东支持以色列的政策。马哈迪时期在国际社会强调反西方的亚洲价值，重视集体主义和社会稳定，政治价值观与中国领导人接近，因此马哈迪被中国视为发展中国家代言人。由于马中两国政府不时对西方提出批评，在政治和社会治理的价值观上又有很多共同之处，这就使得马民众普遍对中国抱有好感。

第三个导致马来西亚社会对中国产生正面态度的结构条件就是大量的华人人口和一个有活力的华人社群，根据2016年统计，马华人人口约有665万，占总人口的23.4%。[①] 马来西亚大部分华人在日常生活中仍维持传统文化习俗，华文和中国方言在社会上普遍通行，华文小学和独立中学蓬勃发展，对中国的流行文化存在着大量需求，是中国在海外推展软实力较易着力的切入点之一。马来西亚华人在政治上认同大马，也能进入政治体制扮演尽管次要但仍然有意义的角色，目前大马政府就委任了一位华人担任对华事务

① Department of Statistics, Malaysia.

特使。由于大马华文教育体制的完善，母语教育的熏陶使他们在文化和情感上依然认同中国文化，加上语言和人际网络上的联系，当他们与中国互动时更显得自在与从容，因此对大中华地区保持密切的关注。中国近年不少提升软实力的工作就是以华人为对象。

另一方面，由于马来西亚的族群与宗教政治压力，华人社群备受各种偏差待遇，以致华人社会普遍乐见中国国力强大，期待可以从中国崛起中提升本身的地位，并从中获取经贸利益。[①] 一个具体的例子是，中国地位提高后，过去受国家打压的华文教育就有所发展。由于中国的媒体和官方论述在大马颇有影响，加上由政商精英支配的华人社团普遍亲中，因此马来西亚通常较为支持中国的政策。

2016 年年底，由前首相马哈迪领导的反对党土著团结党，对近年中国资金涌入马来西亚的现象，从主权、就业和国安层面提出质疑。此举反映出马来人社会对中国影响力的提高开始产生疑虑，体制内高层精英对中国态度是存有分歧的。[②] 如果我们只从官方论述和华团言论来判断马中关系必然不够全面，表面的稳定并不意味着政府内部没有分歧与杂音，只是隐而不发。反对力量其实不容忽视，在中国驻马大使走访茨厂街的事件中，已显示出内部两派的分歧与角力。以马哈迪为代表的传统精英对中资的非议在体制内精英群体中开始引起共鸣，这就是下一节要讨论的议题。

五　经营软实力的挑战和张力

中国的国家形象在马来西亚整体上是正面的，这是双方在外交、文化和经贸等领域上长期合作的结果。但是随着时间的推移，如果上述的因素出现变化，就可能影响中国在马来西亚推展软实力的效果。虽然现阶段的民调数

① Jennifer Pak, "Will China's Rise Shape Malaysian Chinese Community?", BBC News, 30 December 2011.

② 潘永强：《中资争议反映精英分歧》，《当今大马》2017 年 1 月 24 日，https：//m. malaysiakini. com/columns/370345。

据显示马来西亚不同族群的民众，无论是华人还是非华人社群，普遍对中国的抱有好感，但中国当局在推进文化软实力的工作时，至今依然是偏重于华人社会，无论是投放的资源、经营的项目、结交的对象，都比较集中往华人社会倾斜，对非华人社群的接触还不到位，甚至颇有隔阂与距离。可是，马来西亚华人人口占全国总人口的四分之一不到，居社会主流的仍然是马来人，一旦马来西亚政治情势和政经权力的现状有所改变，或马中双边利益出现波动，就可能影响主流的马来人族群对中国的偏好与印象，从而为中国的软实力带来挑战和张力。

中国在海外推展软实力工作时，必须重视所在国家的内在分歧与复杂利益。这样的考量并非杞人忧天，而有其现实意义。马来西亚从 2008 以来处于政治转型关键期，执政联盟弱化，政治反对力量抬头，为威权政体带来冲击。[①] 在政治竞争日益激烈的情况下，马来人政治精英之间，也对执政联盟现行亲中国路线和引进中国资金的做法，产生争议。这种争议表明中国在“一带一路”倡议下对外投资的举动有可能在当地引起质疑，并对国家软实力的推展造成不良效果。以下就以马来西亚反对党对引进中资的争议作为个案，分析中国推展软实力时可能引起的抵触行为。

2016 年 10 月马来西亚首相纳吉布访问中国，在会见中国国家主席习近平后，达成多项经贸与投资协议，两国签署了 9 项政府对政府合作文件及 14 项总值 1440 亿马元的经建合作项目，其中最受注目的是大马首次向中国购买 4 艘近海多任务舰，以及中国提供 550 亿马元优惠贷款帮助马来西亚兴建东海岸铁路。可是协议签定后不久，纳吉布当前在政治上最大的反对者、前首相马哈迪却马上高调批评，认为马中签署的东海岸铁路计划会向中国典当大马主权。另一位反对党领袖、目前人在狱中被监禁的前副首相安华，也质疑马来西亚政府不应如此依赖中国，他说：“我们同意和欢迎中国准备涉足大马经济并投资，不过，单单只是依靠中国是不应该的，这会影响国家的

① 吴彦华、潘永强编《未完成的政治转型：马来西亚 2013 年大选评论》，华社研究中心，2013。

主权和自由。”[①]

一直以来，马来西亚政府领袖访问中国，通常不会受国际媒体关注，因为大马的战略地位不比邻近的国家如菲律宾或新加坡来得重要。但纳吉布2016年10月底的访华行程，却受到不少外交与战略智库的注意。此行受关注的原因，一方面是纳吉布继菲律宾杜特尔特总统之后访问北京，杜特尔特在南海仲裁案后转向中国示好，影响了中美在东南亚的博弈关系，使纳吉布的出访也备受关注。但更重要的是，纳吉布从中国取得各种合作协议，马来西亚社会认为中国在政治上支持纳吉布，因此引起广泛议论，也对中国企业投资造成不小影响。

近年纳吉布涉嫌利用马来西亚国家投资公司“一马发展有限公司”（1MDB）的资金进行贪腐和洗钱行为，已被国内反对党和美国司法部质疑。国内外分析家认为，纳吉布急需取得资金和外援，以解决他在1MDB丑闻上的财政和债务压力。[②] 自2013年以来，在政治上由于反对联盟分裂，加上社会运动逐渐平息，只要执政联盟的最大政党巫统（UMNO）派系分化不再扩大，纳吉布在政治上有望过关。但在财政问题上，1MDB的债务黑洞却不易摆脱，且有扩大趋势，这正是纳吉布最致命的隐忧。[③]

过去三年，纳吉布政府陆续将一些重要的基建和发展项目授予中国企业进行开发。2015年11月，中国广核集团宣布以98亿3000万令吉收购埃德拉环球能源（Edra Global Energy Bhd）旗下所有能源资产。同年12月，中铁和马来西亚依海控股有限公司合作收购位于吉隆坡黄金地带的“大马城”项目60%股权，这是市中心面积最大的未开发的完整地块。以上两个项目的业权原为1MDB所有。2016年8月，青岛鲁海丰集团与马来西亚渔业局达成合作意向，计划建设马来西亚北方渔业国际港和产业园。同年9月，中国电力建设有限公司与马来西亚凯杰公司签订协议，计划共同开发马六甲皇京港深水码头。此外，中国积极争取马新高铁项目，驻马大使黄惠康在公开

① 林友顺：《纳吉布访华协议掀朝野之争》，《亚洲周刊》2016年11月20日。

② 李健聪：《中国收购一马发电产业：孰赢孰输?》，《燧火评论》2015年12月23日。

③ 潘永强：《纳吉会在北京软著陆吗?》，《当今大马》，2016年11月9日。

场合声称志在必得。中国房地产开发商近年则大规模前往南部的柔佛州依斯干达特区推进大型房地产项目，包括碧桂园、富力等中国著名开发商都在马来西亚投资，而柔佛州苏丹也参与了碧桂园填海造地的“森林城市”项目。

对于中国资金和企业大量涌入马来西亚，华人社会和大型华资基本上乐观其成，并视为“一带一路”倡议下的举措，执政联盟内的华人政党马华公会，甚至在党内成立“一带一路中心”，推动和鼓励马中的经贸合作。但是，在反对党和马来官僚精英当中，却对大量中国资金的涌入产生了争议。马哈迪和前副首相慕尤汀抨击纳吉布涉及贪腐，两人最后离开巫统，另行成立土著团结党要求纳吉布下台，他们首先对中国资金涌入马来西亚的现象从主权、就业和国安层面提出质疑，并与柔佛州苏丹在这个问题上展开言辞交锋。马哈迪曾担任首相长达 22 年，推动了国家的工业化和现代化，在马来人社会的各阶层依然有相当的声望与影响，如今由他带头质疑中资问题，对马来人社会不可能没有冲击。事实上，马来西亚对中资或中国因素的争议不会在短期内停止，必将在未来继续发酵，因为背后实有内外两重根源。第一重是外因，是来自中国崛起之后对周边国家产生的越来越大的压力与影响。第二重原因则来自国内政治层面，体制内的政经精英和军方人士虽然不反对与中国加强经贸互动，但在军事与安全事务上对中国有所提防，体制内精英对中国态度是存有分歧的。

马哈迪和慕尤汀在马来人政治分裂的背景下，高调地触及中国资金的问题，除了政治上的考量，希望在马来人社会中掀起对执政党和纳吉布的不满情绪，另外也有结构性原因。马来西亚朝野和舆论深信，纳吉布引进中资并求助中国，有为本身丑闻解困之考虑，因此在野党在国家主权和民族主义立场上紧追不放，对中国企业在战略性项目的大举投资有所质疑。马中关系一贯平稳友好，中国企业前来投资一向没有争议，然而一旦以马来人为主的反对党意图借用中资议题在马来人社会中激化对纳吉布的不满，指控他出卖国家主权，就会使“中国因素”在马来西亚遇到新阻力。

马哈迪对中资的批评不足为奇，但由他来发动就拉高了问题的格局。他甚至宣称，若在野党赢得下届大选（最迟在 2018 年中举行），马新高铁计划可能取消。无论如何，马哈迪强调他绝对不是反华，也力证自己在首相任内努力发展马中关系，他只是反对中资前来大马投资的方式，特别是投资房地产，这些永久产权的房产售卖给中国人后可能会造成大规模的移民。[①] 马哈迪斗争意志坚定，又有极强的论述能力，他选择以中资的议题出击，除了政党权力恶斗的利害考量，也反映出体制精英的某种疑虑，特别是马来精英对中国还是心存疑虑，或至少是观望。

事实上，巫统的政经精英和军方人士虽然不反对与中国加强经贸互动，但他们大部分有亲近英美的渊源，体制内的资深成员大都有冷战经历，在军事与安全事务上仍对中国有所提防，甚至认为马中关系的发展势头过快。[②] 这股力量其实不容忽视。马哈迪和慕尤汀对中资的非议，在体制内精英群体中已引起共鸣，也会间接影响非华人群体，尤其是马来人群体对中国的态度。事实上，马来人社群对中国友好主要是受马中关系友好稳定，以及两国对中东伊斯兰世界的问题保持共同立场影响，可是他们对中国的认识与理解并不全面，也缺乏情感上的倾向。如果受政党政治恶斗和负面信息左右，就有可能削弱和动摇他们对中国的好感，抵消中国在马来西亚累积起来的软实力成效。

1974 年马来西亚大选前，当时的首相拉萨访问中国会见毛泽东，宣布两国建交，过后官方大肆宣扬，在该年大选中影响了华人的投票取向，使得执政党重新执政。如今，中国因素再次成为政治上有冲击力的因素，但这次不再限于冷战时期的意识形态层次，而是直接介入本土的政经利益，受到影响和冲击的不止华人，还涉及马来人群体。

中国企业近年积极走出国门寻找投资商机，在官方的“一带一路”倡议下，在沿线国家推动基础建设的合作项目，已在若干地区提升了中国的软实力，如非洲。而马来西亚的案例可以说明，中国企业和资金在国际上进行并购和投资时，必须更加深切和熟悉不同国家的政经情况，官方和民间在推

---

① 《马哈迪批中资，高铁计划变数》，《亚洲周刊》2017 年 2 月 3 日。

② Dennis Ignatius, “Why China is Different”, *Free Malaysia Today*, 3 February, 2017.

动软实力工作时，也要重视各国内部的分歧，分散资源，不应只将工作焦点放在华人社群上，更要关注当地主流社群的感受。马来西亚体制内精英由于地缘政治因素，大部分仍留有冷战思维，对中国因素持谨慎态度。中国官方和驻外使馆除了接触华人社团和执政党成员，也应该与在地的体制内单位和智库成员展开更广泛的交往。[①] 中国学界在东南亚研究上起步较晚，在国别研究和各国政治经济的具体分析上，尚有进步和完善的空间。未来无论是对外推展国家软实力，或是向海外投资，都需要充实国别研究，避免判断失误。

六　结语

中国“走出去”的计划正稳步推行，目前已在周边地区取得了一定成效，巴基斯坦和马来西亚的民调都显示出对中国的好感。民调显示马来西亚各族群民众对中国普遍具有好感，支持与中国增进经贸关系。中国近年在马来西亚推动教育、文化交流，加上媒体与科技创新，对青年一代颇有影响，中国大使馆在社会积极活动，也在华团之间塑造亲中氛围。除以上因素，有三个结构条件也有利于马来西亚对中国软实力的认可，一是马来西亚始终相信中国不是区域不稳定因素，二是马中之间在政治体系与社会治理上有许多共同的价值观，三是马来西亚有大量具有中华文化背景的华人人口。

马来西亚民众整体上对中国抱有好感，可以反映中国在马来西亚具有一定程度的软实力，这是政府行为、社会民情和中国对外宣传的综合结果。但值得注意的是，目前大马民众对中国的好感既来自经贸利益、文化情感，也包括穆斯林对美国等西方国家的中东政策不满。然而，软实力更为重要的体现在于一国的社会价值观、政经制度、道德标准、法治运作、国际责任、价值体系等因素具有吸引力和说服力。在这些方面，马来西亚民众尽管对中国

---

① 在马哈迪批评中国资金事件后，中国驻马来西亚大使少有的接待反对党公正党和民主行动党的华裔国会议员来访。见《南洋商报》2017 年 2 月 27 日。

具有好感，但不见得在任何方面都会认同中国的行为与态度。中国仍需进一步提升软实力以加强对周边国家的吸引力。

此外，中国在周边国家的影响力，最终仍取决于中国政府、公民以及中资机构在海外的行为。由于越来越多有中资背景的机构，无论是官方还是民间机构，都开始前来马来西亚投资，当中资机构更多地参与马来西亚的商业和经济活动后，它们在履行合约、劳资关系、环保标准、社会责任等方面的行为，都会影响马来西亚民众对中国的态度。有些中资企业在海外投资和并购行为中应树立良好形象。因此，马来西亚民众对中国的态度并非固定不变，而是受中国政府与企业行为影响的。

B.5

中马21世纪海上丝绸之路合作共建：优势与机遇*

周兴泰**

摘　要：　马来西亚是历史上海上丝绸之路的重要节点，同时也是21世纪海上丝绸之路建设构想提出后习近平主席出访的第一批国家中的一员，因此新时期中马两国海丝共建具有重要的历史与现实意义。当前两国海丝共建主要具有政治互信度高、经济交往密切、文化认同度高、马来西亚地缘政治经济地位突出等优势。同时，金融危机背景下两国合作需求加大、发展战略契合度高、中国－东盟合作紧密等特点则为当前两国的海丝共建提供了良好的机遇。在当前这一轮的合作共建中，两国主要可以考虑进一步深化政治互信、加强安全合作，实现工业与自贸园区、清真产业、互联互通项目的发展与战略对接，并共同打造东南亚华文、留学与高等教育中心，海丝旅游、文化展示与传播中心以及中国－新马泰次区域合作机制等。

关键词：　中国　马来西亚　东盟　21世纪海上丝绸之路

---

* 本文受到华侨大学中央高校基本科研业务费·哲学社会科学青年学者成长工程项目（14SKGC-QT01）的资助。

** 周兴泰，华侨大学海上丝绸之路研究院讲师，主要从事亚太地区国家间关系和“一带一路”建设研究。

2013年10月，国家主席习近平首访印度尼西亚、马来西亚并出席亚太经济合作组织（APEC）第二十一次领导人非正式会议时提出：“东南亚地区自古以来就是‘海上丝绸之路’的重要枢纽，中国愿同东盟国家加强海上合作，使用好中国政府设立的中国－东盟海上合作基金，发展好海洋合作伙伴关系，共同建设21世纪‘海上丝绸之路’。”① 作为21世纪海上丝绸之路建设构想提出后习近平主席出访的第一批国家之一，马来西亚因其在海上丝绸之路历史及当前中国－东盟全面战略合作中的重要地位与作用值得高度重视。本文以此为切入点，主要聚焦于两国在21世纪海上丝绸之路合作共建中由于历史交往所积淀下来的共建优势、当前所面临的主要机遇等，并就此提出相关思考与建议。

一　两国“海丝”共建的主要优势

（一）高层互动频繁，政治互信度高，具有较好的政策沟通基础

自1957年马来亚联邦脱离英国殖民统治独立时起两国就有了政治互动，1974年，随着国际地区形势的发展变化，两国正式建交。1978年，时任中国副总理邓小平访马，自此两国关系一直稳步发展，其间两国领导人互访频繁，签署多项共同文件，从而进一步奠定了两国友好交往与政治互信的坚实基础。其中，1999年签署的《中马关于未来双边合作框架的联合声明》表明双方准备建立全方位的睦邻友好合作关系，2004年签署的《中马联合公报》确立了两国的战略性合作关系，2009年签署的《中马战略性合作共同行动计划》对新时期两国各领域的合作进行了全面规划。2013年，习近平主席访马，两国共同发布的《中马联合新闻稿》一致同意将两国战略性合作关系提升为全面战略伙伴关系。

---

① 《习近平：携手建设中国－东盟命运共同体——在印度尼西亚国会的演讲》，http://www.fmprc.gov.cn/mfa_chn/ziliao_611306/zt_611380/dnzt_611382/ydyl_667839/zyxw_667918/t1084354.shtml。

除了政治领域之外，在安全领域近年来两国也有一些新的合作态势。其中，2012 年两国举行了首次防务安全磋商；2014 年两国签署了《国防科技工业领域合作谅解备忘录》；2015 年两国联合主办东盟地区论坛救灾演习，同年 9 月两国还进行了首次联合实兵演练。2016 年 5 月马来西亚海军司令应邀访华并参观了中国首艘航母辽宁舰。2016 年 11 月纳吉布总理访华，马来西亚向中国购买四艘滨海任务舰。据最新报道，2017 年 4 月中船重工国际贸易有限公司与马来西亚莫实德船厂公司就该项目在北京正式签约，这是中国军贸企业首次向马来西亚出口大型军事装备，因此在两国两军交往史上具有重要的里程碑意义。[①] 同时，近年来两国还建立了执法合作联合工作机制，在反恐、缉毒和打击经济犯罪等方面进行了通力合作。

在“一带一路”建设方面，自 2013 年“一带一路”建设构想提出以来，马来西亚联邦政府、多个地方政府及主要政党领导人都曾多次表示愿积极响应“一带一路”建设倡议，推动马中两国关系新的发展。2014 年 5 月，两国签署的《中马建交 40 周年联合公报》首次确认马来西亚欢迎中国提出的 21 世纪海上丝绸之路建设倡议，同年 10 月，马来西亚成为中国倡导的亚洲基础设施投资银行（AIIB）的首批意向创始会员国。2015 年 11 月，两国通过联合声明再次确认双方将在“一带一路”框架下加强战略对接，推进务实合作。2016 年 11 月，纳吉布总理访华，双方签署的《中马联合新闻声明》指出：“马来西亚高度重视其作为中国政府 2013 年提出的丝绸之路经济带和 21 世纪海上丝绸之路（‘一带一路’）倡议沿线重要国家的地位”，“双方将继续推动两国海港合作，支持中马港口联盟发展，实现 21 世纪海上丝绸之路的愿景。”[②]

2017 年 5 月 14～15 日，首届“一带一路”国际合作高峰论坛在北京举行，纳吉布总理再次率团访华出席高峰论坛领导人圆桌峰会并会见习近平主

① 《中国将为马来西亚建造 4 艘滨海任务舰》，http：//world. huanqiu. com/article/2017 - 04/10529170. html。

② 《中华人民共和国和马来西亚联合新闻声明（全文）》，http：//news. xinhuanet. com/world/2016 - 11/03/c_ 1119846165. htm。

席。其间，两国在2016年11月份的基础上再次签署多项政府对政府、企业对企业的合作协议或合作谅解备忘录。[①] 对于以上成果的取得，习近平主席在会见纳吉布总理时给予了高度评价，并指出："中马两国是隔海相望的近邻，更是相互信赖、相互尊重、合作共赢的好朋友、好伙伴。当前，中马关系处于历史最好时期。中方愿同马方规划好两国关系发展蓝图，推动中马全面战略伙伴关系取得更加丰硕的成果""马来西亚是古代海上丝绸之路上的重要国家，也是最早响应'一带一路'倡议的沿线国家，更是共建'一带一路'早期收获最丰硕的国家之一。中方愿推动中马两国在'一带一路'建设上取得更多实效。"[②] 纳吉布总理则回应表示："我完全赞同习近平主席所指出的，马中两国不仅是邻居、更是朋友……'一带一路'这一历史性的重要倡议将对本地区乃至全世界带来巨大变化。马方愿积极参与相关合作。"[③] 相信这一系列共识的达成，必将为两国21世纪海上丝绸之路合作共建指明新的方向。

（二）经济交往密切，相互依存度高，具有较好的贸易畅通与资金融通基础

"海丝"历史上中马两国经贸接触频繁，1974年正式建交后双方开始直接贸易。1978年中国开始改革开放，1981年马来西亚开始推行经济实用主义，自此两国经贸迅猛发展。截至2008年，两国双边贸易额已提前两年突破500亿美元大关，同年起直至2015年，马来西亚一直保持中国在东盟中的最大贸易伙伴国地位，尽管2016年越南超越马来西亚成为中国在东盟的最大贸易伙伴，但马来西亚仍是中国在该地区最大进口来源国。而中国也自

① 《巩固关系加强合作　首相访华促进马中经济》，http：//www.enanyang.my/news/20170512/.htm；《涵盖多项领域马中签总值312亿备忘录》，http：//www.enanyang.my/news/20170514.htm。

② 《习近平会见马来西亚总理纳吉布》，http：//news.xinhuanet.com/2017－05/13/c_1120967288.htm。

③ 《习近平会见马来西亚总理纳吉布》，http：//news.xinhuanet.com/2017－05/13/c_1120967288.htm。

2009年起一直保持马来西亚全球第一大贸易伙伴国地位。[①] 2013年“一带一路”建设构想提出，习近平主席访马，两国双边贸易额首次突破千亿美元大关，这也使得马成为继日韩之后第三个同中国双边贸易额突破千亿美元大关的亚洲国家。

双边投资方面，马对华投资始于1984年，截至2014年11月底，马实际对华投资累计达67.4亿美元，成为中国在东盟的第二大外资来源地。而中国对马投资虽然起步较晚，但近年来发展迅猛，截至2006年年底，中国在马实际投资额尚不足2亿美元，但2012年已突破10亿美元大关。马投资发展局近期报告显示，2015年中国内地是马第四大外资来源地，而另据中国商务部统计，2015年中国对马非金融类直接投资达4.08亿美元，同比增加237%[②]，2016年，中国已成为马制造业最大外资来源地，投资额高达47.7亿马币[③]，约合11.17亿美元。另有民间数据表明，2013年中国机构与散户在马房地产市场共投资了19亿美元，目前中国房地产开发商累计在马投资额已超过500亿人民币。[④]

金融方面，两国近年来的合作也同样发展迅猛。1999年两国签署《中马互设银行谅解备忘录》，2000年中国银行和马来西亚银行分别在吉隆坡和上海互设分行。2009年两国签署双边货币互换协议，这是中国与东盟国家间的首个本币互换协议，2014年两国又签署合作备忘录，决定在吉隆坡设立人民币清算行。2015年人民币清算行正式成立并开始办理业务。

同时，2011年成功启动的中马钦州与马中关丹“两国双园”也是近年来两国经贸合作的重要里程碑。两国还在巴生港自贸区、马来西亚城、马六甲工业园等项目上有重要合作。近年来，两国在劳务合作方面也有显著进展，并在跨国并购与联合经营等方面有多项合作。多年来，为保障经贸关系

---

① 《中国连续8年成为马来西亚最大贸易伙伴》，http：//my.mofcom.gov.cn/article/sqfb/201702/20170202515992.shtml。

② 俞懿春：《马来西亚迎来“中国投资热”》，《人民日报》2016年3月2日，第3版。

③ 《2016年马来西亚投资2079亿马币　同比增长7.7%》，http：//my.mofcom.gov.cn/article/sqfb/201703/20170302528169.shtml。

④ 陆建人：《中国与马来西亚经贸关系分析》，《创新》2015年第2期，第94页。

的顺利发展，两国还共同签署了十余项经贸投资与产能合作协议，同时一系列相关组织与协会的建立也密切了双边经贸联系。“一带一路”建设构想提出后，两国还于2015年成立了中马港口联盟，同时马也于2016年建立了“一带一路经济友好协会”。

（三）历史渊源深厚，文化认同度高，具有较好的民心相通基础

中马“海丝”千年交往史是当前两国“海丝”共建的重要基础。两国交往最早可追溯到秦汉时期，1400年马六甲王国（1400年～1511年）的建立则掀起了两国“海丝”交往的高潮。这一百多年间曾有马六甲三代国王十六次遣使中国并五次亲自赴华的记录[①]，而同一时期中国的郑和七次下西洋（1405年～1433年）则有五次驻节马六甲。同一时期还有大量华人前往或移居马来西亚，如今马独具特色的峇峇娘惹文化正是这一时期中马血缘、文化相互融合的历史见证。近代以来马先后受到四百多年的殖民统治，其间从中国大量输入契约劳工。经过多年打拼，如今华人已成为马第二大族群，人口占比将近四分之一，超过700万人，并积累了大量的财富，在马经济社会和中马经贸中占有重要地位。另外华人还拥有自己的独立政党并积极参与大马政治生活。

由于殖民时期的“分而治之”和独立之后马来华人的共同努力，马还发展并保存了完整的华文教育体系，从使用华文作为教学语言的华小到至今仍未受到马政府完全承认的华文独中再到三所华文大学学院，马也成为全球除中国内地和港澳台地区之外唯一留存完整华文教育体系的国家。近年来两国在教育合作方面也不断有新的进展，而最新成果则是厦门大学马来西亚分校的建立，这是中国知名高校在海外设立的首家分校。另据协商，近期中国还将在马设立中国文化中心。同时，马还有大量具有重要影响力的华文报刊与媒体，近年来两国也极为重视在这方面的合作。[②]

---

① 龚晓辉：《马六甲王朝与明朝的朝贡关系》，《韶关学院学报·社会科学》2009年第2期，第51～54页。

② 李一平：《中马人文交流合作的深入发展》，《福州晚报》（海外版）2016年2月8日，第A7版。

两国不仅在中国文化，而且在占据马来文化主导地位的伊斯兰文化方面也有大量的认同与交集。中马两国穆斯林之间的历史联系至少可以追溯到明代，五次驻节马六甲的郑和就是穆斯林，与当时已经皈依伊斯兰教的马六甲王室有着共同信仰。同时还应看到，马是伊斯兰会议组织成员国，在本国拥有与世俗金融体系并行的完整的伊斯兰金融体系①，其清真食品加工生产与认证体系也同样占有世界领先地位，这就使得马也可以成为中国与广大伊斯兰国家合作共建“一带一路”的重要桥梁。

（四）相对于周边邻国而言，马还具有一些独特的自身优势

在21世纪海上丝绸之路合作共建中，中马合作除了具备以上优势之外，与周边邻国相比马还具有一些独特的自身优势。比如相较于泰国而言，马来西亚的政局就更稳定，这就使得其内政外交的政策连续性较强，有助于两国达成共识之后平稳地推进合作。而相较于新加坡而言，马领土面积为33万平方千米，特别是与新加坡隔海相望的西马经济、交通发达，具有更大的发展空间和地理纵深，在新加坡发展日益饱和并且空间压力越来越大的情况下，西马的港口、交通、能源、制造业、土地等资源优势极为明显。

而相较于越南、柬埔寨、老挝、缅甸、印尼、菲律宾、文莱等国而言，马来西亚的地缘优势则更为明显。马领土被南海分隔为东马和西马两个部分，东马位于加里曼丹岛，紧邻菲律宾、文莱、印尼，自然资源丰富。西马位于马来半岛南端，北邻中南半岛，东北、西北分别遥望中国和南亚次大陆，西邻印度洋、马六甲海峡，南望印尼苏门答腊岛和大洋洲，可以说是处在了太平洋、印度洋两洋和亚洲、大洋洲两洲交往的十字路口，兼具马六甲海峡国际航运要道和南海、印度洋海上大通道的便利，可以通过水路驶往中南半岛、东北亚、大洋洲和印度洋沿岸各国，从而支撑起繁荣的海上贸易。因此，无论从地缘政治还是地缘经济的角度来说，马来西亚都有潜力成为中

① 马强：《中国和马来西亚穆斯林交流的历史回顾与深远意义》，《中国穆斯林》2015年第5期，第22～25页；曹庆锋：《马来西亚伊斯兰金融体系初探》，《中国穆斯林》2015年第4期，第17～20页。

国－东盟21世纪海上丝绸之路合作共建的重要支点。而在这方面两国的合作还面临着一些特殊的机遇。

二　两国“海丝”共建的重要机遇

（一）国际层面：金融危机背景下各国经济下行压力加大，两国合作需求更强

2008年的全球性金融危机虽然已经过去，但当前对两国及世界经济的负面影响仍然存在，这从两国近年来的贸易数据可以看得很清楚。2013年，习近平主席访马，“一带一路”建设构想提出，中马双边贸易额首次突破千亿美元大关，达1060亿美元，但这一势头并没有延续，2014年两国双边贸易额已有所下降。2015年两国双边贸易额仅为973.6亿美元，同比下降4.6%。[①] 而最新统计数据显示，2016年虽然中国继续保持马在全球的第一大贸易伙伴国地位，但马已被越南超越，只能屈居中国在东盟的第二大贸易伙伴国位置。[②] 因此很明显，这一轮的双边贸易额下跌及世界经济宏观数据都表明自2008年的金融危机以来，世界经济增长长期乏力，各国经济下行压力加大，这对两国经贸关系的长期发展特别是马对华出口构成了较大的现实压力。目前来看，两国要实现2013年制定的到2017年双边贸易额达到1600亿美元的目标还需要有新的合作模式和更多合作路径的探索。

同时，虽然近年来中国对马投资迅速增加，但是截至2014年年底，中国对马投资存量相较于其他东盟国家而言仅排在了文莱和菲律宾之前[③]，很

---

① 《2015年中马双边贸易额973.6亿美元　中国仍是马第一大贸易伙伴国》，http://www.mofcom.gov.cn/article/i/jyjl/j/201601/20160101236624.shtml。

② 《中国连续8年成为马来西亚最大贸易伙伴》，http://my.mofcom.gov.cn/article/sqfb/201702/20170202515992.shtml。

③ 中华人民共和国商务部、中华人民共和国国家统计局、国家外汇管理局编《2014年度中国对外直接投资统计公报》，中国统计出版社，2015，第59页。

显然这与两国多年来一直互为全球或东盟内第一（或第二）大贸易伙伴国的身份是很不相称的。因此，特别是在当前两国共同面临全球金融危机，同时中国有大量的优质产能、劳务与资本可以走出去，而马也有大量的公路、铁路、港口基础设施和工业与自贸园区等项目投融资与建设需求的情况下，两国更应该在这些方面加大合作力度。

（二）国别层面：两国发展战略高度契合，可以实现战略对接

面对当前这一轮的金融危机扩散所造成的经济下行压力，中马两国都采取措施积极应对。为了缓解所受冲击，2009 年 4 月纳吉布总理上台后除继续实行经济刺激政策之外，还着手推行新经济模式，进一步放开服务业和金融业以期改善投资环境。2010 年 10 月，马又提出经济转型计划，推出包括旅游、教育、金融、通信以及大吉隆坡计划等在内的 12 个国家关键经济领域的发展目标。其间，马还积极制定第十一个五年计划（2016 年 ~ 2020 年），加快实现“2020 宏愿”，致力于促进经济发展多元化，改善基础设施，并希望能够如期在 2020 年迈向高收入国家行列。同时，在此前后马政府还采取多项优惠政策大力开发伊斯干达开发区、东海岸经济区等五大经济走廊和巴生港自由贸易区、马六甲临海产业园、马中关丹产业园等。[①]

而为应对金融危机的影响，近年来中国也先后提出了投资 4 万亿的经济刺激计划、中国制造 2025、“互联网 +”、十三五规划（2016 年 ~ 2020 年）、国际产能和装备制造合作等一系列的经济结构调整与产业转型升级计划，并大力鼓励中国企业、资本、产能与劳务走出去，希望在“一带一路”建设构想下实现中国多年来的发展所积累起来的富余产能、资本和劳务与“一带一路”沿线各国发展需求的对接，通过“五通”建设拉紧同周边国家的利益纽带，共同打造利益、责任与命运共同体，并为此专门制定了《推动共建丝绸之路经济带和 21 世纪海上丝绸之路的愿景与行动》文件。这就使

---

① 商务部国际贸易经济合作研究院、商务部投资促进事务局、中国驻马来西亚大使馆经济商务参赞处编《对外投资合作国别（地区）指南：马来西亚（2015 年版）》，http：//fec. mofcom. gov. cn/article/gbdqzn/upload/malaixiya. pdf。

得两国可以在发展规划的指导下以及顶层的框架思路中实现彼此发展战略的对接。

（三）地区层面：中国－东盟合作为两国合作共建提供了良好的地区环境

1967 年，由印尼、泰国、马来西亚、菲律宾和新加坡五国联合组成的东南亚国家联盟（ASEAN）成立。时间走过半个世纪，当前中国与东盟各领域的合作已经成为中国对外合作的典范。东盟一直是马外交政策的核心①，马也一直对东盟发展有着重要贡献，并在中国－东盟合作中发挥着核心引领作用。马是东盟成立后同中国建交的首个国家，同时也是当前东盟中中国的第一大贸易伙伴，1991 年首次中国－东盟对话始于马，1997 年首次中国－东盟领导人会议（10＋1）也始于马。1995 年 12 月，在第五届东盟首脑会议上，时任马来西亚总理的马哈蒂尔还提出修建一条从马来半岛南端的新加坡，经马来西亚、泰国、越南、缅甸、柬埔寨到中国昆明的“泛亚铁路”的倡议，并得到各国的一致认可。② 当前，马也是第一个同中国签订《双边货币互换协议》和《海洋科技合作协议》并合作共建“两国双园”的国家。同时，相较于“六国七方”其他各方而言，中马在南海问题解决上的立场也更为接近。③

2013 年是中国－东盟建立战略伙伴关系 10 周年，李克强总理提出推动中国－东盟合作由“黄金十年”走向“钻石十年”，打造中国－东盟自贸区（CAFTA）升级版。④ 10 月，习近平主席首访东南亚，提出携手建设中国－

① 骆永昆：《浅析中国—马来西亚全面战略伙伴关系——以马来西亚外交战略为研究视角》，《东南亚之窗》2013 年第 3 期，第 28 页。

② 百度百科：《泛亚铁路》，http：//baike. baidu. com/link？ url＝itjWEgu4OjDc_ NyMIUWAAAgZ4_0MPSruMH3walPhkIaD3kFlW9f2F1w5wpK7mZk－irJLp3z2dMwhKBtILsbMGa。

③ 谷名飞：《马来西亚的国防外交策略与中马安全合作前景》，《东南亚纵横》2015 年第 7 期，第 20～24 页。

④ 《李克强出席第十届中国－东盟博览会开幕式并演讲》，http：//news. xinhuanet. com/fortune/2013－09/03/c_ 117214150. htm。

东盟命运共同体、共同建设21世纪“海上丝绸之路”等。同月，李克强总理还提出中国－东盟“2+7合作框架”。同时，2013年以来启动的包括东盟十国与中日韩澳新印六国（10+6）的旨在深化地区经济融合的《区域全面经济伙伴关系协定》（RCEP）也已从程序磋商进入实质性谈判阶段。因此，站在新的历史起点上，相信在当前这一轮的中国－东盟21世纪海上丝绸之路合作共建中，中马两国合作不仅将继续发挥核心与引领作用，而且中国－东盟合作及其相关机制的持续搭建与完善也将继续为中马两国21世纪海上丝绸之路合作共建提供良好的地区合作环境与机遇。

三　相关思考与建议

以上优势与机遇的存在为新时期两国关系的继续发展奠定了良好的基础，同时也提出了一些新的要求，指明了新的方向。总的来说，在21世纪海上丝绸之路建设构想下，两国主要可以从以下几个方面来寻求突破，以期进一步夯实两国关系发展的基础，并在“海丝”共建中实现各自国家利益和两国共同利益的更大发展，并为东亚、“印太”地区的和平、稳定与发展以及“亚太世纪”的到来作出更大的贡献。

（一）在双多边框架下继续加强两国政治互信与安全协作，妥善处理两国分歧，做好政策沟通，争取早日落实两国已经商签的“一带一路”合作备忘录

如前所述，经过四十多年的共同努力与发展，当前中马两国关系政治稳定、安全互信，具有较好的发展态势与基础。在新时期“海丝”共建背景下，两国应继续加强高层互访和各层级官员的经常性接触，并继续在中国－东盟10+1、10+3、10+8以及中国－东盟互联互通合作委员会等合作机制下加强沟通协作，积极推动在《中马建交40周年联合公报》《纪念中国－东盟建立战略伙伴关系10周年联合声明》等相关文件中所达成的各项共识与规划。而对于当前两国尚存一定分歧并对两国关系正常发展构成一定影响

的事件如南海问题等，则应该进行良好的沟通协调，照顾各方舒适度，并尽早达成谅解。

同时，在这方面作为务实合作的重要一步，两国在经过一段时间充分论证的基础上，在2017年5月“一带一路”国际合作高峰论坛期间已经商签了“一带一路”合作谅解备忘录①，两国宜在此基础上积极研究，早日深化落实，并在双边发展战略上进行更多的交流对话与共同设计，低调务实地进行项目推进和前期收获工作，注意避免因双方国内外形势的变化而影响相互关系的发展。同时中马也应特别注意防控如政治选举风险、族群冲突风险、传统与非传统安全风险、与第三方关系风险等可能对两国关系发展带来不利影响的变量，做好风险防控与应对，并积极引导中国－东盟21世纪海上丝绸之路合作共建相关协议的达成和相关项目的早日落地实施。

（二）在国别地区层面继续加强两国发展战略的规划与对接，继续深化两国在设施联通、贸易畅通和资金融通等方面的合作

自1971年首次实现正式经贸接触以来，当前两国经贸合作已经走过了整整46个年头，成效显著。新时期以来，特别是在面临全球金融危机，两国都在积极调整自身产业结构和对外投资与贸易结构的背景下，21世纪海上丝绸之路建设构想的提出为两国经贸合作发展提供了新的契机。两国可以以此为基础，在多年来签署的《中马经贸合作五年规划（2013～2017）》《中国－东盟全面经济合作框架协议》等一系列文件的基础上，利用好当前两国及地区各种双多边会议、机制与平台，加强两国之间以及两国与地区各国之间经济发展战略的规划与对接，并找准要点，务实推进。争取早日在马“2020宏愿”与中国建设小康社会、马“十一五计划”与中国“十三五规划”等框架下实现早期收获与远景规划的长效协调，并用好两国政府近年来推出的一系列优惠政策。同时，继续深化两国在互联互通、基础设施、经

① 《“一带一路”国际合作高峰论坛成果清单（全文）》，http://www.beltandroadforum.org/n100/2017/0516/c24－422.html。

贸投资、装备制造、工业与自贸园区、货币债券、伊斯兰金融、房地产等领域的合作①，以夯实两国关系以及地区未来发展的长远基础。为此，两国还可以考虑商签双边自贸协议从而对两国经贸发展作出更适合双方国情的细致化安排。

而在中国 - 东盟框架下，两国则主要可以考虑把着眼点放在包括中国 - 东盟自贸区升级版、区域全面经济伙伴关系框架协议、中国 - 东盟信息港、中国 - 东盟互联互通等在内的区域与次区域合作及其机制安排上。同时，两国也应考虑用好中国 - 东盟投资合作基金、海上合作基金和中国政府设立的亚洲区域合作专项资金、丝路基金以及亚投行等相关机制与平台。

（三）集合人文优势，在马合力打造东南亚华文、留学与高等教育中心及“海丝”旅游、文化传播与展示中心

关于华文教育，自 1819 年槟榔屿开办首所华文学校以来，马现已建有华文小学 1294 所，华文独中 61 所，华文大专院校 3 所。除此之外，马还有 153 所国民小学设有华文课程，78 所国民改制型中学设有华文必修课程，24 所寄宿中学向马来学生提供华文课程，16 所师范学院设有中小学中文教师培训课程，而马来亚大学等还设有中文系，并同时设有中国问题研究所和孔子学院。② 同时，不仅是华文，由于特殊的国情和特定的历史原因，马除将马来文作为国文推广教学外，其英文教育和泰米尔文教育也同样发达，并在国民教育系统内外还设有伊斯兰宗教教育。另外，其国内公立、私立大学并立，还有众多的世界名校在马建立分校，并合作开设各种双联课程。据统计，目前马有 600 多所与国外大学建立联系项目的私立院校和 10 所国外知名大学的分校，还有 1 所国际穆斯林大学。③ 当前，在“2020 宏愿”下，马

---

① 《第 11 个马来西亚计划或上马总额达 1500 亿马币的发展项目》，http：//www.mofcom.gov.cn/article/i/jyjl/j/201505/20150500979987.shtml。

② 张继焦：《马来西亚华文教育：华人社团和企业家的重要作用》，《民族教育研究》2015 年第 6 期，第 127 页。

③ 刘佳龙：《马来西亚国际合作办学发展探析》，《闽西职业技术学院学报》2013 年第 2 期，第 54 ~ 57 页。

政府的目标是建设“具有世界教育水平的国际教育中心”。

因此，在这一背景下我们可以明显看到，马既可以成为东南亚的华文教育中心和以华文作为教学语言的亚太各国学生留学欧美的桥梁，同时也可以成为欧美、东南亚、南亚等以英文作为教学语言的学生留学中国的桥梁，同时还可以成为中国与广大伊斯兰国家进行伊斯兰教育交流的桥梁。正是在这一背景下，近年来两国之间有了更多的教育交流与合作。[①] 未来两国应继续加强在这方面的合作，并在华文教师培训、双联学位、留学生交换、奖学金提供等方面加强交流。而在机制搭建上，两国则可以考虑建立教育部长会晤机制[②]，并继续做好厦门大学马来西亚分校、马孔子学院和中国文化中心建设以及中马华文传媒合作、中国－东盟教育合作等。

同时，由于马有30多个民族，多民族在长期往来中既相互交融又保持着各自的差异，多民族共存和多元文化共生使马在“海上丝绸之路”国家中具有独特的文化优势。因此在此基础上，两国还可以考虑依托马六甲和乔治城两大世界文化遗产，在马共同打造东南亚“海丝”旅游和“海丝”文化展示与传播中心，并合作开展国际游轮和生态旅游业务，在未来向中南半岛和东南亚扩展，助力马集文教、经贸和交通枢纽功能于一身，在新的时代背景下真正成为东南亚的十字路口和区域合作核心。

（四）集新马泰之整体优势，打造中－新马泰或中国－马来半岛次区域合作机制

当前，在已有的中新经济走廊、中国－中南半岛经济走廊等的基础上，鉴于新马泰、马来半岛的核心地理位置及其对于泛亚高铁、克拉运河开通等的重要作用，因此可以考虑打造中－新马泰或中国－马来半岛次区域合作机制，以此把一直以来的新马泰由一个在中国人民心目中的旅游目的地变为一

---

① 《中马联推“一带一路”奖学金　优质国际大学待招》，http：//news. gxnews. com. cn/staticpages/20160528/newgx57497184－14902999. shtml。

② 王喜娟：《中国－马来西亚高等教育合作路径探析》，《继续教育研究》2014年第11期，第144页。

个由诸多公司企业参与其中的南通大洋洲，西通印度洋，北通东北亚，东连印尼、菲律宾、南太平洋诸岛国的新时期海上丝绸之路的核心枢纽，并与起于中国四川、重庆等西南腹地的西南丝绸之路和陆上丝绸之路经新疆南下印度、孟加拉国等国的丝绸之路经济带南线相连。

此外，马也是环印度洋区域合作联盟的成员国，因此可以考虑两国在印度洋区域的合作，以与中缅油气管道、斯里兰卡科伦坡港口城、汉班托塔港、中巴经济走廊等形成掎角之势，相互依托。新马泰濒临印度洋、锁控马六甲，设想已久的克拉运河开通潜力巨大，中－新马泰或中国－马来半岛次区域合作机制的布局与打造将实现中国与马来半岛的东西互济、南北联通，有利于中马两国通过南海与印度洋区域的互联互通及商贸与人文往来，以及东亚、“印太”区域的和平、稳定与发展。新马泰的经济总量在东盟十国中位居前列，三国与中国经贸往来密切，地缘优势明显，而三国关系以及三国与中国之间的关系多年来也一直保持友好稳定，四国相互之间不存在重大利益冲突，这些都为这一次区域合作机制的打造奠定了坚实的历史基础。

B.6 中国对东盟投资的贸易便利化影响研究

郑燕霞

摘　要：随着中国与东盟国家经贸合作的日益深化，尤其是21世纪海上丝绸之路对外开放战略的提出，中国与东盟国家的区域经济合作迎来新局面。东盟是中国对外直接投资的重要目的地，中国外商直接投资对双方贸易发展的影响，尤其是对东盟国家贸易便利化水平提升的影响问题逐渐为学者所关注。本文运用2008~2014年东盟8国的样本数据实证检验了中国外商直接投资影响海上丝绸之路沿线国贸易便利化发展的实际效果，结果显示，与其他国家的外商直接投资不同，中国外商直接投资有利于东盟国家贸易便利化水平的提升。值得注意的是，经验研究结果显示基础设施建设是东盟国家贸易便利化发展的重要制约因素。

关键词：中国外商直接投资　贸易便利化　东盟国家

一　引言

自2003年中国与东盟国家建立战略伙伴关系以来，二者的双边关系进入新的黄金十年，贸易、投资、金融合作与人文交流的发展一直保持良好势头。2015年中国与东盟国家的双边贸易额高达4721.6亿美元，比1991年的79.6亿美元提高了58倍以上，年均增长18.5%。2015年中国对东盟十国的投资流量和存量分别为146.04亿美元和627.16亿美元，截至2015年年底，中国对东盟国家进行直接投资的企业有3600多家。在中国与东盟国家经贸合作日益深化的背景下，21世纪海上丝绸之路对外开放战略的提出，将促使双方区域经贸合作迎来新局面。

设施联通、贸易畅通与资金融通是21世纪海上丝绸之路的重要目标，贸易自由化和贸易便利化则是海上丝绸之路的核心点和着力点，其中，贸易便利化是贸易畅通的内在要求，对外直接投资是设施联通与资金融通的重要资金来源。如何全面推进贸易便利化发展是21世纪海上丝绸之路战略发展的关键之一，而东盟作为中国对外开放战略的重要战略伙伴，中国与其成员国经贸合作的发展深刻影响着21世纪海上丝绸之路战略目标的实现。并且，东盟是中国对外直接投资的重要目的地，中国外商直接投资是否有利于东盟国家贸易便利化发展，有利于中国和东盟国家的设施联通与贸易畅通，以及进一步的资金融通，从而为中国与东盟国家开展更大范围、更高水平、更深层次的区域合作提供重要支撑值得研究。

二　外商直接投资对东盟基础设施投资现状和东盟贸易便利化发展的影响

（一）外商直接投资对东盟基础设施投资现状的影响

作为公共服务系统，基础设施是一国经济社会发展的物质基础。基础设施的互联互通促进商品、服务和人员的自由流动，对促进贸易与投资、经济增长及改善贫穷具有重要作用。目前东盟国家基础设施建设水平整体接近世界平均水平，但仍滞后于亚洲平均水平，更是落后于发达经济体，除新加坡和马来西亚外，其他国家基础设施建设均严重滞后，成为制约经济发展的重要因素（如表1所示）。

表1　2015～2016年东盟国家基础设施建设综合指标

国　家	所处阶段	GCI 综合指数	GCI 基础设施指标
新加坡	创新驱动	5.68	6.49
马来西亚	效率转向创新	5.23	5.51
泰国	效率驱动	4.64	4.62
印度尼西亚	效率驱动	4.52	4.19
菲律宾	要素转向效率	4.39	3.44
越南	要素驱动	4.30	3.84
老挝	要素驱动	4.00	3.23
柬埔寨	要素驱动	3.94	3.19
缅甸	要素驱动	3.32	2.92
文莱	—	—	—

注：—表示数据不可得。

数据来源：世界经济论坛《全球竞争力报告（2015～2016年）》。

1. 东盟基础设施投资需求高涨

为推动本国经济增长和区域一体化的发展，加大国内和区域基础设施的投资力度并加快改造升级的速度已成为东盟国家的重要发展战略。2009年10月，第15届东盟首脑会议的主题为“增强互联互通，赋予人民权利”，东盟成员国将实现互联互通作为重要战略目标，并为此制定了包括《2011～2015年东盟交通战略计划》《2011～2015年东盟信息通信技术总体规划》等在内的一系列相关规划和协议，2010年10月，第17届东盟首脑会议通过了《东盟互联互通总体规划》。并且，东盟各国也纷纷制定本国基础设施发展计划：文莱正在编制全面的国土运输综合计划；印尼政府正式颁布了《印度尼西亚加速和扩张经济发展2011～2025总体规划》，制定了“六大经济走廊”的发展战略，确立了到2025年总投资额超过4000亿美元的基础设施建设项目；2012年，越南通过《建设基础设施配套体系，使越南到2020年基本成为迈向现代化的工业国》的决议，提出将集中发展交通、电力供应、水利及应对气候变化、城市建设等10个重点基础设施领域；2013年，泰国政府批准了一项未来7年的700亿美元的基础设施预算，城区联通、轨道联通、机场升级、海港扩建、公路拓展成为五大重点领域；缅甸在2013～

2014年建成10座发电厂后，为满足未来的需要，计划再建设87座发电厂，缅甸和泰国两国计划共同建设一个耗资500亿美元的工业和物流中心，这个中心将促进两国与印度次大陆的联系；2015年，马来西亚开始实施第十一个马来西亚计划，该项计划包含为促进经济增长而需要实施的重要基础设施项目，包括建设大众快速运输（MRT）和轻轨铁路线；菲律宾宣布要在2020年前建成23座新火电站的计划；新加坡正在计划拓展其城市铁路系统，一条耗资135亿美元的地铁线将于2019年开工建设。

实现基础设施投资规划需要巨额的资金投入，根据联合国贸发会估计，2015~2025年间，东盟内基础设施建设每年仅在电力、运输、通信、供水及清洁这些领域的投资需求就高达1100亿美元，其中电力（生产、运输和分配）380亿美元，运输（公路、铁路、港口和航空港）550亿美元，通信92亿美元，供水及清洁78亿美元，这些估计还不包括跨境地区连接项目的投资需求。亚洲开发银行、麦肯锡等组织估算，每年东盟基础设施的投资需求范围在600~1500亿美元（如表2所示）。其中，印度尼西亚、马来西亚、泰国、柬埔寨、菲律宾年投资需求超过100亿美元，印度尼西亚作为东盟面积最大同时也是人口最多的国家，基础设施投资需求量最大，年投资需求高

表2　2015~2025年东盟基础设施投资需求估计

单位：十亿美元

	ADB-ADBI（2009）	McKinsey Global Institute（2013）	Bhattacharyay et al.（2012）	Goldman Sachs（2013）	UNCTAD
投资额	60	133	100	69	110
行业	电力、交通、通信、水供应及清洁	电力、交通、通信、水供应及清洁	电力、交通、通信、水供应及清洁	电力、交通	电力、交通、通信、水供应及清洁
时间	2010~2020	2013~2030	2010~2030	2013~2030	2015~2025
国家	东盟国家（除文莱、新加坡）	东盟国家	东盟国家（除文莱、新加坡）	印度尼西亚、马来西亚、菲律宾、越南	东盟国家

数据来源：《ASEAN Investment Report 2015（Infrastructure Investment and Connectivity）》。

达409.37亿美元；菲律宾、越南和老挝基础设施水平落后，其基础设施投资总额占GDP比例分别仅有5.39%、7.57%和13.2%。东盟各国的投资需求主要集中于交通运输和电力两个领域，其中老挝的交通基础设施投资在GDP占比超过10%，马来西亚电力基础设施投资占GDP比重为4.42%（如表3所示）。

表3 东盟国家2010~2020年基础设施投资需求

单位：亿美元，%

国家	预计投资需求	新建设施占比	维护已有设施占比	年投资需求	人均投资需求(美元)	投资的GDP占比			
						交通运输	电力	通信	总额
新加坡	—	—	—	—	—	—	—	—	—
马来西亚	1880.84	79	21	170.99	6962	1.94	4.42	0.27	6.63
泰国	1729.07	72	28	157.19	2566	0.58	3.69	0.45	4.72
印度尼西亚	4503.04	70	30	409.37	1981	3.88	0.98	0.97	5.83
菲律宾	1271.22	53	47	115.57	14077	2.3	1.87	1.22	5.39
越南	1097.61	53	47	99.78	1273	2.07	3.12	2.38	7.57
老挝	113.75	56	44	10.34	1833	10.62	0	2.4	13.02
缅甸	216.98	56	44	19.73	438	2.7	0	1.46	4.16
文莱	—	—	—	—	—	—	—	—	—
柬埔寨	133.64	51	49	121.15	918	4.43	0.95	2.97	8.35
区域性合作	283.83	—	—	—	—	—	—	—	—
合计	11229.98	—	—	—	—	—	—	—	—

注：—表示数据不可得。

数据来源：亚洲开发银行《Infrastructure for Asian Connectivity》。

2. 外商直接投资是东盟基础设施建设的重要来源

随着投资环境不断改善，东盟已成为全球外商直接投资（FDI）流向的主要目的地之一，2015年，东盟吸引外资总额达1200亿美元，占外资对全球发展中经济体投资总额的16%。制造业、金融、基础设施是外商直接投资主要流向的行业。一方面，从总体上看，2012~2014年基础设施行业吸收的外商直接投资占总投资规模的比重为12%~15%。其中，交通运输与仓储、信息与通信是重点投资领域，2012年交通运输与仓储吸收的外商直接投资规模为31.4亿美元，信息与通信吸收的规模为20.51亿美元，2014年交通运输与仓储吸收的外商直接投资规模相比有所下降，为26.12亿美元，信息与通信吸收的规模则上升为25.47亿美元。另一方面，从国别的角度来看，马来西亚、泰国、越南基础设施行业吸收的FDI增长迅速，分别从2012年的0.13亿美元、13.58亿美元、21.27亿美元上升为2014年的16.89亿美元、26.54亿美元、25.68亿美元。

3. 中国对东盟基础设施投资现状

自中国实施鼓励企业对外投资的“走出去”战略以来，凭借地缘优势，亚洲成为中国对外直接投资首要目的地（如图1所示），2015年中国对亚洲的投资规模占中国对外投资总额的74.4%。而除中国香港，东盟地区是中国对外直接投资重要目的地，2015年中国对外直接投资存量前20的国家中，包括东盟的新加坡、印度尼西亚、老挝和缅甸。截至2015年年底，中国对亚洲的投资存量总额高达7689亿美元，占中国对外直接投资存量总额的70%，除中国香港占亚洲存量的85.4%，其余的主要分布在新加坡、老挝、缅甸、柬埔寨、印度尼西亚、印度等国家。

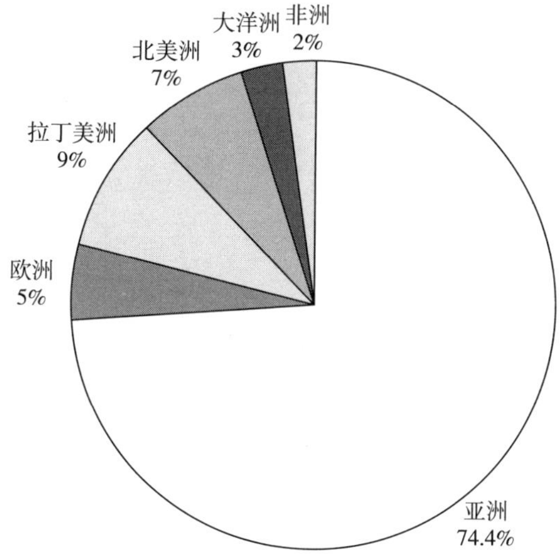

图1　2015年中国对外直接投资流量的地区分布

数据来源：《2015年度中国对外直接投资统计公报》。

（1）中国对东盟的投资增长迅速，但投资规模较小

总体上，随着中国与东盟国家双边经贸关系的发展，中国对东盟地区

的外商直接投资规模增长迅速，2015 年中国对东盟地区的外商直接投资流量规模为 146.04 亿美元，增长率为 87%，创历史最高值，占中国对亚洲投资流量的 13.5%。存量规模也从 2005 年的 12.56 亿美元上升为 2015 年的 627.16 亿美元，如图 2 所示。并且，中国对东盟的外商直接投资流量规模占东盟吸引的外商直接投资流量总规模比重从 2005 年的 0.36% 迅速增长为 2011 年的 6.32%。另一方面，中国对东盟的外商直接投资总体规模仍较小，中国对东盟的投资存量占东盟吸引的外商直接投资存量规模虽从 2005 年的 0.29% 增加至 2014 年 2.85%，但总体规模仍不足 3%，这主要是因为中国对东盟国家的投资具有很强的地域不平衡性，主要集中于经济发展较快的新加坡、印度尼西亚、老挝（如图 3 所示），截至 2015 年年底，中国对新加坡的投资存量高达 319.85 亿美元，占中国对东盟投资存量总额的 51%。

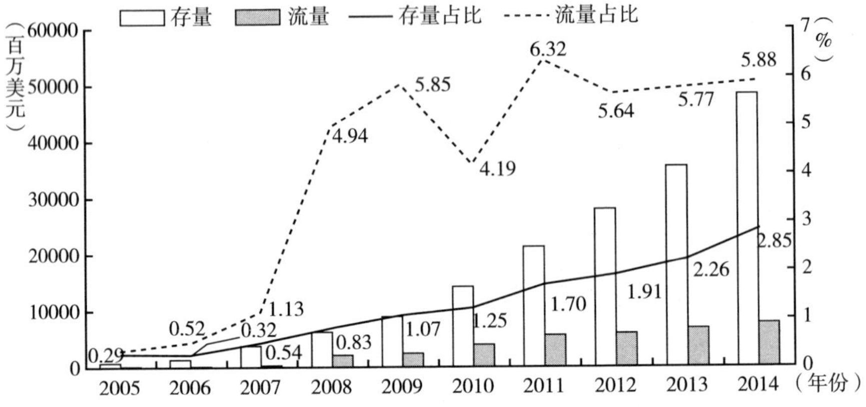

图 2　2005 ~ 2014 年中国对东盟外商直接投资的流量与存量规模

数据来源：《2014 年度中国对外直接投资统计公报》。

（2）制造业、基础设施行业是中国对东盟直接投资的重要领域

中国对东盟直接投资的行业分布广泛。一方面，从投资流量来看，中国在东盟的外商直接投资主要集中在制造业，2014 年中国对东盟的外商直接投资行业主要分布在租赁和商务服务业、制造业、批发和零售业、金融业、建筑业，占比分别为 45.7%、18.1%、11.9%、6.2%、3.9%，其中制造

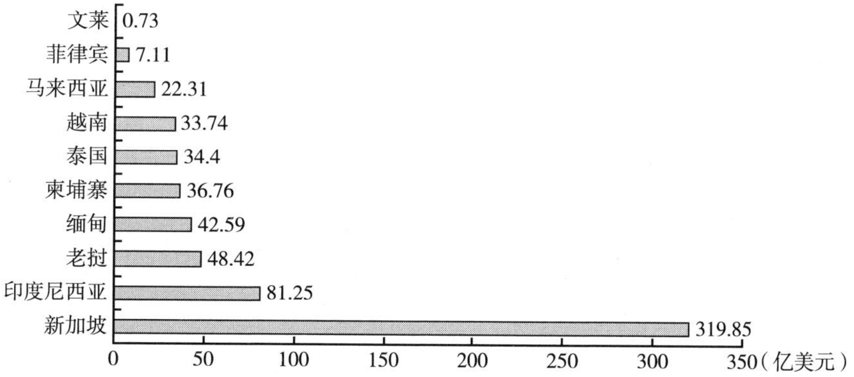

图 3　截至 2015 年年底中国对东盟各国的投资存量

数据来源：《2015 年度中国对外直接投资统计公报》。

业主要分布在印度尼西亚、新加坡、泰国。电力、热力、燃气及水产和供应业等基础设施行业的投资流量为 31.08 亿美元，占比为 2.1%。另一方面，从投资存量来看，截至 2014 年年底，电力、热力、燃气及水产和供应业是中国对东盟直接投资主要行业，存量规模高达 78.66 亿美元，占比为 12.5%，主要分布在新加坡、缅甸、柬埔寨、印度尼西亚和老挝等国家。值得注意的是，制造业是中国对东盟投资最多的行业，2014 年投资规模高达上亿美元的国家分别为越南（14.03 亿美元）、泰国（10.35 亿美元）、印度尼西亚（9.85 亿美元）、新加坡（7.41 亿美元）、柬埔寨（7.01 亿美元）、马来西亚（5.42 亿美元）、老挝（4.42 亿美元）、菲律宾（1.47 亿美元）、缅甸（1.29 亿美元）。此外，2015 年中国对东盟国家交通运输、仓储等基础设施行业的投资存量高达 17.83 亿美元，占比为 2.8%，主要分布在新加坡、泰国等国家。

另外，近年来，中国与东盟各国在承包工程领域的合作发展迅速，中国企业在东盟国家成功投资和完成了诸多大型工程项目，涉及电力、大坝、桥梁等项目。2010 年中国设立中国 - 东盟投资合作基金，基金总额为 100 亿美元，交通运输、电力、公共事业、电信基础设施、管道储运等基础设施领域是该基金的主要投资领域。2003 ~ 2014 年，中国对东盟各国承包完成营业额又 2003 年的 17.6 亿美元上升为 2014 年的 223.8 亿美元，年平均增长速度高达 23.1%[①]，合作领域包括交通、建筑、石化、电力、供水、电信等基础设施行业。

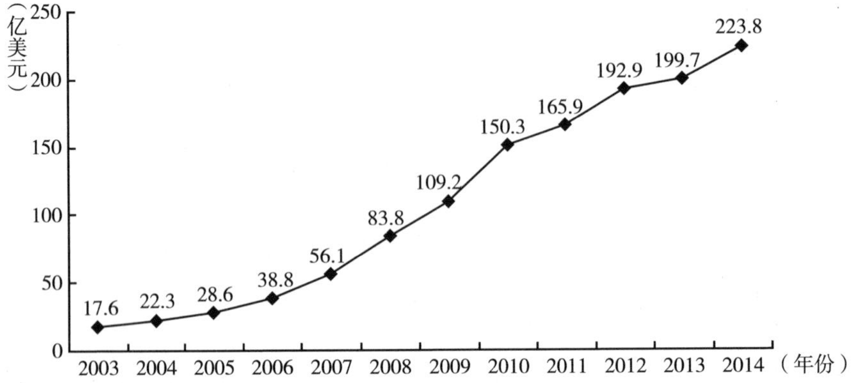

图 4　中国对东盟承包工程完成营业额

（二）东盟贸易便利化发展情况

随着区域一体化的推进，东盟各国加快了区域内互联互通的进程，各国的贸易便利化程度大大提高。第一，从东盟各国进出口所需时间来看，大多数国家都获得了不同程度的缩减，尤其是柬埔寨和老挝的表现最为突出，2008 年柬埔寨进口需要的天数为 46 天，2014 年则降低为 24 天，出口的天数 2008 年为 37 天，2009 年则降为 22 天；老挝出口所需天数也不断下降，2013 年减少了 18 天，2014 进一步下降为 23 天。但是东盟内部各国进出口所需时间差异大，新加坡的进出口所需时间最短，马来西亚次之。第二，从进出口所需文件数来看，东盟国家进行了较多的简化，泰国进出口所需的文件数目从 2008 年的 9 份降为 2014 年的 5 份；新加坡的进出口所需文件数最少，仅为 3 份，老挝需要的文件数最多，为 10 份；从 2008 年到 2014 年泰

① 《中国与东盟携手建设“一带一路”》，http：//news.hexun.com/2015 - 09 - 30/179584839.html。

国、马来西亚和柬埔寨出口所需的文件数分别减少了 2 份、3 份、3 份①。第三，从制度环境来看，新加坡的政府政策透明度最高，缅甸的政策透明度最低，其他东盟国家的政策透明度则处于中等水平。第四，从互联网的普及情况来看，使用互联网人数最多的是新加坡，2014 年每百人中使用互联网的人数为 73 人，缅甸最少，仅为 1.2 人。

表 6　2014 年东盟贸易便利化发展

国　家	进口所需天数	出口所需天数	进口所需文件数	出口所需文件数	港口设施质量	政府政策透明度	每百人中互联网使用人数
新加坡	4	6	3	3	6.7	6.1	73
马来西亚	8	11	4	4	5.6	5.2	66.97
文莱	15	15	5	5	4.7	4.2	60
泰国	13	14	5	5	4.5	3.7	28.9
印度尼西亚	26	17	8	4	4	4.2	15.8
菲律宾	15	15	7	6	3.5	3.8	37
柬埔寨	24	22	9	8	3.6	3.2	6
越南	21	21	8	5	3.7	3.5	43.9
缅甸	22	20	8	8	2.6	2.9	1.2
老挝	26	23	10	10	2.6	3.5	12.5

数据来源：世界银行发展数据库。

三　中国外商直接投资对东盟贸易便利化影响的经验研究

随着中国和东盟经贸关系的日益深化，加快推进双方经济要素有序、自由流动，提高资源配置效率，促进市场的深度融合，已经成为中国和东盟国家进一步深化关系的战略需要。贸易与投资是国家间经贸合作的关键点，把贸易和投资有机结合起来，以投资带动贸易发展，是扩大经贸合作广度和深

① 数据来源：世界银行发展数据库。

度的重要内容。当前，中国和东盟国家都致力于“一带一路”建设，双方战略伙伴关系不断取得新进展，中国在“一带一路”战略中提出的设施联通目标与东盟国家互联互通战略高度契合，基础设施建设成为挖掘中国与东盟国家合作潜力的重要行业，而除新加坡和马来西亚，其余东盟各国的基础设施建设落后，是制约他们贸易便利化发展的重要影响因素，那么中国外商直接投资在参与东盟国家基础设施建设的过程中，是否有利于它们贸易便利化的发展？本文尝试使用经验研究对这一问题进行探讨。

（一）模型与数据

1. 模型的设定

本文运用引力模型分析中国外商直接投资与东盟各国贸易便利化发展的关系，具体模型如下：

$$\ln(TFP_{it}) = \alpha + \beta\ln(CFDI_{it}) + X_{\varphi} + \lambda_t + \mu_i + \varepsilon_{it} \tag{1}$$

其中，$\ln(TFP_{it})$ 表示国家 i 在 t 年贸易便利化指数的自然对数；$\ln(CFDI_{it})$ 为国家 i 在 t 年吸收的中国外商直接投资规模的自然对数；X_{φ} 为控制变量；λ_t表示时间固定效应；μ_i表示未观测到不随时间变化的各个国家间的个体差异；ε_{it}表示随机误差项，且 ε_{it}不存在自相关。

2. 变量的选取与数据来源

（1）被解释变量

贸易便利化的发展目标是通过互联互通、增强透明度和简化程序，减少贸易障碍，促进贸易自由化发展，本文借鉴 Wilson et al.（2003）构建贸易便利化指标体系的内在思想，对东盟国际贸易便利化水平进行评估。本文将制度环境、基础设施、海关环境和电子商务作为指标测评的一级指标，每个一级指标包含一个或多个二级指标（如表 7 所示），并将二级指标进行指数化处理，即将各个二级指标的原始数据除以该指标所能获取的最大值，使得指标具有可比性。具体指数化公式为：

$$Y_i = X_i/Y_{\max} \tag{2}$$

其中，Y_i表示指标指数化后数值，X_i表示指标原始数值，X_{max}为该指标所能取得最大值。并对指数化后的二级指标进行算数平均得到一级指标，再对一级指标进行算数平均得到贸易便利化指数（*TFI*），具体评估结果如表 8 所示。贸易便利化指数的原始数据来源于 2008 ~ 2014 年全球竞争力报告的相关数据。

表 7　贸易便利化水平的测评指标体系

一级指标	二级指标	取值范围
制度环境	政府政策透明度	1 ~ 7(1 表示很封闭;7 表示非常透明)
	政府部门效率	1 ~ 7(1 表示效率非常低;7 表示效率非常高)
基础设施	公路设施质量	1 ~ 7(1 表示非常不完善且质量很差;7 表示非常完善且已达到国际高效水平)
	港口设施质量	1 ~ 7(1 表示非常不完善且质量很差;7 表示非常完善且已达到国际高效水平)
基础设施	航空设施质量	1 ~ 7(1 表示非常不完善且质量很差;7 表示非常完善且已达到国际高效水平)
海关环境	海关程序负担	1 ~ 7(1 表示非常繁琐;7 表示非常简洁)
	贸易壁垒盛行度	1 ~ 7(1 表示强烈限制;7 表示不限制)
电子商务	每百人互联网使用人数	0 ~ 100(0 表示没有人使用互联网;100 表示所有人都使用互联网)

表 8　东盟各国贸易便利化指数

国家	文莱	柬埔寨	马来西亚	新加坡	泰国	越南	菲律宾	印度尼西亚
2008	0.60	0.36	0.70	0.84	0.51	0.42	0.37	0.41
2009	0.63	0.39	0.68	0.87	0.54	0.45	0.35	0.45
2010	0.62	0.39	0.67	0.87	0.50	0.43	0.40	0.41
2011	0.64	0.40	0.68	0.88	0.50	0.44	0.43	0.43
2012	0.66	0.38	0.70	0.86	0.51	0.46	0.46	0.45
2013	0.64	0.36	0.71	0.83	0.51	0.48	0.48	0.46
2014	0.63	0.38	0.74	0.84	0.53	0.50	0.49	0.48

（2）解释变量

关键解释变量是中国对东盟各国外商直接投资人均存量（变量 CFDI），

并使用非洲东道国消费者价格指数（CPI）对存量数据进行调整，以剔除价格的影响因素。变量数据主要来源于联合国贸发会议数据库（UNCATD）和中国经济数据库（CEIC）。

（3）控制变量

本文选取的控制变量包括除中国以外的外商直接投资（OTFDI：东盟国家吸收来自中国以外的外商直接投资人均存量）；政治环境（INST：东盟国家政治稳定性）；基础设施（INFRA：东盟国家每百人手机用户）；经济发展潜力（RGDPP：东盟国家实际人均收入）；政府干预（GOV：东盟国家政府支出占GDP比重）；对外开放水平（OPEN：东盟国家进出口总额占GDP比重），数据主要来源于联合国贸易与发展会议数据库、世界银行发展数据库、世界银行政府治理数据库。具体如表9所示。

表9　变量选取与数据来源

变量	变量描述	时间区间	数据来源
TFI	贸易便利化指数	2008～2014	历年全球竞争力报告
CFDI	中国对东道国外商直接投资人均存量	2008～2014	中国经济数据库(CEIC)
OTFDI	东道国吸收的外资中国以外的外商直接投资人均存量	2008～2014	联合国贸易与发展会议数据库
INST	东道国政治稳定性	2008～2014	世界银行政府治理数据库
INFRA	东道国每百人手机用户	2008～2014	世界银行发展数据库
RGDPP	东道国实际人均收入	2008～2014	联合国贸易与发展会议数据库
GOV	东道国政府支出占GDP比重	2008～2014	世界银行发展数据库
OPEN	东道国进出口总额占GDP比重	2008～2014	世界银行发展数据库

3. 变量的描述性统计

鉴于数据的可获得性和可比较性，本文选取8个东盟国家（文莱、柬埔寨、印度尼西亚、马来西亚、菲律宾、新加坡、泰国、越南）2008～2014年的相关数据，表10给出了各变量的描述性统计结果，从中可以看出，其他外商直接投资（OTFDI）、基础设施（INFRA）、经济发展潜力（RGDPP）在各东盟国家之间具有显著的差异。

表 10　各变量的描述性统计

变量	观测值	均值	标准差	最小值	最大值
TFI	56	0. 550	0. 157	0. 3500	0. 880
CFDI	56	0. 231	0. 587	0. 0008	2. 919
OTFDI	56	15. 887	36. 286	0. 0560	126. 124
INST	56	-0. 119	0. 946	-1. 7730	1. 363
INFRA	56	113. 753	28. 243	30. 3930	155. 922
RGDPP	56	9173. 742	12159. 640	580. 0240	36373. 550
GOV	56	0. 112	0. 046	0. 0550	0. 233
OPEN	56	1. 456	0. 955	0. 4550	4. 396

此外，我们可以从中国外商直接投资和东盟国家贸易便利化指数的散点拟合图中直观地看出，中国外商直接投资与东盟国家贸易便利化呈正相关，因此可以初步判断中国外商直接投资对东盟国家贸易便利化的发展具有积极的促进作用（如图 4 所示）。

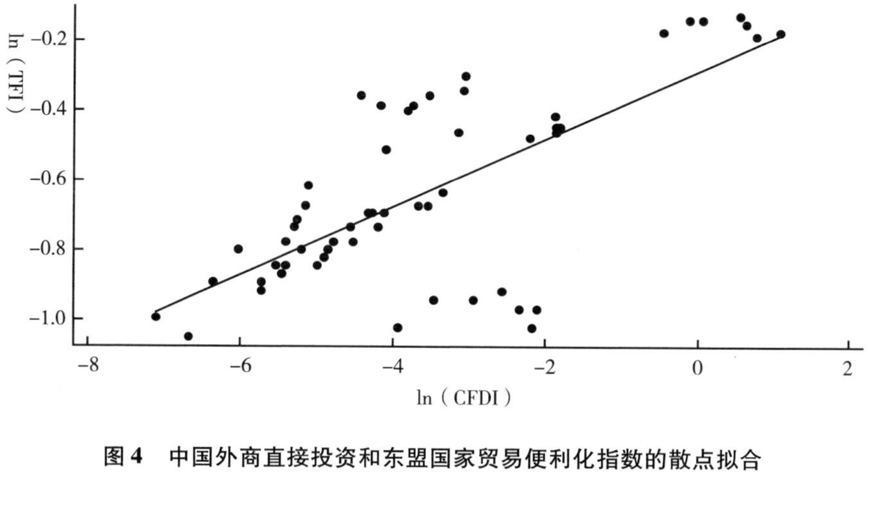

图 4　中国外商直接投资和东盟国家贸易便利化指数的散点拟合

（二）经验研究结果与讨论

鉴于模型的样本量较小，考虑到模型在回归过程中可能出现内生性问题，本文使用固定效应模型进行回归。并使用逐步引入控制变量的方法检验中国外商直接投资和东盟国家贸易便利化发展关系的稳定性。

根据表 11 的估计结果，本文特别关注变量中国外商直接投资（CFDI）对被解释变量东盟各国贸易便利化指数的影响，在基准模型（1）中的估计系数为 0.047，并达到了 10% 的显著性水平，这一估计结果与描述性统计分析中散点图拟合结果相一致，这表明中国外商直接投资与东盟各国贸易便利化的发展呈正相关，即中国外商直接投资有益于东盟国家贸易便利化水平的提升。并且，二者的关系在逐步引入控制变量回归中，即模型（2）至模型（7）中仍旧呈显著正相关，且在引入所有控制变量的模型（7）中，变量 CFDI 的回归系数为 0.042，在 10% 的统计水平上显著，这表明中国对东盟

表 11　中国外商直接投资与东盟贸易便利化发展的估计结果

变量	Ln(TFI)						
	(1)	(2)	(3)	(4)	(5)	(6)	(7)
ln(CFDI)	0.047* (0.022)	0.029* (0.017)	0.038** (0.013)	0.054** (0.021)	0.044* (0.020)	0.044* (0.021)	0.042* (0.021)
INST		0.115 (0.084)	0.126 (0.087)	0.142 (0.087)	0.117 (0.078)	0.117 (0.081)	0.118 (0.082)
ln(OTFDI)			-0.042*** (0.008)	-0.036*** (0.009)	-0.043*** (0.010)	-0.044*** (0.009)	-0.044*** (0.010)
INFRA				-0.001 (0.0001)	-0.002* (0.0008)	-0.002* (0.0008)	-0.002** (0.0008)
ln(RGDPP)					0.421 (0.262)	0.422 (0.267)	0.421 (0.292)
GOV						0.011 (0.652)	-0.008 (0.661)
OPEN							-0.029 (0.066)
α	-0.465*** (0.079)	-0.517*** (0.046)	-0.461*** (0.049)	-3.704* (2.063)	-3.704* (2.063)	-3.709 (2.129)	-3.669 (2.323)
R^2	0.500	0.553	0.418	0.446	0.805	0.806	0.792
F	4.52	3.68	10.01	7.84	10.12	68.47	130.59
N	56	56	56	56	56	56	56

注：上标 ***、**、* 分别代表 1%、5%、10% 水平统计显著，括号内为标准差。

国家的外商直接投资人均存量每增加1%，东盟国家贸易便利化水平将提高0.042%。因此，中国外商直接投资与东盟各国贸易便利化发展关系的估计结果进一步验证了中国外商直接投资对东盟国家贸易便利化发展的正向作用，这为中国21世纪海上丝绸之路建设与东盟国家互联互通发展战略高度融合提供了有力的经验证据。

此外，表11回归结果还为我们揭示了另外一些有价值的信息。即除中国以外的外商直接投资对东盟各国贸易便利化的发展并未发挥积极的作用，与东盟各国贸易便利化指数呈负相关。并且，东盟的基础设施水平与其贸易便利化发展呈负相关，这进一步揭示了东盟各国加快基础设施建设的紧迫性，加快推进东盟互联互通建设的重要性，以及加大吸引包括中国在内的外商直接投资参与东盟基础设施建设的积极意义。

四 简要结论与政策建议

当前，中国与东盟合作已进入“钻石十年”以及中国与东盟战略伙伴关系的第二个十年，双方的经贸关系进入全方位、多领域、深层次发展的新阶段。21世纪海上丝绸之路是新时期中国“一带一路”倡议的重要组成部分，设施联通、贸易畅通与资金融通是21世纪海上丝绸之路的重要目标，基础设施互联互通是“一带一路”建设的优先领域，资金融通是“一带一路”建设的重要支撑。东盟成员国作为21世纪海上丝绸之路的重要沿线国，其参与“一带一路”建设的意义重大。在新的历史背景下，对接东盟国家互联互通战略，必须牢牢把握“21世纪海上丝绸之路”战略提供的机遇和便利条件，拓宽基础设施投资合作领域，促进贸易便利化发展，实现双方经贸合作的深层次发展。

基于中国对东盟各国的投资现状与东盟地区贸易便利化的发展情况，本文选取8个东盟国家2008~2014年的数据实证分析了中国外商直接投资与东盟国家贸易便利化的发展关系，估计结果显示中国外商直接投资有益于东盟国家贸易便利化水平的提升，这表明近年来中国对东盟地区的投资，尤其是中国在东盟国家交通运输、电力、公共事业、电信基础设施、管道储运等基础设施领域的投资，对于大多数基础设施落后的东盟国家来说，是有利于提升自身贸易便利化水平的。这也进一步验证了中国21世纪海上丝绸之路建设与东盟国家互联互通发展战略是高度契合的。因此，中国与东盟国家在积极参与21世纪海上丝绸之路建设的过程中，要进一步挖掘双方在基础设施与商业环境建设领域的合作。

第一，东盟国家应充分抓住中国企业积极“走出去”的战略机遇，发挥中国“一带一路”丝路基金与亚洲基础设施投资银行的融资作用，并充分利用PPP、BOT等合作方式，吸引外商直接投资进入基础设施建设领域，弥补建设资金缺口，有效推进区域内基础设施的建设与完善。

第二，中国与东盟国家应积极开展商业环境建设合作，加大对金融、通信等服务业的投资合作，改善双方经贸合作的商业环境，并促进贸易便利化发展，这将对中国与东盟国家经贸关系快速发展产生深远影响，并有益于促进中国－东盟区域一体化进程的推进，促使双方最终实现互利共赢。

第三，拓宽中国与东盟基础设施合作的领域，推进在海上基础设施项目的合作。目前，中国与东盟在交通、能源、通信等基础设施的合作主要位于东盟内陆，海上基础设施合作项目较少，中国国务委员杨洁篪在博鳌亚洲论坛2015年年会“共建21世纪海上丝绸之路分论坛暨中国东盟海洋合作年启动仪式”上强调，“一带一路”建设与中国“亲、诚、惠、容”的周边外交理念是一致的，“21世纪海上丝绸之路”不是任何国家的地缘政治工具，而是所有国家的公共产品。这一表述有利于中国与东盟国家增信释疑，加强海上合作，发展海洋合作伙伴关系。中国与东盟基础设施建设合作应从传统的公路、铁路、内河桥梁、航道、水电站、陆上通信网络建设，向海港码头、海上航道、核电站、海上通信合作扩展，推动中国与东盟国家在海上低敏感领域的务实合作，在南海主权争端解决之前，增进中国与部分南海主权申索国在南海方向的政治互信，共同维护南海和平稳定与海上航道安全，并在此基础上逐步探索推进海上联合油气开发等高敏感领域的合作。

此外，中国企业在加快对东盟地区基础设施投资的过程中，要加强基础设施投资风险防范。基础设施投资周期长、投资规模大，是高风险投资领域，存在投资回报的不确定性的商业性风险，以及宗教、制度等非经济因素带来的政治风险。中国企业应强化对东盟投资的风险意识，重视对基础设施投资所涉及的经济及非经济因素进行研究和评估，防范投资风险。

参考文献

Moïsé E, Sorescu S. “Trade Facilitation Indicators: The Potential Impact of Trade Facilitation on Developing Countries' Trade,” OECD Publishing (2013).

Portugal-Perez A, Wilson J S. “Export performance and trade facilitation reform: Hard and soft infrastructure,” World Development (2012).

Wilson J S, Mann C L, Otsuki T. “Trade facilitation and economic development: A new approach to quantifying the impact,” The World Bank Economic Review (2003).

Wilson J S, Mann C L, Otsuki T. “Assessing the benefits of trade facilitation: A global perspective,” The World Economy (2005).

郭宏宇、竺彩华：《中国 - 东盟基础设施互联互通建设面临的问题与对策》，《国际经济合作》2014 年第 8 期。

李荣林、胡杨、张英涛：《FDI 促进了东亚区域经济一体化吗?》，《亚太经济》2014 年第 2 期。

阮思阳、黎冬凌、李宇薇、章颖：《中国 - 东盟贸易便利化实证研究》，《东南亚纵横》2015 年第 8 期。

王峰、罗志鹏：《东盟基础设施的潜在需求及中国的投资对策》，《深圳大学学报》（人文社会科学版）2012 年第 29 期。

王勤、李南：《东盟互联互通战略及其实施成效》，《亚太经济》2014 年第 2 期。

谢娟娟、岳静：《贸易便利化对中国—东盟贸易影响的实证分析》，《世界经济研究》2011 年第 8 期。

张晓静、李梁：《“一带一路”与中国出口贸易：基于贸易便利化视角》，《亚太经济》2015 年第 3 期。

曾鸣：《“一带一路”战略下看中国与东南亚电力合作》，《中国电力企业管理（综合）》2015年第12期。

周岩、陈淑梅：《21世纪海上丝绸之路贸易自由便利化的经济效应分析》，《亚太经济》2016年第1期。

钟书琰：《“21世纪海上丝绸之路”背景下中国对东盟基础设施投资研究》，《东南亚纵横》2015年第4期。

南亚、西亚及其他地区篇

B.7

中国重建海上丝绸之路、连接古航线缺失节点之倡议中斯里兰卡的角色及任务

C. Krishan M. Deheragoda*

摘　要： 两国之间双边经贸关系的开始，可以追溯到1952年签署的《米胶协议》。从那以后，斯里兰卡和中国坚持平等相待、相互尊重的原则，保持着高度的合作，为两国人民带来了实实在在的好处。近年来，中国人民和政府始终走在援助斯里兰卡的前列，尤其是对斯里兰卡战后重建与发展的援助。如今正是支持中国提出的“21世纪海上丝绸之路”计划的最佳时机，因为它能为所有合作伙伴国家和亚洲落后国家提供加入

* 斯里兰卡斯里贾亚瓦德纳普拉科特大学（University of Sri Jayewardenepura）名誉教授兼海上丝绸之路智库主席。

其中、共享繁荣的重要先决条件和平等机会，让它们能够在这个属于亚洲的世纪舞台上，以令人自豪的姿态重新登场，连接起古代海上丝路中缺失的节点，大刀阔斧地重建世界版图上的21世纪海上丝绸之路。

关键词： 海上丝绸之路 《米胶协议》 一带一路 亚洲世纪

一 从历史的角度审视斯里兰卡与海上丝路倡议

（一）早期斯中关系

斯里兰卡位于“海上丝路”倡议版图上印度洋的中心地带，自古以来一直是远东航海者们前往西方、东非、中东和地中海沿岸的必经之地，也是中世纪甚至更早时期亚欧大陆的海上军事要道中心，有着重要的战略意义。当人们发现了亭可马里（Trincomalee）——古时又称戈卡纳（Gokanna）的众多港口时曾惊叹找到了天堂，这里同这片小岛的许多其他小海湾或锚泊处一样，都是物资丰富、景美如画。

在对斯里兰卡历史上的首座都城“阿努拉德普勒（Anuradhapura）”的考古发掘中，曾出土了来自中国4000年前的珍贵文物。这些都充分证明了斯里兰卡这座小小岛屿早在几千年前便开始了与远东文明古国——中国之间的外交与贸易往来。无论是否有史书记载，斯中两国在数千年的历史长河中一直保持着良好的互动与联系。

自从公元二世纪希腊和阿拉伯水手们发现斯里兰卡以来，这里便一跃成为连接东西方海上贸易的重要枢纽和商业中心。而它与中国的联系还可追溯到更久远的时期。早在公元一世纪，便有使节应罗马国王克劳狄乌斯之诏，在王庭之上向其汇报了关于斯里兰卡和中国之间进行商业往来的情况（Bastianpillai，1959）。公元410年，东晋高僧法显在其西域求法途中造访了斯里兰卡，并在该国居住了两年。他将自己的旅行见闻记录成册以传世人，其中便有对斯里兰卡岛的描述，称之为“狮子国”（Senaveratne，1916）。法显从位于印度恒河口的德姆卢格镇（Tamluk）登船，经十四天航行后抵达斯里兰卡，后又自斯里兰卡搭乘一艘可容纳200人以上的大型商船返回中国。法显大师拥有敏锐而细致的洞察力，因此其旅居斯里兰卡期间的手稿一直是两国学者研究早期中斯关系的重要文献。

据斯里兰卡科伦坡大学已故学者Bastianpillai教授所言，公元五世纪上半叶，曾有两名斯里兰卡使臣出使中国，随行的还有八位佛教高僧。他们于公元426年抵达建康（即南京）并入宫觐见皇帝，后又有三名使臣于公元429年出访中国。公元434年，中国出现了首位受具足戒的女性出家人。我们可以合理推测，这些出访中国的斯里兰卡僧人对中国女性受戒出家起到了积极的作用，而斯里兰卡与中国的早期交流亦由此展开。这些千里跋涉的远行者中除了僧侣，还有唯利是图的商人和普通旅人，他们为实现各自的凡俗心愿远渡重洋，踏上异国的土地。

斯里兰卡保存着数千年来诸多海外游子对这片岛屿的见闻手札，其中有不少来自中国。这些记录对于斯里兰卡外交关系的重建及史实的考证极为重要，也是中斯两国自古以来便在文化、外交和商业领域有着密切往来的最好证明。中国驻斯里兰卡大使易先良先生（2017）重申并强调了“中国与斯里兰卡的传统友谊是经得起时间考验的”，并提到了公元5世纪东晋高僧法显对斯里兰卡的访问，“正是这次造访迎来了中斯两大文明古国源远流长的沟通与友谊的开端”。

（二）中世纪时期的斯中关系

这一时期的斯里兰卡和中国正处于文化繁荣、国力昌盛的好时候，而商业、文化和宗教上的不断交流发展又进一步巩固了双方的文明兴盛。早在西方的“地理大发现”和海上开拓开始之前，中国的航海者们便已通过海上丝绸之路造访过斯里兰卡。公元15世纪，大明永乐皇帝（1360～1424）宣诏派遣大批船队西下探索，这道指令一下便是三十多年，而所遣船队的数量及规模之庞大，对当时的整个世界来说都算得是前无古人。明朝始于1368年而终于1644年，永乐帝是第三位登基的皇帝。这些犹如海上宝山般的船队正是由著名的三宝太监郑和（1371～1433）所统领，其姓名的威妥玛拼音为“Ching Ho”。中国历史上，郑和率领其舰队七下西洋，从南京出发，抵达斯里兰卡、印度、阿拉伯和东非，除主舰外，每次随行舰支均为300艘，蔚为壮观。

斯里兰卡自古便与中国有着紧密的联系，而这一点在1998年的一次意外考古发现中再次得到了证明。当时，中国考古学家在福建意外发掘出多个古代家族墓碑，正是这一发现让人们首次知晓了一户以“世”字为姓的家族的存在，以及他们与斯里兰卡皇族的关系。有关这个皇室家族的故事可以追溯到明朝，当时斯里兰卡的皇太子作为大使，在郑和及其舰队的护送下，于1459年沿海上丝路前往中国。据太子后裔许世公主说（Ye，2015），皇太子原计划用两年的时间学习中华礼教，“却在旅居期间深深地爱上了泉州的山水风光，并决定从此留在中国”。从此，这一皇室家族便扎根中国的土地，至今已有19代，而许世公主（2017年满54岁）便是这一代目前在世的皇族后裔，生活在福建泉州这个中国东南沿海的美丽港口城市。福建本是古时候海上丝绸之路的起点，如今仿如命运的奇迹一般，又在这里发现了古锡兰国的皇室后裔，这一省份可说是斯里兰卡与中国因海上丝路而来的长久友谊的最好见证。

斯里兰卡历史学教授Rohanadeera指出：“据锡兰（古斯里兰卡国名）史书记载，曾有一位名叫波罗迦罗摩巴忽（Parakramabahu）的国王派遣过类似使节出访中国。”这一记录显示这位国王于1459年派遣自己的儿子“Ba Lai Na”王子东渡访华。然而在王子访华期间，国王的孙子突然造反夺取了王位，而这也成为了王子最终选择定居福建泉州的重要原因之一。王子娶了一位当地姑娘为妻，并得明朝皇帝赐姓“世”。不过，据Kirinde引述，以斯里兰卡已故考古学家S. Paranavithana博士为代表的许多历史学家均认为，第一位派遣使节出访中国的应该是贾亚瓦德纳普拉科特（Jayawardhanapura Kotte）国王波罗迦罗摩巴忽六世（1412～1467），时间是

1416 年，与 Rohanadeera 教授所说的波罗迦罗摩巴忽国王并非同一人，后者于同一历史时期在 Dedigama 执政，并于 1459 年将自己的儿子送至中国。

在十五世纪西下斯里兰卡的途中，郑和还曾遇到过一个小插曲。在他首次访问斯里兰卡时，曾遭受过不太友好的对待，并且这种不友好显然与政治有关。我们都知道，历史上明朝曾在 15 世纪早期卷入过斯里兰卡的内部政治斗争（Rohanadheera，2002）。“历史史实表明，广受尊崇的明朝郑和大将军在 1405 年首次访问锡兰国时，曾遭当时的斯里兰卡国王 Veera Alakeswara 羞辱，郑和回国后立誓必报当日受辱之仇。1408 年郑和再次登陆锡兰，俘虏了国王、王后及一众其他相关人员，押送回朝”。根据 Kirinde（2002）的记录，大明皇帝原谅了锡兰国王的冒犯，但下令褫夺其国王封号及职权，并令其选择一位“Yehi-panai-na”来治理斯里兰卡。

（三）斯中外交关系

在和平共存五项原则的指导下，主权独立的斯里兰卡共和国（1948 年成立）和新生的中华人民共和国（1949 年成立）年成立携起手来，共同推进两国友好邦交的可持续发展，为其他大小国家树立了平等、友好、互利互助的良好外交榜样。“1950 年 1 月，斯里兰卡公开宣布承认新中国的成立。1952 年，两国签署《米胶协议》，正式翻开双边经贸关系新篇章”（Weihua，2016）。

1957 年，双方正式建立外交关系。也就是说，斯里兰卡与中国的现代外交关系从建立至今已有 60 年历史。1957 年 2 月 7 日，斯里兰卡总理 S. W. R. D. 班达拉奈克（Bandaranaike）和中国总理周恩来在科伦坡共同签署了两国正式建交的官方文件，开始了携手共建双边外交与友谊的旅程。自那一天起，中国便不断为斯里兰卡提供经济、安全、政治和外交等领域援助，援助规模之大，全世界无出其右。

斯中建交 60 周年纪念日前夕，斯里兰卡总统迈特里帕拉·西里塞纳（Maithripala Sirisena）和中国国家主席习近平相互交换了对彼此的祝贺和美好的祝愿。习近平主席指出，自 60 年前两国建交以来，尽管国际风云变幻，中国与斯里兰卡之间友谊的纽带却历经时间与世事的考验，不断向着更加健康、和谐的方向发展，而他本人也十分重视两国的关系。习近平主席还表示，他十分感谢斯里兰卡对“一带一路倡议”的积极参与和支持。作为回应，西里塞纳总统强调了斯中两国的友谊是经得起时间考验的，并表示，斯里兰卡一定会坚定不移地继续维护和推进与中国的良好关系。斯里兰卡总统重申了复兴海上丝绸之路的决心，并进一步指出，“一带一路倡议”必将为斯中合作共赢创造辉煌的新纪元。他说，自60年前两国建交以来，斯中关系便一直稳固发展，两国更在不久后确立了战略合作伙伴关系（Perera，2017）。

2017年不仅是中国与斯里兰卡建交60周年，也是两国签署《米胶协议》第65周年。六十五年前，世界还笼罩在当时的超级大国之间的冷战阴霾之下。面对西方列国的强烈抗议，斯里兰卡依然坚定地与中国签署了《米胶协议》。中国驻斯里兰卡大使易先良先生（2017）在这两大盛事的庆祝活动中提道，正是这一协议的签署保护并延续了两国的长久历史友谊，再次打开了双方交流互助的大门。

Deheragoda教授（2017）认为，自建交以来的六十多年中，两国关系一直保持着积极稳定的发展势头。斯里兰卡与中国的一切合作均恪守平等互利原则，以期为两国人民创造实际利益，互惠共赢。中国一直十分重视与邻国斯里兰卡的外交关系，愿与斯里兰卡携手努力，深化各领域的互利合作，推动双边互助战略合作伙伴关系的不断发展，进一步巩固两国的珍贵友谊。易先良先生（2017）指出，“尽管国际形势风云变幻，两国政治也有诸多变动，但中国政府和人民与斯里兰卡的传统亲密友谊却始终不变。时至今日，中斯关系已经成为了国际友好外交的典范”。

近年来，斯中关系更是进入了战略合作伙伴关系的新纪元。自2009年国内冲突结束后，斯里兰卡一直致力于国家的重建与复兴，这一行动得到了中国人民及政府的大力支持，中国主动为斯里兰卡提供了大量援助。中国为斯里兰卡解决冲突后复兴所面临的各种难题所取得的重大实质成果感到欣喜，并将继续坚定不移地支持重建工作（Deheragoda，2017）。

2014年9月，中国国家主席习近平对斯里兰卡进行了一场历史性的国事访问，这是过去28年来中斯两国间的首次最高级别国事访问，翻开了中斯关系的新篇章。六个月之后的2015年3月，刚刚恢复执政的斯里兰卡总统迈特里帕拉·西里塞纳对中国进行了国事访问，进一步巩固并加深了中斯合作纽带。2016年4月和8月，斯里兰卡总理拉尼尔·维克勒马辛哈（Ranil Wickremesinghe）两次出访中国，与中方领导人就继续强化双边互利合作相关事宜达成了多项共识（易先良，2017）。

（四）中国对斯里兰卡的友好协助

中国为斯里兰卡的各方面建设提供了大量援助。过去的六十年中，中国人民陆续向斯里兰卡捐赠了许多值得纪念的珍贵礼物。1976年，象征珍贵中斯友谊的宏伟的纪念班达拉奈克国际会议大厦（BMICH）在科伦坡落成，作为中国赠送给斯里兰卡的礼物，这座会议大厦见证了1976年“不结盟运动国家首脑会议”在斯里兰卡的召开。

纪念班达拉奈克国际会议大厦（1976）是中国人民送给斯里兰卡的礼物——是两国人民友谊的见证。

除此之外的其他礼物还包括“最高法院大厦（1980）”和“莲池（Nelum Pokuna）表演艺术剧院（2011）”等，均由中国出资建造，代表着中国人民对斯里兰卡人民的无私奉献。来自中国的最近一份大礼是波隆纳鲁沃古城（Polonnaruwa）配备一流前沿医疗科技设施的“肾脏疾病医院”。同时，中方还大力协助斯里兰卡国立医院对医疗卫生领域的患者看护基础设施进行了升级。

最高法院大厦（1980）和科伦坡莲池表演艺术剧院（2011）
——象征中斯两国人民友谊的新地标。
——是两国人民亲密关系的最好象征。

（五）中国援助的大型基础设施项目

大型建设项目，包括诺罗齐科来煤炭火力发电厂（2010）、汉班托塔港一期（2010）、科伦坡南集装箱码头（2013）、A9 高速公路（2013）、马特拉·拉贾帕克萨国际机场（即汉班托塔国际机场，2013）、斯里兰卡首都机场高速公路（E03 高速公路，2014）、南部高速公路（2015）和近几年兴建的三座中斯友谊村等，都是中国与斯里兰卡的友谊新地标。不过，中国的建设援助绝不仅止于电站和物流项目，还包括斥资数百亿美元建造的用于农业灌溉的水库以及斯里兰卡国内道路的扩建等。

（六）斯里兰卡港口城项目

2014 年 9 月 14 日，中国国家主席习近平批示通过价值 14 亿美元的“科伦坡港口城市建设项目”，该项目被认为是中国在世界上最大的单一项目投资，同时也是斯里兰卡最大的国外投资项目。该港口城市的建设由中方公司承包，与中国在斯里兰卡的其他大型基建项目一样，都是达成“21 世纪海上丝绸之路”建设目标的一部分。这一项目将为斯里兰卡填海造地约 2.5 平方千米，总面积略大于摩纳哥。

港口城项目对于斯里兰卡的未来发展十分有利，尤其是在港口发展建设、海洋经济扩展与确保海洋安全方面有积极作用。这一工程将为斯里兰卡创造价值约 6 百万美元的资产。中方作为项目合作伙伴，将以 99 年的租约拥有占填海造地总面积 20% 的土地。工程结束后，所建写字楼、酒店、公寓和购物中心等设施将在到 2018 年中旬为止的 15 年内吸引约 200 亿美元的投资。自 2016 年起，这个港口城市便被重新定义为“南亚金融城”。

中国在斯里兰卡的发展建设进程中扮演了不可或缺的重要角色。而今天的斯里兰卡已经成为了世界上最富有活力的发展中国家之一，前景光明。迄今为止，中方已向斯里兰卡提供了超过 400 亿人民币（约合 8000 亿卢比）的优惠贷款以及价值超过 100 亿人民币（约合 2000 亿卢比）的捐赠。两国企业携手合作，共同开发了多个大型项目，为斯里兰卡的国家建设和人民生活带来福利。不仅如此，这些项目还为当地人民创造了几千个就业机会，为数千技术及管理人员提供了专业培训，并极大地推动了当地各领域的发展。自2014年以来，中国一直是斯里兰卡旅游业的第二大市场。

2016年，斯里兰卡接待了27万以上的中国游客，比上年同期增长了26.8%。前往斯里兰卡的中国游客数量不断增长，是两国人民在更广领域、更深层次相互交流的证明。而在中国开展业务、旅游和学习也已成为斯里兰卡的新流行趋势。2015年中国为斯里兰卡提供了约1000份奖学金及各类培训机会，覆盖从学术研究到语言培训和专业培训等多个领域。各级政府官员、商务人士、专业人士、学生和游客间的互动也愈加频繁，这一发展趋势必将强化两国人民的相互理解与友谊。斯中两国间兄弟般的情谊与密切交流合作成功创造了双方互惠共赢的局面，为世界建立了“南南合作”的良好典范，也不断强化了斯里兰卡与中国的战略合作伙伴关系。

二　斯里兰卡的社会经济先决条件

斯里兰卡是一个中等偏下收入国家，2016年人口为2120万。据世界银行统计，其2015年的人均国民收入为4000美元。2009年，历时27年的国内动荡结束，斯里兰卡在国家重建与经济发展政策的推动下，自2010年起到目前为止的平均经济增长率达6.4%。斯里兰卡正在经历从乡村农业经济向以服务为驱动的城市化经济的转型。至2015年年底为止，服务产业占国内生产总值（GDP）比重为62.4%，排名第一，其次是制造业（28.9%）和农业（8.7%）。斯里兰卡在2015年“人类发展指数”排名中排第73位，并轻松完成了绝大多数2015年的“千年发展目标（MDG）”。然而，中度贫困仍是国家面临的一大挑战，约有15%的人口仍生活在每日仅3.5美元或更少的开销水平之下（斯里兰卡中央银行，2015）。斯里兰卡若想成为中高等收入国家，必须调整发展模式。要实现经济的快速增长很可能需要不断进行结构性的改革，以获取更大程度的多样化和生产力的提高，具体措施包括对拥有全国三分之一人口的落后农业领域进行调整与重组。

尽管斯里兰卡作为中等偏下收入国家，在克服人类发展所面临的挑战方面取得了出色的成果，但要应对成为中等收入国家所要面临的新挑战和不断变化的需求，就必须调整、完善教育、医疗卫生及其他领域的服务投放系统。同时，应该放开诸如高等教育、医疗保健、铁路运输、机场及海港等封闭产业，让私有机构有机会介入，以满足不断增加的中产阶级的需求，提高经济活力与竞争力。这个国家已经摆脱了过去的脆弱，成功转型过渡至今天相对稳定的经济状态。而一系列有利于长期发展与竞争力提高的举措，也进一步巩固了政治和解与经济转型的成果。

为提高斯里兰卡的宏观经济稳定性和经济增长潜力，国家实行了一系列经济改革措施，其中包括加强公共财物管理及结构性改革。然而疲软的司法管辖却对产权不断造成损害，显而易见的腐败问题也削弱了政府的实力。这些弊端在 2015 年大选后得到了一定的改善，新政府采取积极措施，加强对现有司法及行政框架的捍卫和保障。尽管贸易一直是斯里兰卡经济较为重要的组成部分，进出口总值占总 GDP 的 48%，平均关税率为 5.3%，然而，针对某些特定领域的投资却受到限制，国有企业也对经济造成了一定的扭曲；金融领域发展不足，不良贷款依旧是银行系统的一大问题，而信贷的分配则受到国家影响。

在清楚意识到当前的国家发展目标及重点正在改变的前提下，斯里兰卡总理在 2015 年 11 月发表的政府政策声明中提出，要推动建立一个以出口为导向的、具备全球竞争力的包容型经济。声明明确指出，要以创造百万就业机会、巩固收入水平、加强农村经济发展、打造具备广泛多样性的强健中产阶级为重点优先政策。声明中还提出要在 2020 年前将财政赤字缩减至 GDP 的 3.5%，并对以提高国有企业（SOE）业绩、巩固贸易与外商直接投资（FDI）为目的的深化改革进行了讨论。

（一）斯里兰卡的前进之路

斯里兰卡未来的经济将在很大程度上依赖于国家建设服务枢纽的能力，具体包括提供知识与科研服务的能力；凝聚小众制造业的能力，以生产能够与周边国家及国际产业接轨的商品为主，尤其是轻工业；成为高价值农业产品供应国的能力，提供蔬菜、水果及奶制品等优质农产品，为飞速发展的旅游及出口产业提供支持，尤其要重视中东、印度和中国市场。斯里兰卡地处海上丝路的中心，拥有世界闻名的先进港口与国际机场，再加上即将竣工的科伦坡港口城，未来必将成为世界贸易、服务、商业和物流的中心枢纽。科伦坡港在过去三十年来一直是南亚次大陆上的集装箱海运以及物流中心。而由中方协助建设、中斯合作管理的汉班托塔新海港将成为 21 世纪海上丝路建设中的最新成果，对燃料仓储、物流、轮船制造等港口相关产业来说具有十分重要的意义。

但更重要的是，斯里兰卡若要充分把握这些机遇，必须首先解决三个主要社会问题。首先，解决内乱遗留下来的有关区域的和解、修复和重建工作；其次，巩固并加强斯里兰卡良好的民主制度与治理；最后，制定良好的国家政策，带领斯里兰卡完成 21 世纪亚洲发展目标，在充分利用其战略地理位置比较优势的同时，继续保持一直以来的不结盟外交政策，保护印度洋不受国际地缘海洋冲突的干扰，维护与世界各国及周边国家的和平共存。

（二）全球化与“一带一路”

1. 全球化

“全球化”是现在科研文献中出现率极高的热门词语，用来形容达成“无边界的发展”之过程。这个词勾画出的是一个无论货物、服务、资本或信息都能跨越区域和国界的壁垒顺畅流通的单一全球市场，或者可以叫作“全球村”。这样一来，关于在哪里生产、购买、投资和储存的问题也将不再为国界所局限，而应以全球化的标准来衡量。

不少研究者认为全球化有利有弊，这主要是由“竞争压力”所引起的，这一概念源自 19 世纪经济学家大卫·李嘉图提出的“比较优势”经典理论，受到支持全球化与市场经济的相关人士推崇。它的主要论点在于，当一个国家的劳动力能比所有其他国家的劳动力更有效地生产商品时，这些国家为什么还要进行国际贸易。这给了公司或国家用比竞争对手更加低廉的价格销售产品的能力，为其创造了巨大的利润空间；但倾销进口商品，尤其是向本地市场倾销农产品，将对发展中国家的乡村农业及农民生活造成许多不利影响，结果便是一方面造成贫富阶层收入差异的扩大，富人变得更加富裕而穷人则更穷；另一方面则是最终造成贫困现象加剧，而这也是目前许多国家所面临的问题。许多经济落后的亚非拉国家都曾为全球化带来的负面影响买单（Deheragoda，2014）。

1977 年以来，斯里兰卡因贸然决定以无监管的方式打开国门迎接全球化自由市场经济，遭受了全球化的负面影响。值得注意的是，全球化不只会削弱政府制定本国经济政策的能力，还会使得管制不断放松，降低政府保护人民利益和为民谋福利的力量。因此，全球化带来的无边界发展进程，可能因为强弱国家间未加管控的无国界整合与发展而造成严重的社会经济和政治问题。

2. 亚洲的21世纪

冷战后几十年来鲜有变化的亚洲，如今正以飞快的速度发生着日新月异的变化。“亚洲”一词所指对象已不再明确。通信方式的革新和如火如荼的全球化，使得部分曾经以地理位置定义的概念——东亚、东南亚、南亚、中亚——因不断的融合而变得模糊。一个地区的发展状况将以前所未有的速度影响相隔遥远的另一个地区的国家的战略制定。“亚洲”的新定义涵盖了从太平洋到俄罗斯西海岸和从北极到印度洋的广大区域（Deheragoda，2014；Research Gate，2014）。《德国时代周刊》的总编兼德国亚洲研究协会董事会主席提欧·苏默在他的论文中写道：“21 世纪是否会成为‘亚洲的世纪’?”，“500 年来，世界历史一直由欧洲主导。19 世纪属于欧洲，而 20 世纪属于美国，如今，21 世纪将是属于亚洲的世纪”。

属于亚洲的 21 世纪必将改变由西方世界引领的全球化进程，创造出新的社会经济秩序。中国的“一带一路倡议”有机会带来更多机遇，从而取代 20 世纪过时的全球化进程，这对印度洋及太平洋沿岸较为落后的国家尤为有利，比如中亚和东非各国。本世纪的亚洲将成为实力强劲的世界经济中心和引擎，为全世界创造共赢的局面。不过，这些亚洲国家要想繁荣发展，需要国家政治领袖作出正确决策、主动解决历史遗留问题。

（三）从“一带一路”倡议的视角探讨

2013 年，中国国家主席习近平宣布了重建海上丝路和经济纽带的重要理念与方向，即“一带一路”倡议。这一倡议勾画出多条高度整合、合作互利的经济走廊，连接亚洲、欧洲、非洲的各个国家，将走廊一端充满活力的东亚经济圈与另一端发达的欧洲经济圈连接起来，集合拥有巨大经济发展潜力的国家，确保所有合作国都能互利互惠、合作共赢。这项超大型发展计划的主要目的是强化并扩大各国间的合作交流，创造一个高度融合的双赢经济、社会和政治网络，最终加深各国的相互信任并提高共同安全感。“一带一路”倡议的规模庞大、内容涵盖面广、目标远大，十分激动人心。

根据中华人民共和国国家发展和改革委员会 2015 年 3 月发表的《推动共建丝绸之路经济带和 21 世纪海上丝绸之路的愿景与行动》文件所述，该倡议的主要目的是推动并达成五个核心目标，即实现相关国家间的政策沟通、设施联通、贸易畅通、资金融通和民心相通。同时“一带一路”倡议还将设立一个共享平台，构建全方位、多层次、复合型的互联互通网络，实现沿线各国多元、自主、平衡、可持续的发展。

（四）“一带一路”倡议所涉地理范围

习近平主席于 2013 年正式启动“一带一路”计划，希望借此从基础设施、贸易、投资等各方面实现与欧亚经济接轨的重大目标。后来这一协议被进一步阐明为两大国际贸易纽带：陆上“丝绸之路经济带”和“海上丝绸之路”。换言之，这一倡议的主要目标是达成相各国间超越传统国界定义的无障碍共同发展，确保处于“一带一路”走廊沿线的各个国家均能获得平等的发展机会。“一带一路”可说是中国首次提出的、以实现国内外数十亿人民互惠互利为目标的、最重大也是覆盖面最广的国家倡议。

“一带一路”中的“带”指的是陆上公路、铁路、石油与天然气管道以及其他基础设施项目，覆盖范围自中国中部城市西安起，横跨中亚各国并最终抵达莫斯科、鹿特丹及威尼斯等国外城市。这条带状走廊指的不仅仅是一条通路，更是与欧亚大陆桥上所有主要国家以及地区的合作通道，比如，中国—蒙古—俄罗斯，中国—中西亚，中国—中南半岛，中国—巴基斯坦，以及孟加拉国—中国—印度—缅甸。而“路”字则代表相应的海上走廊，即：连接中国与南亚、东南亚并延伸至东非和地中海北岸的重点港口节点和其他沿海基础设施的网络。目前，“一带一路”倡议的具体概念、规模和性质还有一定的调整空间，其形态可能随着时间的发展而不断演变。这项倡议的发起者是中国国家主席习近平，因此它很可能成为习主席执政期间中国最为重要的海外投资项目（Hofman，2014）。

（五）从多层面探讨“一带一路”发展规模

这项倡议的名字或许会让人误以为只有一条“路”，但实际上“丝绸之路”指的是绵延了几个世纪的古老贸易通路，这条路曾让中国西安（即古代长安）的商贾们得以抵达土耳其君士坦丁堡并继续西行前往欧洲。古代的香辛料贸易通道也属于丝绸之路的一部分，通过各国港口和海上节点与“丝路”相连（Deheragoda，2016）。某种程度上，“一带一路”的建设与全球化发展进程十分类似，不过它与全球化的最大差别在于，“一带一路”将作为一个大型项目，由中国协助合作国建设自己的基础设施，并帮助这些国家最终创造出适合自身发展的重要先决条件，而不是向第三世界国家施压，迫使它们更改政策和体制以便于发达国家和它们的跨国公司对这些国家的资源加以利用，而这是全球化进程中真实发生过的案例。

从广义层面来看，“一带一路”倡议涉及 65 个国家的 44 亿人民，占全球 GDP 的 40%。为保证这一计划的顺利实施，中国提供了庞大的资源支持，出资 400 亿美元设立了“新丝绸之路基金”以刺激各方对“一带一路”的私有领域投资。“新丝路基金”的资金来源于中国的外汇储备、政府投资和贷款机构。除此之外，舆论认为亚洲基础设施投资银行也很有可能拨款 1000 亿美元的贷款资金来支持这一倡议。有报道称，中国国家开发银行也表示愿意为倡议相关的 900 多个项目总共投资约 9000 亿美元，惠及 60 个国家，全力以赴支持这一伟大建设计划。《经济学人》杂志报道称，将有 10000 亿美元的“政府资金”被用于支持该倡议。

根据国家发改委于 2015 年发表的“一带一路”愿景文件所述，该倡议内容将远不止基础设施建设项目一项，还包括经济发展政策的进一步协调，基础设施技术标准的统一，消除投资贸易壁垒，建立自由贸易区、实现金融合作，以及学术交流、个人交流合作、媒体合作、青少年及妇女交流与志愿者服务等方面的“民心相通”的重要目标；开发国家级别的海上丝路智库与中心，积极致力于相关项目的合作与研发。

（六）为什么需要“一带一路”？

“一带一路”的实施可以刺激亚洲及全球的经济增长，提高经济的可持续性。具体来说，经济走廊上的各个国家——尤其是基础设施落后、投资率和人均收入低的国家——都可以因此享受贸易流通量激增和基础设施发展所带来的利益。而中国也能借此更好地锁定其能源与原材料的海外供应渠道——这些资源的海运路线目前都必须经过马六甲海峡和中国南海（Hofman，2014）。

有人担心中国之所以发起这个倡议，是要为本国因经济扩张和国内投资放缓而造成产能过剩的建筑行业寻找足够的市场空间。然而，尽管“新丝绸之路”建设需要中国大量的投资，其数额却无法与中国每年 50000 亿美元的国内投资相比，因此在 10 ~ 15 年间总共投资 10000 亿美元对于中国过剩产能的吸收度并不太大。而加入“一带一路”倡议的国家能够至少获得四大比较优势，帮助实现国家的繁荣发展，即网络效应、金融发展、领导力和充足的财力支持，这要比每个国家各自为阵地摸索有效得多。所谓网络效应，是指当“一带一路”上的所有节点顺利建设完成后，沿线每个国家所能获得的利益都能加倍，而不是每个国家孤军奋战。此外，“一带一路”倡议是得到中国雄厚财力和有力领导支持的，将有效推动沿线各国的对接与耦合。

Hofman（2014）指出，中国现阶段的发展水平也进一步增强了各国对“一带一路”的信心。过去的十年中，中国不断加大在自然资源开发方面的对外投资力度，成为这一领域的投资大国。随着中国国内经济形势的转变，其对外投资的兴趣也逐渐变得更加多样，除自然资源外，也开始向制造业投入资金。这一转变的原因是中国国内劳动力成本的上升和生产活动对环境要求的不断增高，因此有必要将一部分生产基础转移至海外——只要保障货物运输的基础设施即可。中国对“一带一路”建设的慷慨投资也进一步增强了“一带一路”沿线国家加入倡议的兴趣和意愿。

（七）民心相通

互联互通与合作大框架下五个重点目标中的最后一个是“民心相通”——这一点被公认为是能够推动进一步深化双边及多边合作的重要机制。然而这一点却并未引起受益国的国内媒体及专家的重视，比如斯里兰卡。无论从历史还是文化的角度来说，中国和倡议沿线相关国家都对这一项目寄予了厚望，这正如习近平在博鳌亚洲论坛 2015 年年会的讲话中所说，“一带一路”将“推动不同文明间的沟通与交流，为彼此的人民建立友谊的桥梁，促进人类发展，维护世界和平”。

但到目前为止，“民心相通”这一目标受到的关注却严重不足。所谓“相通”主要指的是通过学术及其他方式的跨文化交流，加深各国人民对不同国家文化的理解和认识。在推动沿线各国实现双边及多边合作方面，这一点是公认的重要议题。

尽管如此，它却并未得到斯里兰卡媒体与学术界的足够重视，这一现象的出现主要是因为对斯中文化交流的非物质利益的理解过于肤浅。如果不能对跨信仰、跨文化和跨文明对话给予足够的重视，那么无论是政治倡议还是经济倡议，其核心价值与精神都将无法得到充分体现。而要强调跨信仰对话的重要性，就必须重视斯里兰卡珍贵的佛教文化遗产以及斯中两国间自史前时代便开始的互动互通。中国的佛教信徒人数约占国家总人口的18%，从这一点来看，佛教可以成为促进两国人民交流的文化纽带。

推动斯中两国政治文化纽带建立的重要历史事件包括东晋高僧法显的朝圣之旅。他从中国出发，越过长城、翻过雪山、穿过沙漠，赤足踏上古代丝绸之路，历经艰辛一路西行抵达斯里兰卡，为的是寻求佛教经卷古籍。正是这一基于信仰的壮举实现了两国的首次文化交融，这不仅是一段伟大的历史史实，更是促进两国人民相互理解、相互交流、巩固友谊，携手共建具有现代国际关系新高度的“印度洋海上丝绸之路”的坚实的历史基础。

从远古时代到十五世纪，斯里兰卡这个小小岛国已和遥远的东方中华文明建立了紧密的联系。总体来说，斯中两国的关系一直建立在和平和睦的基础上，彼此平等、相互尊重。这一时期的斯里兰卡和中国正处于文化繁荣、国力昌盛的好时候，而商业、文化和宗教上的不断交流发展又进一步巩固了双方的文明兴盛。由中国政府选派为文化大使的许世公主正是斯中两国特殊而亲密友谊的最好象征。而所有尚待探索的资料都值得两国研究者、学者、历史学家和社会学家研究，并分享彼此的经验与知识，从真正意义上在互利合作的各方面实现“民心相通”。

中国将坚定不移地继续支持斯里兰卡，强化多领域合作伙伴关系的“民心相通”。让斯里兰卡得以在中国开展旅游推广宣传活动；让中国公民能够到斯里兰卡旅游；让航空公司多开设几条直飞航线；让两国人民间的相互了解与贸易往来更加轻松。中国将一如既往地向斯里兰卡人民提供奖学金与各类培训，支持两国高等学院、智库、媒体与佛教团体间的交流，加强两国人民的相互理解与信任。中国和斯里兰卡的友谊与合作有着成果丰硕的过去，也有着充满潜力的未来。我们相信斯中关系将会进入一个更加光明的未来。两国间的友好合作必将为双方人民带来更多实际利益（Yimin，2017）。

三　平衡印度洋海上丝绸之路建设的中立性

（一）印度洋的地缘政治

印度洋地区是世界上海洋冲突最为严重的区域。第二十届“环印度洋地区合作联盟（IOR－ARC）”年度峰会便是在这样的背景下，于2017年3月5日在印度尼西亚的雅加达召开，包括斯里兰卡在内的联盟主要成员国首脑均赴会。IOR－ARC峰会于1997年首次召开，当时的印度洋地区正饱受国家间以及国内战争的困扰，其中包括斯里兰卡国内的血腥武装冲突。从那时起，印度洋地区各国的国际国内形势便不断恶化，西海岸地区尤为严重。

根据古纳塞克拉（Gunasekara，2017）所述，自二战以来，有世界最大洋之称的太平洋便一直处于美国这个强大的世界霸主的控制之下，太平洋局势总体来说还算稳定。与此同时，被美英两国戏称为“小池塘”的大西洋地区，因为海上势力“北大西洋公约组织（NATO）”和团结了所有美洲国家的“美洲国家组织（OAS）”的强势把控，宛如一片平静的绿洲。

与上述两地区相比，印度洋地区却是一副完全不同的局面。波斯湾、阿拉伯半岛和非洲之角地区（主要是索马里和厄立特里亚）战火连天、民不聊生，这些持续了几十年的战争已导致了多个国家的动荡和垮台。几十年来，南亚次大陆一直硝烟弥漫，印度与巴基斯坦之间战火不断，而这两个国家都拥有核武器，其他国家对此十分不安。而阿富汗更是让紧张的局势加艰难。同一时期的斯里兰卡在饱受了几十年国内动乱的摧残后，百废待兴，而国内还充斥着各种对于“残余分裂主义势力”威胁的深深忧虑。

根据IOR－ARC官方网站上的数据，印度洋区域集中了世界上一半的集装箱船、三分之一的散货运输货船和三分之二的石油海运量。区域总人口约为二十亿。沿海各国在地理位置、人口、经济发展水平方面差异相当明显。这种多样性可以从该地理范围内的各种次级区域组织上一窥端倪：大洋洲、东南亚、南亚、西亚、东非和南非，每个地区都有自己的次级区域组织，比如“东盟（ASEAN）”“南亚区域合作联盟（SAARC）”“海湾阿拉伯国家合作委员会（GCC）”和“南部非洲发展共同体（SADC）”等。

美国国会关于外交关系的一份简报中指出：发达世界国家的两大“战略枢纽”都位于印度洋地区，即霍尔木兹海峡和马六甲海峡。每年有3220万加仑的原油和汽油从这里被输送到全世界占世界海上石油贸易量的50%以上。全球有约40%的离岸汽油开采都发生在印度洋海床、沿海沙滩和近海水域。这里的海床中还储存着尚待开发的丰富重矿物。

发达国家的大部分深海渔业利润都来自印度洋。斯里兰卡（面积约66000平方千米）拥有自领海基线起向外辐射200海里（约370千米）之广的专属海洋经济区，渔业开发潜力巨大。令人意外的是，斯里兰卡竟然从未有效地开发利用自己的海洋潜能。21世纪海上丝路的提出使斯里兰卡有机会与邻国一道充分挖掘海洋财富。

印度凭借优越的地理条件和强大的经济军事影响力，理所当然地成为了该地区的“区域大国”，并决定进一步深化在该地区的影响力。

因涉及在该区域海洋运输领域的重要经济利益，中美两国（以及许多其他区域外国家）都拥有在印度洋地区活动的合法权益。正如美国与印度有权在该地区建立安全联系一样，中国也拥有同等权利且印度无法提出反对。印度的重要性不言而喻，因此，确保印度加入“一带一路”倡议并建立积极活跃的合作伙伴关系就显得十分重要，尤其是对21世纪海上丝路的建设而言。

（二）“一带一路”中的印度因素

这项由中国和其他六十四个国家共同参与的倡议，旨在实现整个亚洲和印度洋地区的互联互通——建设新的基础设施、机构和连接沿线国家的交通线路——一旦完成，整片大陆的地图都可能需要重新绘制。然而，印度因对国家安全问题的一贯顾虑，对于“一带一路”的态度始终比较负面，其中与中国尚未解决的领土争议是一大影响因素。1962 年中印战争遗留的心理包袱、中国与巴基斯坦的亲密关系、中国对斯里兰卡的援助使印度对中国心怀疑虑。因此，印度必然会对任何由中国提出的、涉及巴基斯坦和斯里兰卡这样的近邻国家的项目持审慎态度。

整个“一带一路”倡议中，最令印度忧虑的要属耗资 500 亿美元建设的“中巴经济走廊（CPEC）”项目。这条走廊将穿过由巴基斯坦管辖的克什米尔地区，而这一地区正是“印度的核心利益所在”。由于印度和巴基斯坦对克什米尔的管辖权一直有争议，任何可能加强巴基斯坦在该区域影响力的外部干扰，都会引起印度的不满和抗议。这可能就是印度拒绝参加 2017 年在中国北京召开的“一带一路国际合作高峰论坛（BRFIC）”的主要原因。印度外交部在抵制峰会的声明文件中表示：“没有国家能接受一个忽视其主权和领土完整核心关切的项目”（Jayasuriya，2017）。印度的缺席释放出了强烈的信息：要让印度加入“一带一路”项目，对中国来说将是一个极大的挑战。印度和中国、斯里兰卡以及其他相关濒海国家一样，拥有在印度洋地区的各项合法权益，如果没有印度的参与，任何关于印度洋地区和平安定的讨论都将分量不足。

据《印度斯坦时报》（2017）报道，“这条线路上的大量硬件设施建设已经完成。2017 年将有来自中国十几个城市的 2000 多列火车（预估）沿着这些新建的交通线路和隧道抵达中亚的二十多个目的地。能源管道和铁路线路的畅通已经改变了从俄罗斯到中国的整个区域经济走向，而在传统海上通路基础上新增的铁路线路建设正在不断推动东南亚开始类似的转型进程。从过去到现在，中国企业在印度洋地区兴建了大量的港口，并且很多港口都由中方公司管理运营，其中包括缅甸（皎漂）、斯里兰卡（汉班托塔）、巴基斯坦（瓜达尔）、坦桑尼亚（巴加莫约）和肯尼亚（拉穆）。作为项目的一部分，中国在中欧及西欧也有投资。印度的回应之所以较为负面，最大的一个原因是过于关注‘一带一路’的地缘政治路径——如连接巴基斯坦、斯里兰卡等倡议沿线国家。”但实际上，该计划的重点是地缘经济而非政治。拒绝参与只会让印度被系统性地隔离在拥有大好商机的区域之外，而这个区域正随着与中国经济的不断融合而在全世界范围内逐渐扩大。印度显然无法阻止“一带一路”计划的实施，但却可以在许多方面进行阻碍。

（三）2017年5月的“一带一路”国际合作高峰论坛（BRFIC）

“一带一路”国际合作高峰论坛（BRFIC）于2017年5月14日与15日在中国北京举行，出席者有包括俄罗斯、土耳其、巴基斯坦总统在内的29国元首以及来自130多个国家和数十个国际组织的代表。

中国国家发展和改革委员会副主任王晓涛先生在与新华社的一次采访中表示，召开2017年“一带一路”峰会的目的，是建设“更加开放且高效的国际合作平台、更加紧密而有力的合作伙伴关系网；推动形成一个更为公平、合理、平衡的国际治理系统”。西方媒体对此盛会的报道基调也与之类似。

在2017年“一带一路”国际合作高峰论坛开幕式上宣布将加大对“一带一路”的支持，向丝路基金追加投入1000亿元人民币。这些拨款将用以建设陆地和海上通道的现代化基础设施及港口设施网络，覆盖范围东起中国大陆，西至欧洲与非洲。中国的这一倡议将创造空前的利润。

四　斯里兰卡如何把握海上丝绸之路带来的良好机遇

按计划，斯里兰卡总理拉尼尔·维克勒马辛哈应当在2017年“一带一路”峰会期间与中国签署包括建设汉班托塔港口和汉班托塔工业区在内的多个项目开发谅解备忘录。斯里兰卡已于较早时间和日本及印度签署了类似的谅解备忘录。斯里兰卡渴望与更多其他国家建立合作伙伴关系，以减轻对中国的依赖。然而之前向美国及欧洲寻求合作支持的努力并未有所回报，究其原因，一方面是因为这些国家本身的政治动荡，而另一方面则是因为斯里兰卡在他们眼中的战略意义并不大。为重新定义其战略文化，斯里兰卡还向日本伸出了橄榄枝。但是斯里兰卡自古以来便一直面临一大难题，即除了在印度洋地区的重要战略位置以外，并没有其他足以吸引潜在合作伙伴的优势。这也许是我国迟迟无法吸引高端投资的主要原因。若无法有效利用自身的战略位置优势，那么这种优势只能算得上是一种荣誉勋章而无实际效用（Jayasuriya，2017）。

不过，只要斯里兰卡能够再招揽一个大国成为合作伙伴，就不愁其他国家不纷纷跟随，因为一个人的赢利即相当于众人的损失。最近印度对斯里兰卡表现出了极大的兴趣，日本也紧随其后，这样的变化与中国对这片岛国影响力的不断提升不无联系。印度自主发起的国家发展计划与其说是经过深思熟虑的经济性决策，不如说是为平衡中国倡议的权宜之计，这一点从印度对国内经济和对外首要任务的权衡中可见一斑。通过建设一个能让所有关联国家公平竞争的环境，斯里兰卡能够实现本国人民利益最大化。当然，在这一过程中必须谨慎对待任何可能触及印度的战略关切的事宜，一旦发生问题要立刻处理。丝绸之路的建设和未来大量高水平基础设施的落成将为斯里兰卡提供一个大好平台，吸引更多潜在发展合作伙伴。斯里兰卡应该看到，这样的发展能够帮助国家实现经济多样化，而不是增加对中国的依赖性。

中国与斯里兰卡应该将关注重点放在两国战略合作伙伴关系对地区和平稳定发展所带来的积极效果上。Weihua（2016）指出，中国与斯里兰卡的战略合作伙伴关系并不针对任何第三国家，对维护地区的和平稳定有很大帮助。中国既没有所谓的“珍珠链战略”，也没有把印度洋纳入中国势力范围的意图。一方面，中国并不具备这样做的实力，尽管中国的全球利益正在快速上升，目前却依然只是个地方大国而不是世界大国；另一方面也是更为重要的原因是，中国并无构思这样的战略的意图。建设和平发展之路是中国的重要国家战略，决不会轻易动摇，我们认为中国不可能重走西方在过去400年间的发展老路。

中国所寻求的，是印度洋地区的共同安全、综合安全、合作安全和可持续性安全，这是中斯合作伙伴关系发展的首要原则之一。同时，中斯战略合作伙伴关系还将有力地推动中国积极参与南亚的区域整合，对整个地区来说十分有利。

海上丝路计划对斯里兰卡整个国家的中长期经济发展有诸多益处，这是因为斯里兰卡占据着该海上路线的中心位置，具备重要的战略优势。而这将从一开始便吸引到以基础设施建设为目的的大量中方资金，比如进出口银行、亚洲基础设施投资银行、丝路基金和其他私有领域投资者等等，而获得投资后的发展进步又将成为吸引更多国外直接投资的基础，引起其他东西方投资者的注意。

不过，西方和印度的分析家们可能会对斯里兰卡参与 OBOR 项目产生错误地解读，认为这会对印度和印度洋地区构成安全威胁，除非斯里兰卡能够保证在获得海上丝路建设利益的同时，秉承和平共处、互不干扰、相互尊重和不结盟等各项原则，与近邻各国维持良好的非对抗性外交关系，重视并尊重该区域的地缘政治关切。这一战略一方面将帮助斯里兰卡避免成为世界超级大国地缘政治利益的牺牲品，另一方面也能帮其厘清谁才是真正的朋友。因此，斯里兰卡的政治领袖们应该充分考虑到地缘政治的复杂性，积极调整斯里兰卡与中国和印度的关系，以求达成一个三方共赢的良好结果。

让斯里兰卡和印度两国政府接受联合倡议，并签署一份“经济和技术合作双边协议（ETCA）”或许是一个可行的方法。而斯里兰卡与中国签署的类似战略合作伙伴协议也应该立即生效，因为中国随时准备携手斯里兰卡，把握当前重要机遇，同心协力继续建设“21 世纪海上丝绸之路”，完成诸如建设“科伦坡港口城”和管理“汉班托塔海港”等重要项目，充分发挥斯里兰卡的潜力，帮助“21 世纪海上丝绸之路”建设取得成功。而这也会反过来帮助斯里兰卡达成国家发展的目标，解决紧迫的财政经济问题。与此同时，中斯两国还可以进一步挖掘双边合作潜力，将各领域的实际合作上升到新的高度，推动中斯战略合作伙伴关系的不断发展。

五　结论

中华人民共和国一直是斯里兰卡的真朋友，也是主要的支持力量，尤其是在过去的二十年里为斯里兰卡贡献了大量的援助。中国通过提供直接国外投资、资金赞助和经济支援等方式向斯里兰卡不断施以援手，助其重建被近三十年的国内武装冲突所荼毒的经济和基础设施。因此，斯里兰卡人民一直对中国人民和中国政府怀抱感激之情，因为中国在斯里兰卡最危急、最孤立无援的时候主动选择了帮助这个国家，谨守外交政策，坚定不移地为斯里兰卡提供国际援助，尤其在从 2009 年起至今的后冲突时期提供了大量援助。

得益于中国政府的及时相助，斯里兰卡得以兴建位于海上丝绸之路的新汉班托塔港口和包括机场在内的特别经济区基础设施。有了这些重要的先决条件，现在的斯里兰卡已经准备好加入海上丝路的建设计划，与南亚各国共同发展，确保其在 21 世纪的国际地位。未来的斯里兰卡将成为印度洋地区海上丝路的中心枢纽。

中国已经准备好，在“21 世纪海上丝绸之路”计划的指导框架下，结合两国各自的发展战略，相互支持、相互作用，以达到最大化的协同效应，实现共赢互惠和共同发展的目标。同时，中国也十分乐意继续保持与斯里兰卡之间稳健的双边关系发展势头。因此，斯里兰卡应该做好准备，有意识地选择最合适的战略计划，保持两国高层间的沟通与互动，加强政治党派和政府部门间的友好交流，通过相互信任，不断整合和巩固双边政治纽带和民心互通。这将使两国建立起“升级版”的双边合作发展关系，共同推动斯里兰卡－中国关系的不断进步，为两国人民造福。

综上所述，如今正是支持中国提出的“21 世纪海上丝绸之路”计划的最佳时机，因为它能为所有 OBOR 合作伙伴国家和亚洲落后国家提供加入计划、共享繁荣的重要先决条件和平等机会，让它们能够在这个属于亚洲的世纪舞台上，以令人自豪的姿态重新登场，连接起古代海上丝路中缺失的节点，大刀阔斧地重建世界版图上的 21 世纪海上丝绸之路。

参考资料

Abesekara, I. （2017）. *People to People Bonds for Strategic Alliance between Sri Lanka and China.* 斯里兰卡与中国建交 60 周年纪念大会和斯里兰卡中国社会文化合作协会成立第

20 年纪念致辞。2017 年 3 月 20 日在斯里兰卡科伦坡 Galadari 酒店举行。

Bastiampillai, B. E. S. J. (1959). *China-Sri Lanka: Trade and Diplomatic Relations including the voyages of Cheng Ho.* University of Ceylon, History of Ceylon, Vol. 1 Part 1 (Colombo, 1959) pp. 89. Published in *http: //en. unesco. org/silkroad /sites/silkroad/files/ knowledge-bank*http: //ar. unesco. org /silkroad/ sites/ silkroad/ files/ knowledge – bank – article/ china – _ sri _ lanka _ trade_ and_ diplomatic_ relati – ons_ including_ the_ voyages_ of_ cheng _ ho. pdf. Uploaded on 2nd December, 2016.

Central Bank of Sri Lanka. (2015). *Annual Report*, Central Bank of Sri Lanka, Colombo.

Chinadailly. com. cn. (2017) *Belt and Road Forum Agenda Set.* Published in http: // europe. chinadaily. com. cn/ china/2017 – 04/18/ content _ 28982925. htm. Uploaded on 22 May, 2017. Downloaded on 22 May 2017.

Deheragoda, C. K. M. (2017). *People to People Cross Border Understanding for Better Sri Lanka-China Mutual Corporation.* 斯里兰卡与中国建交 60 周年纪念大会和斯里兰卡中国社会文化合作协会成立第 20 周年纪念大会上发表的文章。2017 年 3 月 20 日在斯里兰卡科伦坡 Galadari 酒店举行。

Key Note Address on "*Way Forward Strategy for Sri Lanka: Reconnecting Missing Links of the Dotted Line of Maritime Silk Road*, Presented at 2nd Session of International Conference on 21st Century Maritime Silk Road, held in Huaqiao University, Xiamen, Fujian-China, from December 16 – 18th, 2016.

Deheragoda, C. K. M. (2014). Guest of Honour Address on "21st *Century Belongs to Asia: Globalization at Development without Borders*", delivered at the International Research Conference on Humanities & Social Sciences – 2014: Innovate, Integrate, and Impart – Development without Borders, organized by the Faculty of Humanities and Social Sciences, University of Sri Jayewardenepura on 15th October, 2014.

Goonatilleke, A. (2017). *Importance of 60th anniversary of Sri Lanka-China diplomacy.* Published in Daily News, Colombo. Uploaded on February 09, 2017. Downloaded on March 28, 2017.

Gunasekara, L. (2017). *Geo-Politics of the Indian Ocean.* Articlepublishedin Sunday Observer News Paper-Sri lanka. Appeared in http: //www. sunday observer. lk/2017/03/05/ features/geo – politics – indian – ocean. Uploaded on 5th March, 2017. Downloaded on 24th May, 2017.

Hariharan, R. (2014). *India, China and Sri Lanka: the uneasy triangle.* South Asia Analysis Group, Paper No. 5759. Published inhttp: //www. southasiaanalysis. org/ node/ 1584. Uploaded August 04, 2014, Downloaded April 09, 2017.

Hindustantimes. (2017). *India should work with China on OBOR for its own economic benefit.*

Published in http://www. hindustantimes. com/analysis/india - should - work - with - china - on - obor - for - it - s - own - economic - benefit/story - Ebx7FoM65zB1F8sOyGKg4O. html. Updated on May 17, 2017. Downloaded on May 22, 2017.

Hofman, B. (2014). *East Asia & Pacific on the Rise: China's One Belt One Road Initiative: What we know thus far.* World Bank (IBRD - IDA). Published in http://blogs. worldbank. org/eastasiapacific/china - one - belt - one - road - initiative - what - we - know - thus - far. Uploaded on April 12, 2015. Downloaded on March 15, 2017.

Indian Ocean Rim Association. (2017). http://www. iora. net/Independent. (2010). *How Beijing Won Sri Lanka's Civil War.* Published in http://www. independent. co. uk/news/world/asia/how - beijing - won - sri - lankas - civil - war - 1980492. html. Uploaded on 22 May, 2010. Downloaded on 17 May, 2017.

Jayasuriya, R. (2017). *Sri - Lanka - s - place - in - China - s - Silk - Road.* Published in http://www. dailymirror. lk/article/Sri - Lanka - s - place - in - China - s - Silk - Road - - 128981. html#sthash. Mu87avbc. dpuf. Uploadedon 16 - 05 - 2017. Downloaded on 22 - 05 - 2017.

习近平:《迈向命运共同体:开创亚洲新未来》。中华人民共和国国家主席习近平在博鳌亚洲论坛2015年年会上的主旨演讲。2015年3月28日,博鳌。

Kirinde, C. (2002). *A Royal homecoming*, Sunday Times, e - publication in http://www. sundaytimes. lk/020616/plus/10. html. Uploaded on June 16, 2002. Downloaded in March 14th, 2017.

中国国家发展和改革委员会等:《推动共建丝绸之路经济带和21世纪海上丝绸之路的愿景与行动》,外文出版社,2015年。

Perera, N. (2017). *Sri Lanka, China Celebrate 60 Years of Diplomatic Unity.* Published inhttp:// newsfirst. lk/english/2017/02/sri - lanka - china - celebrate - 60 - years - diplomatic - unity/161362. Uploaded in Feb 07, 2017. Downloaded March 30th, 2017.

Research Gate (2014). *Asia's Rise in the 21st Century.* Published in http://www. scmp. com/ comment/article/1463940/asias - economic - rise - doesnt - mea. Uploaded on March 3rd, 2014. Downloaded on April 12, 2017.

See on Embassiesibid., pp. 302, 362, 379, 383, and in Vol. I, Part II, pp. 5 - 7. Cited by Bastiampillai, B. E. S. J. (1959)

Senaveratne, J. M. (1916). *China-Sinhalese Relations in the Early and Middle Ages. Journal of the Royal Asiatic Society* (Ceylon) Vol. xxiv, No. 68, 1915 - 16, (Colombo, 1916), pp. 74 - 105.

Weihua, Wang. (2016). *China-Sri Lanka Friendly Relationship: Historical Tradition, Realistic Dynamics and Bright Future.* Published in http://www. defseminar. lk/media-centre/pres/Dr% 20 Wang% 20Weihua % 20. doc. pdf. Downloaded on 12 January 2017.

World Bank (2015) . *Sri Lanka Overview*-Published in http: //www. worldbank. org/en/ *country/ srilanka/ overview.* Downloaded on 7th December, 2016.

Xianliang, Yi. (2017) . *Deep- rooted Friendship*: 60*th anniversary of the establishment of China-Sri Lanka diplomatic relations* (Chinese Ambassador to Sri Lanka) . Published in http: // dailynews. lk/ 2017/02/10/features/107241/deep - rooted - friendship - 60th - anniversary - establishment - china - sri - lanka. Uploaded on Feb. 10, 2017. Downloaded on April 05, 2017.

Ye, S. (2015) . *China's own Sri Lankan "Princess"* . China Daily Asia, Published in http: //www. chinadailyasia. com/asiaweekly/2015 - 04/24/content _ 15257390. html, Uploaded on 21st April, 2015. Downloaded on 18 April, 2017.

Yimin, J. (2017) . *Key note Address by Prof. JiaYimin-President, Huaqiao University, Fujian, China on the Occasion of Establishing* 21 *Century Maritime Centre of Sri Lanka*, Held in Hotel Galadari, Colombo-Sri Lanka on 24th April, 2017.

B.8

非洲在"21世纪海上丝绸之路"建设中的定位、进展与前景

全　毅*

摘　要："一带一路"倡议自提出以来，经过三年多的酝酿，已经从最初的理论设想阶段发展到目前的全面推进、务实合作阶段。非洲是21世纪海上丝绸之路建设的重要方向，不少规划和项目已经逐步实施，双方在贸易、基础设施建设、产能合作与发展能力建设等领域取得了一系列丰硕成果。但是，由于非洲经济发展相对滞后、营商环境有待改善等问题的存在，中国拓展非洲经贸关系也面临诸多风险与挑战。中国在拓展非洲经贸合作时应抓住重点国别和市场，以投资和产能合作为重点培育市场，强化人文交流合作，促进民心相通，加强基础设施领域的投资合作，促进互联互通。

关键词："一带一路"　发展援助　非洲　中非关系

中非经贸交流的历史可以追溯到秦汉时期，史书记载，古埃及女王克鲁巴特拉喜爱穿中国的丝绸。与中国唐王朝同期，阿拉伯人在西亚北非建立了横跨亚非欧三洲的阿拉伯帝国。唐朝前期，中国的版图也扩展到中亚地区。在阿拉伯人扩张到中亚之前，阿拉伯国家与中国的商旅往来主要通

* 全毅，福建社会科学院亚太经济研究所副所长。

过陆上丝绸之路。唐朝后期，随着阿拉伯帝国与唐朝在中亚的战争，以及吐蕃控制河西走廊，陆上丝绸之路逐渐衰落，中国对外贸易的重心转向海上丝绸之路。古代埃及是海上丝绸之路的重要中转驿站，明代郑和下西洋曾经到达非洲南部莫桑比克的瓦尔基。因此，非洲 21 世纪海上丝绸之路有着深厚的渊源。

一　非洲在21世纪海上丝绸之路建设中的定位

2013 年 9 月和 10 月，中国领导人分别在哈萨克斯坦和印度尼西亚提出“丝绸之路经济带”和“21 世纪海上丝绸之路”倡议。倡议提出后，得到国内外各方的积极响应，并逐渐发展成为统筹国内外的国家大方略。2014 中国政府发布了《丝绸之路经济带和 21 世纪海上丝绸之路建设战略规划》，2015 年 3 月博鳌论坛期间中国又对外发布了《推动共建丝绸之路和 21 世纪海上丝绸之路的愿景与行动》（以下简称《愿景与行动》）。《愿景与行动》指出：“一带一路”贯穿亚欧非大陆，一头是活跃的东亚经济圈，一头是发达的欧洲经济圈，中间广大腹地中的国家经济发展潜力巨大。丝绸之路经济带重点畅通中国经中亚、俄罗斯至欧洲，中国经中亚、西亚至波斯湾、地中海，中国至东南亚、南亚、印度洋的路线。21 世纪海上丝绸之路的重点路线是从中国沿海港口经南海到印度洋，延伸至欧洲；从中国沿海港口经南海到南太平洋。① 因此，“一带一路”核心区是以欧亚大陆为主体，辐射非洲大陆以及南太平洋地区。

中国领导人对非洲在 21 世纪海上丝绸之路中的作用进行过明确定位。2015 年在约翰内斯堡中非合作论坛上，双方同意将中非新型战略伙伴关系提升为全面战略合作伙伴关系，做强和夯实政治上平等互信、经济上合作共赢、文明上交流互鉴、安全上守望相助、国际事务中团结协作这“五

① 国家发改委、外交部、商务部联合发布《推动共建丝绸之路经济带和 21 世纪海上丝绸之路的愿景与行动》，2015 年 3 月 28 日。

大支柱”。习主席在会议上提出十大合作计划，涉及的领域非常广泛，涵盖了经济与社会发展的诸多方面，具体包括中非工业化合作计划、中非农业现代化合作计划、中非基础设施合作计划、中非金融合作计划、中非绿色发展合作计划、中非人文合作计划、中非和平与安全合作计划等。具体安排如下。

一是中非工业化合作计划。中方将积极推进中非产业对接和产能合作，鼓励、支持中国企业赴非洲投资兴业，合作新建或升级一批工业园区，向非洲国家派遣政府高级专家顾问。设立一批区域职业教育中心和若干能力建设学院，为非洲培训 20 万名职业技术人才，提供 4 万个来华培训名额。

二是中非农业现代化合作计划。中方将同非洲分享农业发展经验，转让农业技术，鼓励中国企业在非洲发展大规模种植、畜牧养殖、粮食仓储和加工产业，增加当地就业和农民收入。中方将在非洲 100 个乡村实施“农业富民工程”，派遣 30 批农业专家组赴非洲，建立中非农业科研机构“10 + 10”合作机制。中方高度关注非洲多个国家受厄尔尼诺现象影响致粮食歉收，将向受灾国家提供 10 亿元人民币紧急粮食援助。

三是中非基础设施合作计划。中方将同非洲在基础设施规划、设计、建设、运营、维护等方面加强互利合作，支持中国企业积极参与非洲铁路、公路、区域航空、港口、电力、电信等基础设施建设，提升非洲可持续发展能力；支持非洲国家建设 5 所交通大学。

四是中非金融合作计划。中方将同非洲国家扩大人民币结算和本币互换业务规模，鼓励中国金融机构赴非洲设立更多分支机构，以多种方式扩大对非洲投融资合作，为非洲工业化和现代化提供金融支持和服务。

五是中非绿色发展合作计划。中方将支持非洲增强绿色、低碳、可持续发展能力，支持非洲实施 100 个清洁能源和野生动植物保护项目、环境友好型农业项目和智慧型城市建设项目。中非合作绝不以牺牲非洲生态环境和长远利益为代价。

六是中非贸易和投资便利化合作计划。中方将实施 50 个促进贸易援助项目，支持非洲改善内外贸易和投资软硬条件，愿同非洲国家和区域组织商谈包括货物贸易、服务贸易、投资合作等在内的全面自由贸易协定，扩大非洲输华产品规模。支持非洲国家提高海关、质检、税务等部门的执法能力，开展标准化和认证认可、电子商务等领域合作。

七是中非减贫惠民合作计划。中方将在自身不断为减贫而努力的同时，增加对非援助，在非洲实施200个“幸福生活工程”和以妇女儿童为主要受益者的减贫项目；免除非洲有关最不发达国家截至2015年年底到期未还的政府间无息贷款债务。

八是中非公共卫生合作计划。中方将参与非洲疾控中心等公共卫生防控体系和能力建设；支持中非各20所医院开展示范合作，加强专业科室建设，继续派遣医疗队员、开展“光明行”、给予妇幼保健在内的医疗援助，为非洲提供一批复方青蒿素抗疟药品；鼓励支持中国企业赴非洲开展药品本地化生产，提高药品在非洲可及性。

九是中非人文合作计划。中方将为非洲建设5所文化中心，在非洲1万个村落推行收看卫星电视项目；为非洲提供2000个学历学位教育名额和3万个政府奖学金名额；每年组织200名非洲学者访华和500名非洲青年研修；每年培训1000名非洲新闻领域从业人员；支持开通更多中非直航航班，促进中非旅游合作。

十是中非和平与安全合作计划。中方将向非盟提供6000万美元无偿援助，支持非洲常备军和危机应对快速反应部队建设与运作。中方将继续参与联合国在非洲维和行动；支持非洲国家加强国防、反恐、防暴、海关监管、移民管控等方面能力建设。

为确保“十大合作计划”顺利实施，中方决定提供总额600亿美元的资金支持，包括提供50亿美元的无偿援助和无息贷款；提供350亿美元的优惠性质贷款及出口信贷额度，并提高优惠贷款优惠度；为中非发展基金和非洲中小企业发展专项贷款各增资50亿美元；设立首批资金100亿美元的“中非产能合作基金”。同时，建立中非合作论坛约翰内斯堡峰会成果落实协调人制度，负责落实中非合作论坛领导人达成的合作共识和合作项目。

“一带一路”重大倡议与非盟《2063年议程》高度契合，2015年提出的“中非十大合作计划”可以实现更好的对接，通过深化互利合作，助力非洲实现自主可持续发展。中国在非洲的战略布局上，将“一带一路”沿线的埃及、埃塞俄比亚（包含吉布提）、肯尼亚和南非作为海上丝绸之路的重要支点国家。中国在非洲的“一带一路”建设将从这里向非洲大陆逐步推进。目前，中非合作论坛约翰内斯堡峰会成果落实工作全面铺开，已有一大批早期收获。亚的斯亚贝巴至吉布提铁路和肯尼亚蒙巴萨至内罗毕铁路已经竣工通车。首批资金为100亿美元的中非产能合作基金已经设立，非洲中小企业发展专项贷款50亿美元增资已到位，向非洲提供紧急粮食援助、人力资源培训、中非新闻交流中心项目、中非联合研究交流计划、中非民间友好行动、中非青年互访计划、开通更多中非直航航班、与非洲国家新签本币互换协议、新派医疗队赴非开展工作等一批务实合作举措顺利实施。

二　非洲在21世纪海上丝绸之路建设中取得的成就

三年多来，“一带一路”已经从最初的理论构想，发展到全面推进、务实合作的阶段。中非经济合作模式产生了深刻变化，由贸易和承包工程为主逐渐向产能、投资、基础设施互联互通、金融服务、发展能力建设等领域持续扩展。

1. 双边贸易日益扩大。中非双边贸易2013年首次突破2000亿美元，达到2102.5亿美元，同比增长5.9%；2014年中非贸易额增至2216.6亿美元；2015年下降为1787.9亿美元，同比下降19.3%；2016年中非贸易额负增长为1492亿美元，同比下降16.6%；但中国连续八年成为非洲第一大贸易伙伴国。2017年上半年，中非贸易额达到853亿美元，同比增长19%，扭转了2015年以来的负增长趋势。

近年来，中非贸易结构显著改善。长期以来在中非贸易中，主要是中国向非洲出口制成品，主要为机器设备和电子产品、纺织品和服装、塑料制品、钢铁制品等；非洲向中国出口工业原材料，主要包括原油、铁矿石、木材、钻石和棉花等。2017年来，非洲向中国出口的能矿产品出现量价齐升，机电产品、化工产品、农产品进口金额分别增长22%、3.5%、5%，其中水果、咖啡进口金额增幅较大，分别增长151%、77%。这说明非洲对中国的出口品中工业品增长更快。中国对非洲出口品结构中的机电产品、轻纺产品、电子技术产品出口额保持平稳增长，交通设备成为出口新亮点，船舶、机车、航空器材出口额增幅分别达到200%、161%和252%。①

2. 双边投资持续增长。1999年以来，中国政府积极实施“走出去战略”，鼓励中国企业走向世界。非洲作为世界上“最后一块未开垦的土地”无疑为中国企业提供了广阔的空间。2006年中非合作论坛北京峰会期间，中非双方确立了“推动非洲工业发展、加强非洲生产和出口能力”的目标。胡锦涛主席代表中国政府宣布了旨在加强中非务实合作、支持非洲国家发展的8项政策措施，包括增加对非援助、提供优惠贷款和优惠出口买方信贷、设立中非发展基金、援建非盟会议中心、免债、免关税、建立经贸合作区、加强人力资源开发以及教育、医疗等领域的合作。会议大大促进了中非产业合作园的发展，大型企业纷纷加入非洲产业园建设的热潮。“一带一路”倡议实施以来，在“中非发展基金”“中非产能合作基金”“丝路基金”等主权基金的引导和带动下，民间资本大量涌入非洲。中国企业在非洲的融资模式也由国家主权担保融资向商业融资转变。2011年中国企业对非洲非金融类直接投资金额为31.7亿美元，2012年为25.2亿美元，2013年为33.7亿美元，2014年为32亿美元，2015年为29.78亿美元，2016年为33亿美元，扭转近年来下降趋势，同比增长10.8%，覆盖建筑业、租赁和商务服务业、采矿业、制造业、批发和零售业等领域。截至2016年年底，中国在非洲正在建设和已经运营的工业园将近100个，投资额超过1000亿美元，较2010年增长了仅50倍。②

与中国对非洲投资迅速增长相反，近年来非洲对中国的投资逐年下降。

① 魏建国：《一带一路建设开创中非合作新时代》，《21世纪经济导报》2017年8月26日。

② 《中国对非投资存量超过千亿美元》，http://silkroad.news.cn/news/invest/5552.shtml。

2011 年中国实际利用非洲投资金额 16.4 亿美元，2012 年为 13.88 亿美元，2013 年为 13.79 亿美元，2014 年下降为 10.18 亿美元，2015 年再度下降为 5.85 亿美元。非洲对中国投资的主要国家是毛里求斯和塞舌尔等印度洋岛国，中国利用毛里求斯和塞舌尔的投资分别占非洲对中国投资的 69.4%、69%、66%、58%、59.1% 和 26.4%、26.3%、25.2%、35.3%、38.6%。居第三位和第四位的是尼日利亚和南非对中国的投资额，但所占比例很低。毛里求斯和塞舌尔实现比较自由的外汇管制与自由化的金融政策，其投资应该是中国企业的返程投资。

3. 产能合作成效显著。中非产能合作始于 2000 年前后的“走出去”战略的实施，一些贸易企业开始在非洲投资建立贸易与生产加工基地。2006 年中非合作论坛北京峰会形成了中非共建产业园的机制化保障，为此设立中非发展基金支持中国企业到非洲建设产业园。商务部境外经贸合作区项目确立 7 个中非共建产业园，推动了更多的中国投资者进入非洲。目前还有中国建材集团建设的赞比亚建材工业园、中国海外港口控股公司建设的吉布提自贸区被纳入国家级境外经贸合作区名单。中国企业几乎在所有与中国建交的非洲国家都有中国企业正在规划和建设的产业园，有些非洲国家的中非产业合作园不止一个，比如南非、埃及、埃塞俄比亚、尼日利亚、阿尔及利亚、坦桑尼亚、肯尼亚和乌干达等国家，都有多个中非产业合作园建成投产。目前中非合作产业园已经投入营运的有 30 多个。

中非共建产业园从经营模式看，主要分为出口加工产业园，企业最终产品必须出口，如埃塞俄比亚东方工业园、埃及苏伊士经贸合作区、塞内加尔的综合工业园等；自由港和自由贸易区，进口需缴纳关税，如吉布提特区、巴加约莫港特区、黑角特区等；经贸合作区，属于转移产能，提升当地工业化水平，如赞比亚经贸合作区、尼日利亚广东经贸合作区、毛里求斯晋非经贸合作区等；高新技术产业开发区，南非的产业园多属于高新技术产业开发区性质。从产业定位来看，中非共建产业园可分为工业园、农产品加工区、物流园区、临港经济服务区、商业园区、旅游园区等专业性质园区。

4. 设施联通取得进展。中国参与非洲基础设施建设早期以承包工程和援建为主，逐渐转变为帮助制定发展规划和交通标准设计。在经济基础设施建设方面：铁路交通项目主要援建亚的斯亚贝巴至吉布提的电气化铁路和肯尼亚港口蒙巴萨至首都内罗毕的高速铁路。目前全长751.7公里的亚吉电气化铁路已于2015年10月建成通车，全长487.5公里的蒙内铁路也已于2017年6月建成通车，这是东非铁路网的关键性工程。目前中国企业已经为非洲建设了5756公里的铁路。此外中国企业还为非洲建成4335公里的公路、9个港口、14个机场。在能源领域，中国企业为非洲兴建34个发电厂，以及10多个大型水电站和上千个小型水电站。在苏丹、乍得和阿尔及利亚，中国企业建设了全产业链的能源开发项目，为埃及、尼日利亚、埃塞俄比亚、肯尼亚等国建设了高科技含量的特高压输电网线，在南非和埃及等国建设了大型光伏发电和风力发电等新能源项目。重要港口建设布局主要是中国港口企业参股和出资兴建埃及的塞得港、吉布提综合补给港、坦桑尼亚巴加约莫港、肯尼亚蒙巴萨港。

5. 发展能力建设注重实效。中国对非洲的援助主要以提高非洲自主发展能力为主，包括金融服务、技术援助、教育培训、人力资源开发、医疗援助，以及社会安全合作（联合国维和）等。中国取消了非洲国家几百亿美元政府贷款的到期债务。在2000年第一次中非合作论坛上，中国政府一次性取消156笔延期两年的非洲国家贷款（总金额13亿美元）；2006年11月第三次中非合作论坛中国政府再次取消33个非洲债务最严重国家的168笔免息贷款（13亿美元）；2009年中国与33个债务严重的非洲国家签署《债务豁免协定》；2013年中国政府再次免除非洲最不发达国家16笔债务，2016年北京中非合作论坛期间中国政府宣布免除非洲160亿美元到期债务。中国政府对非援助属于南南合作的范畴，从1995年起，中国开始改变对非援助方式，中国政府开始大力推行以政府贴息贷款、援助项目合资合作、工程承包、劳务输出、人才培训等方式，提升非洲自主发展能力。2013年，中国企业在非洲承包工程完成营业额478.9亿美元，2014年增长到529.7亿美元，2015年完成营业额547.8亿美元。每年向非洲派出劳务人员9~10万人。2016年，中国企业在非洲新签承包工程合同额820亿美元，同比增长8%，完成营业额521亿美元，非洲是中国企业对外承包工程的第二大市场。这些承包工程主要是中国对非洲的援建项目。中国企业为非洲兴建大量铁路、公路、桥梁、机场、发电厂等经济型基础设施，以及大量医院、学校、实验室、会展中心、水井等社会型基础设施，以及制造业成套设备等。中国教育部门为南苏丹制定中小学教育体系和教材体系，并培训师资力量。农业部门向非洲派出大量水利工程、水稻种植、食用菌等农业技术专家，提升非洲农业生产能力。中国工程技术人员还为非洲培训大量铁路工程、公路工程、医疗队、卫生防疫的管理和技术人才，提升非洲国家的自我发展能力。2015年中非合作论坛宣布的十大合作计划主要涉及发展能力建设。

三　非洲在21世纪海上丝绸之路建设中的挑战

（一）经济发展长期落后，社会普遍贫困

非洲总面积约3020万平方公里（包括附近岛屿），约占世界陆地总面积的20.2%，次于亚洲，为世界第二大洲。2015年居民人口约为11.87亿，占世界人口总数的16.3%，仅次于亚洲，居世界第二位。但由于经济发展长期停滞，2015年非洲人均只有GDP 1891.28美元，是世界上最贫困的大陆。联合国《2014年最不发达国家报告》共有48个国家上榜，其中34个为非洲国家，最不发达国家占世界总数的70.8%，占非洲国家总数的62.9%，大部分最不发达国家都位于撒哈拉以南非洲地区①。

① 联合国《2014年最不发达国家报告》中共有48个国家上榜，其中34个为非洲国家，包括：安哥拉、贝宁、布基纳法索、布隆迪、中非共和国、乍得、科摩罗、刚果民主共和国、吉布提、赤道几内亚、厄立特里亚、埃塞俄比亚、冈比亚、几内亚、几内亚比绍、莱索托、利比里亚、马达加斯加、马拉维、马里、毛里塔尼亚、莫桑比克、尼日尔、卢旺达、圣多美和普林西比、塞内加尔、塞拉利昂、索马里、南苏丹、苏丹、多哥、乌干达、坦桑尼亚联合共和国、赞比亚。联合国经济及社会理事会每三年根据发展政策委员会的建议对最不发达国家名单作一次审查。对名单进行审查中，该委员会通常会采用三项标准，即人均收入标准、人力资产标准以及经济脆弱性标准。

非洲有“热带大陆”之称，其气候特点是高温、少雨、干燥，气候带分布呈南北对称状。赤道横贯中央，气候一般从赤道随纬度增加而降低。全洲年平均气温在20℃以上的地带约占全洲面积的95%，其中一半以上的地区终年炎热，有将近一半的地区有着炎热的暖季和温暖的凉季。非洲降水量从赤道向南北两侧减少，降水分布极不平衡，有的地区终年几乎无雨，有的地方年降水多达10000毫米以上。全洲1/3的地区年平均降水量不足200毫米。东南部、几内亚湾沿岸及山地的向风坡降水较多。[①] 非洲的气候特点所带来的问题就是大部分地区，尤其是撒哈拉以南的非洲地区自然条件较差，生存条件艰苦，部分国家还未解决粮食问题，外加政治体制多变和宗教冲突等问题，经济发展不平衡现象特别明显。

近20年，撒哈拉以南非洲地区实现了经济快速增长（如表1所示），非洲商界和政界对未来发展普遍持乐观态度。但是经济的快速增长主要是基于援助、减债、国际市场商品价格上涨等外部因素和消除弊政等内部因素共同作用的结果，非洲自身生产能力的提升有限，单一经济结构仍是其经济发展面临的最大问题。撒哈拉以南非洲国家若不积极推进经济转型，促进经济包容性增长，不仅无法实现经济快速、可持续发展，亦将会为社会动荡和政治不稳定埋下隐患。

表1　非洲国家主要经济指标（2015年）

国　家	国土面积（平方千米）	人口总数（百万）	国民总收入（亿美元）	GDP（亿美元）	人均GDP（现价美元）	互联网用户（百人中）
安哥拉	1246700	27.86	978.2	1029.6	3696	12.40
布隆迪	27830	10.20	30.9	31.0	304	4.87
贝宁	114760	10.58	82.6	82.9	784	6.79
布基纳法索	274220	18.11	108.1	111.5	616	11.39
博茨瓦纳	581730	2.21	141.3	144.3	6532	27.50
中非共和国	622980	4.55	15.9	15.8	348	4.56
科特迪瓦	322460	23.11	318.2	328.3	1421	21.00

① 中国新闻网，http：//www.chinanews.com/other/news/2006/11－02/814501.shtml。

续表

国　家	国土面积（平方千米）	人口总数（百万）	国民总收入（亿美元）	GDP（亿美元）	人均 GDP（现价美元）	互联网用户（百人中）
喀麦隆	475440	22.83	279.8	284.2	1244	20.68
刚果（金）	2344860	76.20	334.0	361.9	475	3.80
刚果（布）	342000	5.00	84.7	85.5	1712	7.62
科摩罗	1861	0.78	5.7	5.7	728	7.46
佛得角	4030	0.53	15.2	15.7	2954	43.02
加蓬	267670	1.93	130.7	142.6	7389	23.50
加纳	238540	27.58	364.1	375.4	1361	23.48
几内亚	245860	12.09	62.3	67.0	554	4.70
冈比亚	11300	1.98	9.1	9.4	475	17.12
几内亚比绍共和国	36130	1.77	10.5	10.6	597	3.54
赤道几内亚	28050	1.18	81.5	121.6	10347	21.32
利比里亚	111370	4.50	17.5	20.3	452	5.90
莱索托	30360	2.17	26.1	23.4	1074	16.07
马里	1240190	17.47	123.5	127.5	730	10.34
毛里塔尼亚	1030700	4.18	46.6	48.4	1158	15.20
马拉维	118480	17.57	62.1	63.7	363	9.30
纳米比亚	824290	2.43	114.6	114.9	4738	22.31
尼日尔	1267000	19.90	70.8	71.4	359	2.22
尼日利亚	923770	181.18	4703.3	4810.7	2655	47.44
卢旺达	26340	11.63	80.6	82.6	710	18.00
塞内加尔	196710	14.98	132.4	136.1	909	21.69
塞拉利昂	72300	7.24	42.0	42.5	588	2.50
圣多美和普林西比	960	0.20	3.2	3.2	1625	25.82
斯威士兰	17360	1.32	38.5	41.4	3137	30.38
乍得	1284000	14.01	105.6	108.9	777	2.70
多哥	56790	7.42	37.1	40.9	551	7.12
乌干达	241550	40.14	274.1	278.6	694	19.22
赞比亚	752610	16.10	208.1	211.5	1314	21.00
津巴布韦	390760	15.78	154.1	160.7	1019	16.36
撒哈拉以南非洲小计	15771961	626.68	9292.9	9609.7	—	—
吉布提	23200	0.93	—	17.3	1862	11.92
厄立特里亚	117600	—	—	—	—	1.08
埃塞俄比亚	1104300	99.87	642.0	644.6	645	11.60

续表

国　家	国土面积（平方千米）	人口总数（百万）	国民总收入（亿美元）	GDP（亿美元）	人均 GDP（现价美元）	互联网用户（百人中）
肯尼亚	580370	47. 24	630. 8	637. 7	1350	45. 62
马达加斯加	587295	24. 23	93. 6	97. 4	402	4. 17
莫桑比克	799380	28. 01	145. 7	148. 0	528	9. 00
毛里求斯	2040	1. 26	116. 0	116. 8	9252	50. 14
苏丹	1879358	38. 65	883. 4	971. 6	2514	26. 61
南苏丹	644330	11. 88	79. 5	90. 2	759	17. 93
索马里	637660	13. 91	54. 6	59. 3	426	1. 76
塞舌尔	460	0. 09	13. 6	14. 4	15390	58. 12
坦桑尼亚	947300	53. 88	448. 7	456. 3	872	5. 36
南非	1219090	55. 01	3095. 4	3174. 1	5770	51. 92
东非小计	8542383	374. 97	6203. 4	6427. 5	—	—
阿尔及利亚	2381740	39. 87	1604. 7	1647. 8	4133	38. 20
埃及共和国	1001450	93. 78	3319. 2	3327. 0	3548	37. 82
利比亚	1759540	6. 23	—	—	—	19. 02
摩洛哥	446550	34. 80	987. 1	1005. 9	2847	57. 08
突尼斯	163610	11. 27	418. 2	431. 6	3828	48. 52
北非小计	5752890	185. 96	6329. 2	6412. 3	—	—
非洲合计	30167234	1187. 61	21825. 4	22449. 5	1891. 28	10

数据来源：世界银行网站。

（二）非洲大陆的基础设施水平较低

非洲是世界交通运输业比较落后的一个洲，还没有形成完整的交通运输体系。大多数交通线路从沿海港口伸向内地，彼此互相孤立。交通运输以公路为主，另有铁路、海运等方式。南非共和国、马格里布等地区是非洲交通运输比较发达的地区。撒哈拉、卡拉哈迪等地区则是没有现代交通运输线路的空白区。根据 2013 年 9 月底国际商业观察（BMI）发布的撒哈拉以南非洲地区基础设施市场商业环境指数来看，撒哈拉以南非洲地区基础设施市场商业环境指数较低，综合评价地区平均值仅为44.5分，最高加纳的综合评价也仅为53.8，并且基础设施市场商业环境指数高的大多为非洲南部国家，而非洲东部的国家则较低。具体而言，非洲地区基础设施严重建设不足。首先，交通运输方面，目前，非洲大陆面积是世界陆地总面积的23%。但其铁路总长度占世界铁路总长的比重仅为7%。非洲普通公路和高速公路的密度分别为世界平均水平的1/4和1/10。根据非洲开发银行统计，非洲大陆的运输成本与发达国家相比要高出63%，运输成本占其出口总额的比重为30%～50%。其次，电力方面，据渣打银行集团报告指出，非洲大陆大约有50%的国家电力严重缺乏，且电力价格高出亚洲地区2～3倍。世界银行《2016年世界营商环境》报告指出，电力短缺仍是目前该地区营商环境的最大短板。在撒哈拉以南非洲，开办企业获得电力输入平均需花费130天，且每年还需承受平均约700小时的电力中断时间。再次，水资源方面，非洲开发银行统计40%的非洲居民缺乏安全饮用水。2014年3月3日，水资源组织称南部非洲数百万居民仍然过着缺乏清洁饮用水和公厕等公共卫生设施的生活。最后，通信方面，非洲的电话和互联网普及率是世界最低的地区。2014年5月5日国际电信联盟发布2014年通信业发展预测显示，虽然在2010～2013年非洲固定宽带用户保持着两位数的增长势头，但其占全球总数的比重却不足0.5，非洲的移动宽带普及率为19%，互联网连接仅为10%。另外，非洲基础设施融资缺口大，建设项目少。非洲每年基础设施的融资需求为930亿美元，占非洲地区GDP的比重为15%。而每年的基础设施的实际投资约为450亿美元，只能满足需求的一半。[①] 非洲基础设施普遍落后，公路、铁路、港口、机场、电站以及通信网络设备严重不足，是制约非洲经济发展的重要瓶颈。

（三）非洲的教育发展水平低与人口红利

相比其他大洲的国家，非洲国家的教育发展水平普遍较低，且不同国家

① 郑燕霞：《非洲基础设施建设的前景与中国因素分析》，《国际经济合作》2014年第6期，第71～74页。

出现两极分化严重的现象。整个非洲大陆有4.5亿文盲，占非洲总人口的38%，占全世界文盲总数的40%，35%的非洲国家学龄儿童入学率不到40%，世界上文盲率最高的10个国家全部在非洲。根据2016年世界银行的统计数据，贝宁、布基纳法索、中非共和国、马里、南苏丹、几内亚和尼日尔七国的识字率（成人总体占15岁以上人口的百分比）都低于40%，而这些国家也正好处于世界最贫困的国家行列。塞舌尔、赤道几内亚、南非、圣多美和普林西比、利比亚、纳米比亚、毛里求斯等国识字率超过90%，由此可见，识字率较高、教育程度较好的国家普遍经济发展状况较好。这主要在于，贫穷迫使孩子们辍学，从而产生文盲，而通常文盲又处于劳动力的最低层次。文盲延续并加剧了贫困，形成了恶性循环。尽管非洲国家这几年在加快扫盲工作，但文盲人口却在不断增加，根源也在于贫困人口的增加。

但是，非洲大陆巨大的人口基数也意味着巨大的人力资本资源，联合国公布的《世界人口展望》报告显示，非洲拥有全球最快的人口增长率，全球超过一半的新增人口将来自非洲。如果非洲大陆的教育水平在获得进一步的提升之后，其人口红利与经济发展潜力是特别庞大的。不断增长的人口可谓一笔“财富”，因为这意味着将有劳动力大军的壮大和更大的消费市场，进而助力非洲成为更具吸引力的投资目的地，并刺激经济增长。

（四）投资环境整体欠佳，投资风险高

1. 政治动荡与腐败：错综复杂的宗教信仰与利益纷争，对非洲的政治和营商环境产生巨大影响。尤其是在北非的部分伊斯兰国家，政教合一的现象比较明显。由于连年的宗教和政治争端，各国政局的稳定程度差别较大，以摩洛哥等国为代表的经济比较发达国家政治稳定性略好；而阿拉伯之春后部分国家政局变动明显，阿尔及利亚、埃及、利比亚等国先后发生政治局势动荡事件；苏丹因宗教与利益纷争导致南北分裂，国内局势动荡。索马里因贫困而海盗盛行，严重威胁航道安全。撒哈拉以南的非洲地区总体局势趋向稳定，但恐怖组织活动频繁，部分国家出现政变和政府更替，造成社会动荡，严重威胁外国投资经营者的生命财产安全和项目的可持续发展。尼日利

亚的极端组织“博科圣地”（Boko Haram）时常在非洲土地上展开杀戮行为。阿尔及利亚人质危机和马里的动乱都是明证，乌干达的“圣灵抵抗军”、阿尔及利亚的“伊斯兰马格里布基地组织”、索马里的“青年党”日益活跃，南非时不时发生严重的排外骚乱事件。这些局势动荡严重威胁我方企业在该地区项目的可持续性和工作人员的生命财产安全。2013 年利比亚危机导致中国投资的工程项目全部失败，损失近 200 亿美元。

2. 营商环境整体欠佳。除了宗教冲突与政治动荡以外，非洲的整体营商环境也还有很多不便利之处。世界银行发布的《2016 年营商环境报告》显示，非洲国家的营商环境普遍不甚理想，营商便利性排名靠后的主要是非洲国家，包括中非、乍得、南苏丹、利比亚和刚果等国家。除以毛里求斯（排名第 42 位）、南非（排名第 72 位）和塞舌尔（排名第 93 位）等国为代表的部分经济发展状况较好的国家营商便利指数较为靠前以外，其他非洲国家无论在经济发展水平还是国家政治经济制度、社会管理方面都还严重落后。很多非洲国家政治腐败，贸易壁垒严重，市场制度、投资保护都严重缺乏。企业之间的交易习惯普遍是看货购买、现金交易或赊货代销。订单通常定量小，品种多，要货急。由于非洲国家实行进出口商品装船前检验，经常在实际操作中增加了我方的费用，延误了我方交货期，阻碍了贸易的正常开展。非洲作为新兴市场，经济发展相对落后，买方群体总体信用水平偏低，该地区出口信用风险高发的情况确实存在，发生损失的原因主要为买方拖欠和拒收。再者，大多数非洲国家由于其经济实力不强，外汇储备不足，普遍存在外汇紧缺现象，对外汇实行严格的管制制度。我国企业在开展对非贸易的过程中要注意存在无法及时收汇的风险，部分企业铤而走险通过地下钱庄或者黑市交易，更易遭遇风险和损失。

3. 医疗卫生条件差，疾病流行。非洲在很长一段时间以来一直处于世界落后地位，由于生产力水平低下，经济发展滞后，人民最低生活都难以得到保障。加上非洲大陆气候多高温炎热，导致一些传染病很容易流行。非洲每年有数以万计非洲人民的生命都是被疟疾（马来热）、登革热等疾病给夺走的。非洲国民的环境卫生意识很淡薄，生活排泄物以及食品垃圾随处丢弃，未做妥善处理，这些垃圾在烈日的高温作用下很快滋生出各类不利于身体健康的细菌，同时也是各种蚊虫的繁殖场所。非洲地区艾滋病（Aids）、埃博拉（Ebola）病毒等疫病流行。斯威士兰、莱索托、博茨瓦纳、南非和津巴布韦等国为艾滋病多发国，艾滋病病毒感染率（感染人群占15～49岁人口的百分比）超过15%，其中斯威士兰（27%）、莱索托（23%）和博茨瓦纳（22%）的艾滋病感染率均超过20%。2014年埃博拉病毒暴发先后波及几内亚、利比里亚、塞拉利昂、尼日利亚、塞内加尔等国，并首次超出边远的丛林村庄，蔓延至人口密集的大城市。上述因素都使得我国企业和投资者心存顾忌，投资信心不足，从而直接影响了我国企业进一步加强与非洲国家的贸易合作。

四　“一带一路”倡议在非洲的建设前景

三年多来，“一带一路”倡议在非洲大陆取得了显著成绩，整体发展好于预期，主要得益于中非良好的政治互信。2017年是落实中非合作论坛十大合作计划的关键之年。中国企业走进非洲有哪些商机、如何把握？

（一）中国企业拓展非洲经贸合作的重点领域

1. 非洲大陆资源优势明显、开发潜力大

非洲有富饶的自然资源，除了撒哈拉沙漠地带和北非干旱地带以外，大多数的土地适合农业生产，盛产棉花、棕榈油、咖啡、可可等农产品，其中，可可出口量占世界贸易市场的70%，咖啡出口量占35%，棕榈油出口量占50%。非洲的植物至少有40000种以上。森林面积占非洲总面积的21%。盛产红木、黑檀木、花梨木、柯巴树、乌木、樟树、栲树、胡桃木、黄漆木、栓皮栎等经济林木。草原辽阔，面积占非洲总面积的27%，居各洲首位。可开发的水力资源丰富。沿海盛产沙丁鱼、金枪鱼、鲐、鲸等。

非洲大陆蕴含的各类矿产资源十分丰富，北非、西非石油资源丰富，近年来东非的肯尼亚也发现大型油气田。南非、纳米比亚、赞比亚金属矿产、非洲大西洋沿岸和印度洋沿岸渔业资源丰富，在世界上占有重要地位。被称为“不毛之地”的撒哈拉沙漠是个巨大的能源宝库，地下蕴藏着大量的石油，其周围的利比亚、阿尔及利亚、突尼斯和尼日利亚等都是重要的石油出口国，利比亚的日平均采油量高达150万桶。非洲已探明的石油储量约90亿吨，是世界八大产油区之一，每年向世界石油市场提供20%的石油。南非是世界上最大的黄金生产国和出口国，迄今已生产4万多吨黄金，占人类历史上黄金总产量的五分之二。赞比亚铜的蕴藏量达9亿多吨，约占世界蕴藏量的百分之十五，年平均产铜约36万吨，素有“铜矿之国”的美称。统计资料表明，目前全球最重要的50多种矿产中，非洲有17种蕴藏量居世界第一位，黄金、钻石等矿藏占50%以上。铁、锰、铬、钴、镍、钒、铜、铅、锌、锡、磷酸盐等储量很大；黄金、金刚石久负盛名；铀矿脉的相继被发现，使纳米比亚沙漠铀矿储量引起世人瞩目。许多矿物的储量位居世界的前列，这为中国矿业企业提供了绝好机会。

2. 非洲大陆基础设施建设需求旺盛

发展缓慢的工业化和落后的基础设施建设成为非洲各国经济和社会发展的两大瓶颈，非洲经济发展对“三网一化”（建设非洲高速铁路、高速公路和区域航空“三大网络”及基础设施工业化）建设需求强烈。非盟预计2012～2020年非洲基础设施发展计划中的优先行动计划涉及的领域包括能源、交通运输、水资源、通信，预计总投资规模为679亿美元，其中能源和交通运输的投资规模分别为403亿美元、254亿美元，占比分别为59.35%和37.4%。在此背景下，开展双方产能对接合作将从多方面推进非洲“三网一化”建设：改善非洲基础设施建设落后状况；加快非洲工业化进程并改善其贸易结构，促进国际收支平衡；促进非洲人口就业；加速非洲国家产业资本积累；提升非洲各国技术水平。立足双方各自发展战略和现实需求，跨国跨区域基础设施建设、建筑建材行业、电力行业和轻工纺织行业将成为中非产能对接合作的重点领域。

3. 非洲工业化需求旺盛、产能合作天地广阔

非洲是目前世界上工业化程度最低、劳动力与原材料价格低廉的地区。

中国向非洲转移产能，不仅能解决劳动力就业问题，也能促进非洲的工业化进程。按照工业化的一般规律，工业化从劳动密集型与资源开发起步，逐步实现腾飞。我国在纺织品、服装、箱包、鞋类、陶瓷、石材加工、矿业开发与冶炼、建材工业、电子信息技术、机电产业等传统产业领域技术、管理等相对成熟，积累了巨大产能和产业整合能力，具有较强的国际竞争力。但是在国内，由于劳动力成本提高、价格飙升、环保压力加大、人民币升值等多种因素制约，劳动密集型企业的利润空间有限，产业面临转型升级，加工环节需要想外转移。而非洲大陆大部分是低收入国家，是全球最大的“劳动力成本洼地”，仅埃塞俄比亚就有接近1亿人口。除劳动力优势外，部分非洲国家在向欧美出口时还享受关税优惠等待遇。故此，我国可以鼓励劳动密集型企业，将技术、资本和设备等向非洲国家转移，既可以满足非洲当地对此类产品的需求，又有利于利用投资所在国的关税优惠政策，以有竞争力的出口价格打开欧美国家的销售市场。实际上，这些产业对外贸易和投资都比较活跃，是我国实施“走出去”战略的主力军。这些劳动密集型产业正是非洲工业化初期所需要和能够承接的产业。

4. 扩大劳动密集型商品出口潜力巨大

非洲绝大多数国家的经济依赖资源出口，经济结构单一失衡，制造业薄弱，国民经济对进口的高度依赖在一段时间内难以根本改变。当前福建与非洲大陆之间互有需求，双方互为优势。一方面，非洲需要发展工业化、增加就业机会、增加产品附加值。另一方面，我国产品需要非洲市场；中国经济发展也需要大量原料，而非洲是比较可靠的供应地；在当前经济转型期，中国积累了大量富余的优质产能，而这些正是非洲所需要的。中国农业机械、家用电器、轻纺产品和日用消费品等产品质量和价格适中，正好适合非洲地区大多数国家人民的生产生活需要。互补性的产业结构可以成为发展我国与非洲经贸关系的基础，同时不断扩大这些互补性产品的对非出口规模，也将是我国拓展与非洲经贸合作的重点领域之一。

5. 非洲海洋渔业资源丰富、渔业合作前景广阔

印度洋沿岸渔业资源丰富，中国与非洲的远洋渔业合作前景广阔。为了推进中非渔业合作，2012年成立了中非渔业联盟。2014年中非渔业联盟在福州琅岐岛举办了两届海上丝绸之路·21世纪对话（琅岐会议），非洲29个国家的使节和海洋渔业高级官员参与了“中非海洋经济合作圆桌会议”，就联合开发非洲沿海沿岸各国的中非海洋渔业合作基地达成共识，并启动中国非洲海洋渔业合作（琅岐）总部基地的投资合作项目，通过中非渔业合作基地的联合开发与建设，将实施21世纪海上丝绸之路的设想落到实处。① 琅岐经济区高度重视中非渔业总部基地项目，积极协助中非渔业联盟开展前期调研、考察等工作；并提供琅岐岛东部沿海滩涂、海域作为中非渔业联盟总部基地项目用地用海，用于建设中非水产品加工基地、水产品交易中心以及渔业冷链物流基地等。非洲的桑给巴尔、尼日利亚等国家都希望利用中国的资金、技术、设备开发本国的渔业资源。它们希望中国投资者到非洲共同经营渔业市场，通过资源保护与开发、渔业养殖、捕捞、加工和包装、冷链运输等方式将其丰富的渔业资源出口海外。中非携手渔业合作，开辟中非海洋经济走廊，创新了“海上丝绸之路”发展模式，意在形成滚动式贸易发展，互通有无，共同建设“21世纪海上丝绸之路”。

（二）中国企业拓展非洲经贸合作的策略

由于投资环境欠佳，福建开拓非洲目前还应该以贸易和政府间发展援助为先导，在开发市场的基础上推进投资，以发展培育市场，深耕双边经贸关系，实施以贸易为先导带动投资拓展非洲市场的策略。

1. 加强政策沟通，构建中非经贸合作新规则

由于中非文化差异大，政府和社会行为规范不同，投资环境差，是中国企业投资非洲的最大风险。中国政府应加强与非洲国家政府的沟通，帮助非洲国家制定经济特区管理及投资法规。例如，我国在埃塞俄比亚合资创办的东方工业园，推进埃塞俄比亚制定工业园区法，促进制度互联互通，创造可

---

① 《中非渔业总部基地项目福州琅岐启动》，http：//www. fj. chinanews. com/news/2014/2014 - 05 - 07/275602. shtml。

预期的投资环境。目前，我国经济特区发展经验为非洲国家所借鉴，非洲一些国家正在开展工业园、开发区和经济特区的规划工作，一些国家正在开展制定经济开发区和经济特区的立法工作。如坦桑尼亚、南非、埃及、肯尼亚、津巴布韦等都颁布了经济特区法，为中非共建产业合作园提供了法律保障，扫除了体制障碍。

建设经济特区成为一些非洲国家的总体发展战略，使中非共建产业园获得政治保障。中非合作产业园将成为中国企业转移产能和走进非洲发展的重要合作平台，经济特区局部改善了投资环境，必然成为中国企业在非洲投资兴业的热土。我国企业组团创设境外经济合作区，展开集群式对外投资，可以抱团发展、共担风险。中国企业在非洲建设境外加工贸易、资源开发、农业合作和商贸物流“四大基地”，搭建国内企业与境外经贸合作园对接平台，实现企业在园区集中投资、合力开拓市场，既有利于做好对“走出去”企业的领事保护、融资支持等配套服务，又能够培育上下游完整产业链。

2. 采取细分市场、重点经营的市场拓展策略

非洲大陆经济社会发展差异很大，而中国出口商品种类比较多，可以满足不同市场需求。要采取细分市场、重点经营的策略。

地处海丝沿线的东非各国近年来经济保持稳健增长，经济增长率总体维持在4.9%的水平，远远高于非洲平均经济增速1.5%。其中，埃塞俄比亚、坦桑尼亚、肯尼亚的经济增速均超过5%，具备较为良好的地理位置和经济基础，可以作为我国企业开拓非洲市场的重点目标，而海洋渔业合作和互联互通可以成为双方合作的重点领域。

北非石油生产国以阿拉伯国家为主，但近年来颜色革命后，社会陷入动荡，特别是埃及和利比亚等国的经济发展受到一定程度的破坏。北非可重点布局埃及和摩洛哥的港口及重要城市。对非洲比较富裕的石油生产国家，比如尼日利亚、安哥拉、喀麦隆等经济比较富裕的国家可以重点经营机电产品和运输工具。

南部非洲国家经济发展水平进入中等收入行列，消费水平与我国类似。以南非为据点，采取设立贸易公司和经营网点的形式效益比较好。对中非和东非的低收入国家，多数国家经营环境有待改善，重点经营服装鞋帽等日常生活用品比较能满足市场需求。

经营重点应布局印度洋港口城市，如达累斯萨拉姆、巴加莫约、蒙巴萨、吉布提自贸区以及埃及的塞得港和亚历山大港等，并向内地拓展，应充分利用我国驻外机构和华人网络开拓市场。印度洋岛国毛里求斯、塞舌尔、马达加斯加很早就有华人在此开拓，已经融入当地。我国新移民华侨主要集中在南非的德班、肯尼亚、红海沿岸吉布提等国家。

3. 以投资和产能合作为重点培育市场

（1）对非洲以产能转移为主。处于经济起飞前夕的非洲国家对价廉物美的轻纺消费品的消费与投资需求潜力很大。按照比较优势原则，将我国具有优势的传统劳动密集型产业向这些国家投资，构建全球价值链生产体系，将产品加工组装转移至这些国家，将产品设计和原辅材料生产留在国内，促进国内原辅材料的出口和产业转型升级，稳固地占领当地市场。商务部将埃塞俄比亚、肯尼亚、莫桑比克确定为我国产能与制造业合作的重点对象。应实施以促进其发展培育市场为主的策略。

（2）远洋渔业应成为中非合作的重点。目前我国对非洲远洋渔业的投资主要集中在大西洋沿岸的毛里塔尼亚和利比里亚。而东部非洲海丝沿岸拥有丰富的渔业资源，但投资金额相对较少，投资规模小。应继续扩大对印度洋沿岸的南非、肯尼亚、莫桑比克等国家，以及塞舌尔、马达加斯加等印度洋岛国的渔业投资，远洋捕捞与渔业资源深加工相互结合，因地制宜地拓展中非渔业合作。

（3）我国跨国企业“走出去”应充分利用国家对外援助项目的带头示范作用。中国政府2015年宣布中非合作十大计划，国内企业应以落实国家援非合作计划为契机，拓展非洲经贸合作。例如，福建援非菌草项目和中国武夷实业基础设施援建项目，这类项目在促进当地经济发展时，还建立起友好互助的合作关系，在此类援助性工程项目取得信誉后，便于后续福建企业在当地市场深耕细作。应鼓励企业在“走出去”过程中利用好对外援助项目的示范带头作用，深耕当地市场，利用当地便捷且优良的基础设施开展境外投资。

4. **强化人文交流合作，促进民心相通**

（1）以医疗教育援助为突破口。非洲经济技术和卫生条件落后，各种疾病盛行，特别是疟疾、艾滋病和埃博拉疫情是非洲和世界的心头之患。我国医疗系统组织多次援非医疗服务，成效显著。我国医学院和医院应扩大招收非洲医学留学生和从事非洲医务人员培训。加强对非洲疫病防治体系建设的援助。我国医学研究机构和实验室要加强对非洲疟疾、艾滋病、埃博拉病毒的诊治研究，开发病毒疫苗。非洲教育落后，亟待普及中小学教育，应强化对非洲中小学教育课程以及师资力量的培训援助。加强医疗和教育援助，提高非洲国家的健康和人力资源水平，可以拉近民心距离。

（2）加强技术援助和能力建设。在技术培训援非项目是能力建设的重点工程。如福建菌草技术人员到南非已为当地培训技术人员五百多人，取得良好的经济和社会效应。我国水稻技术方面拥有技术优势，可增加对非洲农业技术援助与开发，帮助非洲解决饥荒问题和减少贫困。在援建铁路以及港口的同时，要加强非洲工程技术人才和管理人才的培训，让非洲掌握工程的维护和管理工作。

5. **加强基础设施领域的投资合作，促进互联互通**

（1）基础设施投资对促进投资环境改善和经济发展的带动作用强。发挥我国工程承包与综合渔港建设能力强的优势，利用好“一带一路”战略的基础设施互联互通类项目，并以其作为境外开展经贸合作的先导。推动埃及、吉布提、肯尼亚、莫桑比克、马达加斯加、塞舌尔，以及南部非洲关税同盟等东南非国家港口、船舶修造和综合补给基地建设，推进港口以及疏港铁路和公路等基础设施合作建设，畅通陆水联运通道，增加海上航线和班次，加强海上物流信息化合作。

（2）我国沿海港口城市应主动与非洲的海上丝绸之路沿线各国的港口城市加强交流合作，缔结友好港城，促进双方多层次的深入交流。海丝沿线的非洲重要港口有塞得港、亚历山大港、苏丹港、桑给巴尔港、蒙巴萨港、巴加莫约港、德班港等重要港口。政府要加强政策沟通、投资环境推介与商贸信息交流，促进友好港口城市的互联互通和城际合作，增加海上物流航运与空港物流合作，构建商贸会展、物流基地。利用政府搭台为企业交流合作提供商机和便利。

6.建立健全安全保障体系，保护生命财产安全

在非洲经商，安全问题不容忽视。比如南非的排外骚乱和打劫使福建省经商人员生命财产遭受巨大损失。国家这些年强化了我国领事保护制度。在南苏丹甚至派遣军队维护我国石油企业生产的安全，派军舰在亚丁湾护航保护航道安全。但除了我国驻外机构加强对我国公民的生命财产安全的保护外，我国“走出去”企业还应当采取措施维护自身安全。

首先，增强安全意识，对外投资企业要对当地多做国情、社情和政局变化（宗教文化、部族势力与教派冲突）的调查研究，进行投资风险与安全评估，谨慎投资，减少投资的盲目性。增强安全保障教育，要注重采取安全措施建设，在工厂和居住场所加强戒备和安全防护设施。必要时聘请保镖和保安人员，保护自身安全。同时注重商业信用和汇率风险，建议采取人民币交易，采取措施规避收汇风险。

其次，要注意合规经营与企业社会责任问题，树立中国企业良好形象。我国企业在外国投资经营时往往认为搞定政府主管部门的某个官员就可以了。但如果这个官员因为受贿犯法以及政府更换就难以持续。因此，守法合规经营是长久之计。另外，企业还要注重履行社会责任，注意环保等可持续发展问题，避免与当地利益集团或民众产生矛盾和利益冲突。不断完善与所在地关系，促进社会融合，推动当地经济发展、提高就业率和促进民众生活水平的提高，实现互利共赢。

最后，尊重当地宗教和文化习俗。非洲国家居民都有宗教信仰，各教派都有自身独特的宗教禁忌。触犯当地宗教禁忌，往往会被当作异教徒受到处罚。因此，投资当地和外出经商，务必了解当地国情、宗教习俗和文化传统，尊重当地生活习惯和商业传统，避免触犯当地宗教禁忌。

B.9
21世纪海上丝绸之路背景下中国－埃及交流合作分析*

丁大力**

摘　要：中埃之间的交流合作源远流长，中国的“一带一路”倡议提出后，在建设21世纪海上丝绸之路的背景下，两国在政治、军事安全、经贸、产能、文化艺术和教育科技等领域都有合作，也取得了不少成果。但也要注意的是，双方的合作交流也存在一些问题，这些问题应该引起足够的重视。要解决这些问题，我们就要关注影响双方合作交流的主要因素，在认清问题和理清影响因素之后，才能提出有针对性的可行对策。

关键词：21世纪海上丝绸之路　中埃交流合作　经贸往来　安全合作

习近平主席在2013年提出“一带一路”倡议以后，引起了国际社会极大的反响，“21世纪海上丝绸之路”作为“一带一路”倡议的两大组成部分之一，沿线国家希望通过海洋加强与中国在各个领域的合作，走出一条新的“海上丝路”。其中埃及就是比较典型的代表。由于地理位置的因素，埃及与中国的联系和合作自古以来大多都是从海路开始，参与“一带一路”倡议也主要是参与

---

* 本文为国家社会科学基金项目“‘一带一路’战略的地缘政治分析研究”（15BZZ079）的阶段性成果。

** 丁大力，男，华侨大学海上丝绸之路研究院讲师，研究方向：海上丝绸之路与中国外交；东南亚及中东地区问题；国际谈判。

“21 世纪海上丝绸之路”的建设。中国官方公布的65 个“一带一路”沿线国家中，埃及是唯一的非洲国家[①]，加上埃及又是中东大国，所以埃及在中国推进“21 世纪海上丝绸之路”建设中的作用就比较特殊。在这样的背景下，研究中埃两国的合作交流现状，分析存在的问题和影响因素就具有重要的意义。

一　中国和埃及合作交流的主要领域及其现状

埃及地处亚非欧三大洲交通要冲，扼有苏伊士运河航运要道，一脚踏三洲、跨两海两洋，作为“一带一路”西端交汇地带的区位优势突出。埃及是中东、非洲人口最多的国家，发展空间大。埃及又是中阿、中非合作论坛机制的重要成员，在中东北非有重要影响，埃及的地位有助于协调和推动中国与中东北非国家的交流与合作。中埃经济互补性强，产能合作潜力大，埃及对共建“一带一路”意愿强烈。中埃两国的交流合作有着悠久的历史，就目前来说，已经在多个领域展开，并取得了一些成果。

（一）经贸方面

随着中国加入 WTO，中国对外出口能力大幅提升，对埃及的出口也是如此，从 2010 年开始，中国成为埃及的第一大贸易伙伴。表 1 的数据显示，在中埃贸易往来中，2000 年中国对埃及出口 8. 05 亿美元，从埃及进口 1. 02 亿美元；到 2015 年，中国对埃及出口和进口分别为 120 亿美元和 9 亿美元，贸易顺差从2000 年的7. 03 亿美元增长到2015 年的111 亿美元。[②] 但是2016 年的情况又比往年有所不同，据中国海关统计，2016 年 1 ~ 12 月，中国与埃及双边货物进出口额为 113. 25 亿美元，比去年同期（下同）下降 12. 03%。其中，中国对埃及出口 107. 76 亿美元，下降 9. 92%。

---

① 实际上参与“一带一路”的国家已经有 100 多个，加上“一带一路”倡议本身的开放性，其参与的国家也在不断增加，目前非洲除了埃及之外还有肯尼亚、南非等国。

② 丁锋：《“一带一路”视角下的中国埃及产业合作路径研究》，《经济体制改革》2016 年第 5 期，第 51 页。

表1　中国与埃及贸易关系状况

单位：亿美元

年份	中国出口	中国进口	贸易差额	年份	中国出口	中国进口	贸易差额
2000	8.05	1.02	7.03	2009	51.08	7.37	43.71
2001	8.73	0.80	7.93	2010	60.41	9.18	51.23
2002	8.53	0.92	7.61	2011	72.83	15.18	57.65
2003	9.37	1.53	7.84	2012	82.3	13.20	69.00
2004	13.89	1.88	12.01	2013	83.61	18.53	65.08
2005	19.34	2.11	17.23	2014	104.61	11.60	93.00
2006	29.76	2.17	27.59	2015	120.00	9.00	111.00
2007	43.62	2.40	41.22	2016	107.76	5.49	102.27
2008	58.74	4.29	54.45				

数据来源：根据丁锋《“一带一路”视角下的中国埃及产业合作路径研究》和中国驻埃及大使馆公布的数据整理而成。

据中国海关统计，2017年1～4月，中国与埃及双边货物进出口额为31.93亿美元，比去年同期（下同）下降16.19%。其中，中国对埃及出口27.65亿美元，下降25.31%。中国自埃及进口4.28亿美元，增长297.88%。中国与埃及的贸易顺差23.37亿美元，下降34.99%①。2016年，中国对埃及前五大进口商品为：原油、石材、润滑剂（油脂处理剂）、柑橘和矿砂等。埃及是中国全球第47大贸易伙伴，非洲第3大贸易伙伴。就2017年来说，截至4月，埃及是中国第52大贸易伙伴。据此大概可以预测，2017年整年，中埃之间的贸易总额将会像往年一样稳步增长，但两国的贸易顺差很可能会持续下降。

对外直接投资是一个国家对外经济交流合作的重要方式，中国对埃及的投资规模较小，但增速比较高。在投资埃及的外国排行榜上，中国目前排在第15位，落后于英国、美国、法国、德国、比利时、沙特阿拉伯、阿联酋等。2009年金融危机之后，中国整体的对外直接投资大幅增加，对埃及的直接投资也迅速上升，增加为1.34亿美元，2014年为1.63亿美元。

① 数据来自中国驻埃及大使馆经济商务参赞处官方网站，http://eg.mofcom.gov.cn/article/i/201705/20170502581938.shtml。

数据显示，中国对埃及的直接投资额大多数年份都在增长，而下降的年份，比如2013年，主要原因是埃及国内政局不稳，否则在中国大力推进“21世纪海上丝绸之路”建设的背景下，中埃之间的经济合作都会与大多数沿线国家一样，呈现可喜的势头。

（二）产能合作

在两国的产能合作方面，中埃双方都比较积极，取得了一系列成果。2014年12月，塞西总统访华，两国领导人提出了开展中埃产能合作的建议。随后双方通过电话会议就产能合作项目清单进行了梳理和磋商。2015年6月，中埃产能合作工作组代表团访问埃及，中国发改委和商务部与埃及贸工部和投资部四部委工作层面进行了大组会谈，梳理了优先项目，会议签订了会议纪要，草签了中埃产能合作框架协议，确定了电力、交通和工业领域的15个优先项目清单。2015年9月，塞西访华，两国四部委正式签署中埃产能合作框架协议。

截至目前，中埃两国在产能方面的合作成果最为典型的就是中埃·泰达苏伊士经贸合作区，该合作区位于中国“一带一路”战略和埃及“苏伊士运河走廊”开发战略的黄金交汇点。中国政府把这里作为“一带一路”战略在非洲唯一的“丝路驿站”，埃及政府把这里作为“苏伊士运河走廊”开发计划的起点，合作区成为连接中埃合作、助力中埃大国梦实现的战略桥梁，也是推动中埃“产能合作”落地、承载中国企业走向海外的最佳平台。

（三）文化艺术

除了经济方面以外，中国和埃及在推进“21世纪海上丝绸之路”建设的背景下，在其他领域也有很多交流合作。中国和埃及同为四大文明古国，两国在文化方面都有很高的造诣，交流与合作有良好的基础。中国在开罗专门设立了中国文化中心，这是新世纪我国政府在海外开设的第一个大型文化中心，由前文化部部长孙家正于2002年10月29日为其正式落成揭幕。中心开设旨在宣传、推广中国文化艺术，发展两国政府在语言、文学、教育和科学领域的交流与合作，促进两国双边文化协定和执行计划的实施，以增进两国人民的友谊和文化关系。该中心主要做的工作有三大块：信息服务、教学培训和文化活动。每一块下面又细分为不同的内容（如表2所示）。

表2　开罗中国文化中心主要工作一览

职能	内容	代表性活动
信息服务	图书馆、讲座、电影、咨询	《道德经》翻译心得交流会；"埃及人看中国"座谈会；"中国共产党与改革开放"专题电视片招待会；《十月围城》电影赏析会；在线咨询服务等。
教学培训	汉语班、书法班、武术班、厨艺班、奖学之旅、短期培训	首届"体验汉语"活动；长期或短期汉语培训班；大使杯汉语歌曲大赛；中文电脑培训班；中国饮食文化之夜；中国舞蹈培训班；葫芦丝培训班等。
文化活动	展览、演出、文化节、项目推介	阿拉伯文化遗产摄影展；"中国万花筒"图片展；中国春节展；埃及国际心灵音乐与歌唱艺术节；中埃大学生才艺大赛；旅埃华人庆新春；中国文化之夜等。

数据来源：具体内容根据"开罗中国文化中心"官方网站总结而来。

在中国提出"一带一路"倡议之后，中埃之间的文化交流合作越发频繁。双方开展了很多以"海上丝绸之路"为名的活动，深受两国人民的喜爱。比如，已经举行了十届的"大使杯"汉语歌曲大赛、中国与埃及青年大学生交流暨当代艺术展、2016年建交60周年时的"文化年"活动。2016年8月15日，由中央电视台综合频道制作的《开讲啦》海上丝绸之路特别节目之"文化传承"专场，在埃及开罗中国文化中心顺利录制。一系列的文化活动对增进两国人民对对方国家的了解和友谊起了重要作用。

（四）教育科技

在教育科技领域，中埃双方的交流合作也取得了可喜的成绩。中埃的教育合作主要体现在语言特别是汉语的教育上。2016年3月，国务院副总理刘延东为落实习近平主席的访问成果到访埃及，与埃方签署了教育科技领域的五项合作协议[①]。中埃在高校领域的合作正式进入新的发展时期。埃及苏伊士运河大学语言学院中文系正式挂牌成立。事实上，早在2006年苏伊士运河大学人文学院就已开设了中文系，是埃及最早设立汉语教学的高校之一。一所大学同时开设两个中文专业，可见“汉语热”在这个文明古国正持续升温。据了解，目前埃及有12所高校开设了中文专业。“汉语热”在埃及升温主要有两方面原因，一是埃及作为旅游大国，需要培养大批外语和旅游相结合的专业人才；二是近年来“一带一路”倡议带来的推动力。苏伊士运河大学中文系学生拜斯乃特接受记者采访时就表示，她学习中文是希望毕业后到中埃苏伊士经贸合作区的中国企业工作。北京语言大学中东学院院长罗林认为，除了语言教学以外，合作办学就是一个新的方向，例如东戴河国际教育园区的第一所“中埃学院”正在筹建当中。2016年10月，埃及高教与科研部长艾什拉夫就对此表示了极大兴趣，提出将中埃学院建成一个展示埃及教育和科研的示范窗口，将埃及教育和科研领域的优秀人才派到中国，与中方进行深度交流与合作[②]。2016年11月2日，科技部部长万钢在北京会见了应邀来华参加G20科技创新部长会议的埃及高等教育与科学研究部部长阿什拉夫·希哈一行，双方就下一步中埃科技合作交换意见并达成了多项共识。2017年5月14日，“一带一路”国际合作高峰论坛在北京国家会议中心召开，科技部部长万钢，党组书记、副部长王志刚，副部长黄卫等部领导出席高峰论坛开幕式和高级别会议全体会议。习近平主席出席开幕式并做了主旨演讲，本次论坛只邀请了8个国家，埃及就是其中之一。

① 它们分别是：《中华人民共和国教育部与阿拉伯埃及共和国高等教育与科学研究部关于合作设立中埃交流专项奖学金项目谅解备忘录》、《中华人民共和国教育部与阿拉伯埃及共和国高等教育与科学研究部高等教育合作谅解备忘录》、《中国教科文组织全委会与埃及国家教科文组织全委会合作谅解备忘录》、《中华人民共和国科学技术部与阿拉伯埃及共和国高等教育与科学研究部关于科学园合作的谅解备忘录》和《中华人民共和国科学技术部与阿拉伯埃及共和国高等教育与科学研究部关于建立科技合作联合资助计划的谅解备忘录》。

② 《“一带一路”开启中埃高校合作2.0时代》，http://news.xinhuanet.com/world/2016-11/10/c_129358894.htm。

（五）政治与安全

中埃两国的交往历史源远流长，新中国成立以后，埃及是第一个与中国建交的阿拉伯国家和非洲国家，两国及两国人民的传统友谊是一笔宝贵的外交财富。中埃自1956年5月30日建交以来，两国关系一直发展顺利。“一带一路”倡议提出之后两国的政治关系不断升温。高层互访是两国政治关系发展的重要标志（如表4所示）。埃及总统塞西在2014年上台以后一共访华三次，第一次是在其上任刚刚六个月之际，即2014年12月22日~25日，目的是同中国建立战略性伙伴关系。2015年塞西再次访华，出席中国人民抗日战争暨世界反法西斯战争胜利70周年纪念活动，9月2日，习近平主席在人民大会堂会见了塞西。2013年至2015年两年时间里，习近平已经四次与埃及高层领导人会面，三次是与总统，一次是与总理。其中，“一带一路”倡议都是重要的议题之一。2016年1月20日，习近平访问埃及，这是他第一次访埃，也是12年来访问埃及的中国最高领导人。

表3　中国与埃及主要近年来的主要领导人互访（2000年~2016年）

年份	中方	埃方
2000	国务院副总理吴邦国	
2001	中央政治局委员、书记处书记丁关根 外交部部长唐家璇	教育部部长巴哈丁
2002	国务院总理朱镕基	总统穆巴拉克
2003	全国人大常委会副委员长司马义·艾买提	教育部长巴哈丁 行政监察署长希特莱尔·坦塔维
2004	国家主席胡锦涛 中央政治局委员、广东省委书记张德江	国防部部长坦塔维
2005	中央军委副主席、国务委员兼国防部长曹刚川	
2006	国务委员兼国务院秘书长华建敏 国务院总理温家宝	总统穆巴拉克
2007	最高人民法院院长肖扬 全国人大常委会委员长吴邦国	行政发展部长达尔维什 环境事务国务部长马吉德 人民议会议长苏鲁尔

续表

年份	中方	埃方
2008	全国人大常委会副委员长 司马义·铁力瓦尔地 中央政治局委员、书记处书记、中宣部部长刘云山 中央政治局常委、国务院副总理李克强	武装部队总参谋长萨米·阿南 外交部部长盖特
2009	外交部部长杨洁篪 中央政治局常委、中央纪委书记贺国强 全国人大常委会副委员长陈至立 全国人大常委会副委员长桑国卫 国务院总理温家宝	
2010	中央政治局委员、全国人大常委会副委员长王兆国 中央政治局委员、全国政协副主席王刚	投资部部长穆希丁
2011	外交部部长杨洁篪	
2012	中国政府特使、外交部部长助理张明	总统穆尔西 外交部部长阿姆鲁
2013	中国中东问题特使吴思科	外交部副部长巴德尔 外交部部长法赫米
2014	外交部副部长张明(1月) 工业和信息化部部长苗圩(6月,作为习近平主席特使出席塞西总统就职典礼) 外交部部长王毅(8月) 中共中央政治局委员、中央政法委书记孟建柱(11月,作为习近平主席特使访埃)	外交部部长法赫米(6月,来华出席中阿合作论坛第六届部长级会议) 投资部部长萨勒曼(9月,来华出席2014年“夏季达沃斯论坛”) 总统塞西(12月)
2015	商务部部长高虎城(3月,作为习近平主席特使出席“埃及经济发展大会”) 国务委员杨洁篪(6月) 文化部部长雒树刚(8月,作为习近平主席特使出席埃及新苏伊士运河竣工典礼)	国防部部长苏卜希(4月) 总统塞西(9月)
2016	国家主席习近平(1月) 国务院副总理刘延东(3月) 全国人大常委会副委员长吉炳轩(11月) 全国政协副主席王家瑞(12月)	住房和公共设施部长马德布里(3月) 通信和信息技术部部长艾尔卡迪(5月) 工贸部长卡比勒、投资部长胡尔希德(7月) 总统塞西(9月) 总统安全事务顾问纳佳(9月)

＊数据来源：中国外交部官方网站。

中埃两国在颇为敏感的军事国防领域的交流与合作同样引人注目。埃及总统塞西在2014年访华时，习近平曾明确表示，中方愿意推进两军交流，深化执法安全领域合作，共同打击恐怖主义和跨国犯罪[①]。2015年9月6日，中埃两国海军在地中海实现了首次联合演练，通过演练，进一步提高了双方舰艇的协同配合能力，深化了中埃两国海军的互信合作。2015年12月25日，埃及纳赛尔高等军事学院院长阿提夫少将到国防大学防务学院访问，这是双方军事院校之间的一次重要交流。2017年3月21日开始，中国军事文化周在埃及举行，旨在通过联合军乐演出、图片书画展览、新闻传播交流和文博陈列考察等形式，加强两军在军事文化领域的交流互动，不断增进两军彼此了解，深化两军传统友谊。两国在军事方面的交流合作还有一个典型的例子，那就是中埃防务委员会的建立。该委员会的定位是中国和埃及两国为加强军事合作和交流的国际性军事论坛。委员会两年召开一次会议，目前已经召开了三次，第二次和第三次分别于2014年和2016年举行，双方重要的军政界人物都积极参加，这对两国军事交流的深入具有重大的推动作用。

综合各个领域的交流合作情况可以看出，中国和埃及从古至今都保持了良好的关系，海上丝绸之路起到了纽带作用。新中国成立后，埃及是第一个与中国建交的阿拉伯国家和非洲国家，中埃之间的传统友谊一直延续了下来，可以说埃及已经成为中国在海上丝绸之路的重要合作伙伴之一。2013年中国提出“一带一路”倡议以后，中埃之间的交流合作更加深入，在中国与海上丝绸之路沿线国家的交流合作中，树立了一个良好的榜样。

二　当前中国和埃及合作交流的主要特点

埃及是海上丝绸之路的支点国家，地理位置非常重要。中国与埃及的交

① 《习近平同埃及总统塞西举行会谈》，《中国青年报》2014年4月24日，第01版，http://zqb.cyol.com/html/2014-12/24/nw.D110000zgqnb_20141224_7-01.htm。

流与合作是推进21世纪海上丝绸之路建设的必然要求，也是“一带一路”倡议在西线能否顺利推进的关键点之一。回顾中埃双方过去的交流合作，特别是2013年习近平主席提出“一带一路”倡议之后，中埃两国的交流合作与中国和其他国家的交流合作有相似之处，但也有自身的特点，总结这些特点对于全面系统地认识“21世纪海上丝绸之路”背景下的中埃合作交流具有很大的启发意义。

第一，中埃两国的合作交流从古至今从未间断，有良好的传统。中国和埃及都是古代四大文明古国中的杰出代表，在欧亚非三大洲的两端各自创造了享誉世界的伟大文明，而在古代丝绸之路沿线，埃及就已经是重要的国家。正如2001年，时任埃及驻华大使阿里·侯夫尼所说，“埃中关系是历史性的和独一无二的，它不仅仅是过去45年的产物，而且是经过几千年的积淀”①。新中国成立以后，埃及不顾西方国家的反对，于1956年与中国建交，成为第一个与中国建交的阿拉伯国家和非洲国家。中国驻埃及大使2011年在中埃建交55周年研讨会上的发言就做了很好的总结。②

在21世纪特别是“一带一路”倡议提出以后，中埃两国仍然延续了友好交往的传统。2014年12月，埃及总统塞西对中国进行国事访问期间，两

① 陈万里、王有勇：《当代埃及社会与文化》，上海外语教育出版社，2002，第113页。

② 宋大使专门提道：“中埃建交后，两国友好合作关系不断向前发展。中国始终把和平共处五项原则作为处理中埃关系的基本原则，坚定支持埃及和阿拉伯人民反对外来入侵、维护国家主权和领土完整的正义事业。1956年11月20日，埃及政府宣布将苏伊士运河收归国有，随即遭到严重外来武装侵略。在此紧要关头，周总理当即致电纳赛尔总统，代表中国人民坚决支持埃及的正义行动，并宣布向埃及提供财政支持。中国政府和人民这种伸张正义、扶危济困的行动，在两国建交初期促进了两国结为患难之交和真诚朋友。中国始终把埃及作为挚友。1963年12月，周总理率团访问亚非欧14国，这是中国国家领导人首次访问非洲大陆，而访问的首站就是埃及。我们不会忘记，正是由于埃及等一批发展中国家的不懈努力，中国在联合国的合法席位于1971年得到了恢复。毛泽东主席曾表示，是广大的非洲兄弟把中国抬进了联合国。我们也不会忘记，3年前，当中国汶川发生特大地震时，埃及政府和人民迅速派出飞机运送赈灾物资”。引自《传承友谊，携手奋进，开创中埃关系更加美好的明天——宋大使在中埃建交55周年研讨会上的讲话》，中国驻埃及大使馆官方网站，2011年5月31日，http：//eg. china-embassy. org/chn/zaigx/t827136. htm。

国共同决定将中埃关系提升为全面战略伙伴关系。2016 年是中埃两国建交 60 周年，双方将在埃及举办“中国文化年”、在中国举办“埃及文化年”。2017 年 5 月 14 日至 15 日第一届“一带一路”高峰论坛在北京举行，受到了世界的关注，埃及总统虽然没有出席，但是却派出了以多名部长为代表的高级访问团与会，并对论坛给予高度的肯定。[①] 中国对埃及的支持也同样投桃报李，15 日在北京专门举行了以“苏伊士运河：通向丝绸之路的门户”为主题的埃及－中国投资论坛。中国与埃及的交流合作延续了传统，把历史上形成的友谊和互信延续到了“一带一路”倡议的相关合作项目和领域中来，就历史来看，这是水到渠成的事。

第二，中埃两国交流合作的领域广，内容丰富。“一带一路”倡议内涵丰富，归纳起来就是“五通三体”[②]，其中“五通”是实现“三体”的手段，也是“一带一路”倡议要实现的目标。作为“一路”的“21 世纪海上丝绸之路”当然也是要实现“五通”，中埃两国的合作交流涉及政治、经贸、文化、教育、军事各个领域，并且已经在“五通”的五个方面都展开了合作。2017 年 5 月 15 日，新华社对外公布了《“一带一路”国际合作高峰论坛成果清单》，清单主要涵盖政策沟通、设施联通、贸易畅通、资金融通、民心相通 5 大类，共 76 大项、270 多项具体成果。其中有多处专门提到了埃及[③]，如果加上没有直接提国名，而是笼统地提出的话，中埃两国在“五通”方面其实都取得了成果，正如中国驻埃及大使宋爱国 5 月 10 日在驻埃及大使馆举行的记者会上推介“一带一路”国际高峰论坛时所说：“经过中埃双方近年来共同努力，两国‘一带一路’合作已在“五通”方面取

① 《综述：埃及政商界人士为“一带一路”国际合作高峰论坛点赞》，http：//news. xinhuanet. com/2017－05/16/c_ 1120982869. htm。

② “五通”就是政策沟通、设施联通、贸易畅通、资金融通、民心相通。这“五通”是统一体、缺一不可。“三体”就是利益共同体、命运共同体和责任共同体。三者也是一个整体，不可分割，就是共赢。

③ 分别是“二、深化项目合作，促进设施联通”中的第十二项，“三、扩大产业投资，实现贸易畅通”中的第十和第十四两项，“四、加强金融合作，促进资金融通”中的第十和第十二两项。

得了可喜的早期收获。中埃两国就‘一带一路’加强合作，有利于充实两国全面战略伙伴关系内涵，促进各自发展战略的实现，使双方都能从“一带一路”建设中实实在在地受益”①。

第三，两国政府尤其是高层对交流合作非常重视。“一带一路”倡议内容丰富，意义重大，对于中国和沿线国家来说都是一个难得的发展机遇，“21世纪海上丝绸之路”作为其中的一部分自然也不例外。想要把倡议变为现实就必须要求沿线国家通力合作，否则便会成为一厢情愿的空中楼阁，其中各国政府特别是高层的重视与推动是关键一环。中国提出“一带一路”倡议以后，埃及反响强烈，双方政府特别是高层往来不断，特别是两国的国家元首都亲自上阵，短时间内实现了互访。就埃及方面来说，埃及总统塞西上任不到半年就于2014年12月访问了中国，2015年9月再度访华。就中国方面来说，2013年至2015年两年时间里，习近平已经四次与埃及高层领导人，三次总统，一次总理。其中，“一带一路”倡议都是重要的议题之一。2016年1月20日，习近平访问埃及，这是他第一次访埃，也是12年来访问埃及的中国最高领导人。部长级和其他级别的官方往来更是数不胜数。正是由于双方高层的重视，两国在短短几年间就取得了很多成果。没有两国政府高层的支持和推动，这样的合作交流是实现不了的，2016年1月习近平主席访问埃及时，中埃两国签署了《中华人民共和国和阿拉伯埃及共和国关于加强两国全面战略伙伴关系的五年实施纲要》，文件中首先对两国关系作了定位，同时在第五条中明确了对对方发展战略的支持：“埃方强调，埃方支持中方提出的建设‘丝绸之路经济带’和‘21世纪海上丝绸之路’重要倡议。双方同意在该倡议框架下加强合作，特别是中方支持埃及政府为实现埃及经济复苏制定的各项计划，其中既包括开发苏伊士运河走廊等国家级重大项目，也包括其他双方认定有经济可行性的重要项目。”

---

① 《“一带一路”国际合作高峰论坛宣介会在埃及举行》，http://world.people.com.cn/GB/n1/2017/0510/c1002－29266975.html。

三　当前中国和埃及合作交流存在的主要问题

中国和埃及同为世界文明古国，又是各自文明圈的代表性国家，加上历史上的辉煌，为“21 世纪海上丝绸之路”建设背景下的合作交流打下了雄厚的基础。目前两国合作交流也在不断深入，并且取得了很多成果，这对于双方来说都是利国利民的长远大计。但毕竟“一带一路”的提出和推进对中国和沿线国家来说都还是一个新事物，还需要在实践中不断地摸索进而积累经验，所以中国和埃及的合作交流不可避免地存在一些不足之处。

第一，已经取得的成果覆盖面尚不均衡，还有很大的提升空间。中埃两国的合作交流从历史上就开始并一直发展到了现在，应该说已经取得了很多的成果，特别是中国提出“一带一路”倡议后，两国的合作交流更加深入，这是不可否认的事实。但仔细分析我国在 2017 年 5 月 16 日发布的《“一带一路”国际合作高峰论坛成果清单》就会发现，在这份主要以“五通”作为成果发布类别的文件中，直接点名“埃及”的主要集中在“设施联通”、“贸易畅通”和“资金融通”三个方面，而这三个方面之间也不平衡，“设施联通”一项，“贸易畅通”两项，“资金融通”三项。“政策沟通”和“民心相通”的具体成果中并没有专门提到埃及。虽然清单中罗列的一些成果包含了大多数沿线国家，埃及也包括在内，但这与中埃两国在历史上的合作交流和埃及在“一带一路”特别是“21 世纪海上丝绸之路”中的战略地位都不相符。虽然中埃两国政府，特别是高层对双方的合作非常重视，也签署了一些文件，但在“政策沟通”方面却没有提及埃及，这说明双方在政策方面还需进一步沟通，为合作的深入提供支持。还需注意的是，中埃两国同为文明古国，各自有丰富的文化遗产，同时双方的交往也源远流长，但在“民心相通”方面的确没有具体成果，这说明两国民众对对方的了解还很不够，“官心”早已“相通”，但并没有相应地带来“民心”也“相通”，中埃两国丰富的历史文化资源并没有充分助力“民心相通”，特别是中国提出“一带一路”倡议以后，中埃两国在“民心相通”方面投入的精力多，但重要性方面还比不上一些阿拉伯国家：沙特、突尼斯、巴勒斯坦，这对埃及这样的阿拉伯大国来说是不正常的。

第二，两国的普通民众对对方的了解有限，这成为“民心相通”和两国交流合作继续深化的一大障碍。习近平主席指出，“国之交在于民相亲，民相亲在于心相通”。“一带一路”要行稳致远，离不开“民心相通”的支撑和保障，需要实施好“增进民心相通”这项基础性工程。国家之间的友好合作要想长久，仅靠政府的推动是不够的，民众的支持才是更为根本的推动和维系力量，而民众支持的基础是民心的相通，要做到相通，则必须加强民众之间的友好往来，让对方普通百姓听懂本国的故事。应该说中埃两国政府已经做了大量的工作，特别是在文化、教育、科技方面取得了不小的成绩，也促进了双方民众对对方国家的了解和认识①。随着中国综合国力的增强，国际影响力不断加大，埃及人学习中文和到中国留学的人数也不断增加，普通埃及人平时还可以通过中国的电视剧和电影来了解中国。汉语班、武术班、茶艺班……在中国开罗文化中心，这里聚集了一批热爱中国文化的埃及人。中国驻埃及大使馆文化参赞陈冬云说，由于中国和埃及相距遥远，民众之间相互了解不多，希望利用文化这个平台，给两国民众提供一个互相了解的机会②。与此相对应的中国民众对埃及的了解则非常少，主要通过留学、旅游、电视新闻、阿语教育等来认识埃及，渠道有限，信息量也相对单一，留学、旅游和阿语教育这些相对更加近距离了解埃及的渠道又只是少数中国人的选择，所以电视新闻、政府活动和来华埃及人成了大多数中国人了解埃及的渠道。加上宗教的巨大差异，中国人对埃及的了解欲望少于埃及人对中国的了解欲望。正是以上原因，导致中埃两国的普通民众虽有双方政府的推动，但还不能满足现实需求，“民心相通”还有很长的路要走。

第三，在中埃贸易中中国长期处于顺差地位，且差距巨大，这样的局面如果不改变的话，一方面会影响到两国正常的贸易，另一方面有可能会影响

① 双方所做的具体工作和取得的成绩在本文的第一部分已有详述，在此就不再赘述。

② 《埃及人想要迫切了解中国》，http：//news.163.com/15/0522/05/AQ6QJ0LE00014AED.html。

到两国其他方面的交流合作。据统计，从2000年至2016年的17年间，中埃两国的贸易额不断增加，但是中国一直处于顺差地位，且贸易差额长期处于不断扩大的趋势，贸易差额最小的是2000年，为7.03亿美元，最大的是2015年，达到了111亿美元，是2000年的15.8倍。2016年虽然有所下降，但也突破了百亿美元大关，达到102.27亿美元。据我国商务部统计，中国已经连续多年成为埃及的第一大贸易伙伴和进口来源地，2016年，埃及为中国全球第47大贸易伙伴，非洲第3大贸易伙伴[①]。在两国贸易中，中国长期的顺差地位，说明中国优势明显，埃及处于劣势，虽然双边贸易额在增加，但两国从中的获利却不平衡。长此以往，两国的贸易争端将很可能越来越多。实际上埃及政府也注意到了这个问题。2016年12月5日，埃及当局大幅调高超过300类商品的关税，借以鼓励国内生产，同时抑制不断升高的贸易逆差，但这令人担心已经苦于面对两位数通胀的消费者还将迎来进一步的物价上涨[②]。虽然该措施并非针对中国，但中埃之间的巨大贸易逆差却肯定是关键的诱因和抑制对象之一。如果该问题再被西方国家利用，挑拨两国关系的话，势必对两国关系的发展造成不利影响。另外，随着中国企业和中国民众赴埃及投资、留学和旅游的人不断增多，他们的一些不文明行为也可能会成为影响中国在埃及民众中形象的定时炸弹。长期的贸易逆差给民众带来的心理上的冲击也会强化中国在埃及民众心中的不文明形象，最终会影响到中埃关系的大局。

四　当前影响中国和埃及合作交流的主要因素

要解决中国和埃及的交流合作中存在的主要问题就必须要弄清楚影响两国合作交流的主要因素是什么，从这些因素入手提出解决问题的建议才会具

① 《2016年中埃贸易额下降为近6年来首次》，中国商务部网站，http：//www.mofcom.gov.cn/article/i/jyjl/k/201702/20170202510620.shtml。

② 《埃及政府大幅调高多类商品关税以抑制贸易逆差》，2016年12月5日，http：//finance.sina.com.cn/stock/usstock/c/2016－12－05/doc－ifxyiayq2365820.shtml。

有针对性和可操作性。本文认为，这些因素主要有以下几个。

第一，埃及国内的局势。一个国家的对外政策最终是要服务于其国内发展的需要，所以受国内因素的影响非常明显，可以说如果抛开国内因素去解释一个国家的对外政策的话，那很可能无法找到问题的本质。所以，国内因素是影响中埃两国合作交流的关键因素，考虑到中国国内局势长期以来的稳定性和中国外交政策的连续性，在可预见的未来，中国对埃及的政策出现大的改变和间断性反复的可能性非常低。所以实际上，埃及的国内局势成了影响两国合作交流的最重要的国内因素。一方面是军队在埃及各个领域的特殊地位。有学者指出，军队在埃及其实起到了双重作用，在埃及政治和经济秩序重建中，军队虽然成为恢复政治秩序的决定性力量和恢复经济秩序的主要依靠，但其威权统治势必为未来埃及政治动荡埋下隐患，其特殊的军队经济将会成为未来埃及经济改革的重要障碍①。军队的双重作用势必会对埃及的对外政策产生溢出作用，一旦中埃的合作威胁到军队的利益，那么两国的合作前景将变得不妙。另一方面，埃及国内的安全形势，特别是恐怖主义的威胁近年来日益严峻，特别是 2017 年以来更加令人担忧。埃及政府自 2013 年以来在西奈半岛打击极端组织和反政府武装，迄今损失数以百计士兵和警察。近几个月来，埃及安全形势严峻。4 月 9 日，北部城市坦塔、亚历山大遭恐怖袭击，塞西随即宣布埃及进入为期 3 个月的紧急状态。7 月 10 日，埃及政府将紧急状态延长 3 个月。埃及总统阿卜杜勒－法塔赫·塞西 7 月 26 日颁布总统令，宣布成立“全国反恐怖主义和反极端主义委员会”，以应对日益严峻的恐怖主义威胁②。鉴于近期埃及国内暴力事件多发，7 月 16 日，中国驻埃及大使馆提醒在埃及的中国游客注意安全，安全提醒的有效期到 2017 年 10 月 15 日。安全问题如果不能得到有效解决，中埃的合作，特别是中国对埃及的投资，中国人到埃及留学、旅游、文化交流活动等都会受

① 王建：《军队在埃及政治和经济秩序重建中的作用》，《阿拉伯世界研究》2016 年第 6 期，第 101 页。

② 《形势严峻出重拳　埃及设全国委员会加强反恐》，2017 年 7 月 28 日，http：//world. people. com. cn/n1/2017/0728/c1002－29434606. html。

到很大的影响。

第二，第三方势力的影响。中国和埃及的合作交流源远流长，这既符合双方的共同利益，也符合全球化的时代潮流，本是好事。但却刺激了以美国为首的西方国家，被他们解读为中国想要在非洲扩张势力，虽然中国没有像他们过去那样占领非洲土地，却仍然被说成是中国想在经济上占领非洲、殖民非洲，是新殖民主义。虽然这样的观点并没有被非洲主流社会接受，也受到了大多数非洲国家领导人的驳斥，但由于西方国家在非洲的舆论优势，如果中国在中非合作中出现差错，那么很有可能就会被西方媒体利用，对非洲普通民众产生影响，甚至出现反华情绪。2015 年 12 月，马达加斯加共和国的一家中资糖厂发生暴力抗议。工人纵火焚烧工厂和掠夺存货。他们要求厂方支付更高的工资和为 1300 名临时工人提供长期合同。马达加斯加政府安排中国员工撤离。北京谴责马达加斯加政府无力保护中国的利益并要求赔偿。中国官方媒体也痛斥排外和种族主义。在 2010 年赞比亚铜矿骚乱中，三名中国经理被矿工杀死。在赤道几内亚（Equatorial Guinea）和苏丹（Sudan），近年也有中国员工和经理被杀。此外，中国驻安哥拉（Angola）大使也声称，中国人民受到攻击。对中国最普遍的抱怨，是中国公司并没有为当地制造就业，而是从大陆引进大量员工。在犯罪问题严重，受害者来自不同种族的国家，中国人经常是目标。中国公司一般不熟悉当地法律，这是导致剥削和凌虐等指责的原因①。BBC 的一项调查显示，2015 年全世界反华情绪排行榜中，南非、乌干达、肯尼亚、尼日利亚、塞内加尔、坦桑尼亚、布基纳法索、加纳、埃塞俄比亚共 9 个非洲国家上榜，如果再考虑到埃及同时也是中东阿拉伯国家的特性，和埃及同处一个区域的相似性很高的国家中，反华情绪严重的国家则更多②。如果这份调查可靠的话，说明在埃及周边国家中反华情绪的确存在，有可能会蔓延到埃及。如果这份调查不够客

① 罗洛·霍达：《非洲的反华情绪》，四月网，2015 年 3 月 16 日，http://www.m4.cn/opinion/2015－03/1266638.shtml。

② 具体名单参见“BBC 调查：2015 年全世界各国反华情绪排行榜出炉”，铁血网，2015 年 10 月 9 日，http://bbs.tiexue.net/post2_9665160_2.html。

观，是西方媒体有意制造对中国国家形象不利的舆论环境的话，则说明以西方国家为代表的第三方势力的确在影响中国的对外交流与合作。

第三，文化因素。文化是历史发展的产物，是人类在社会前进过程中，所创造的物质财富和精神财富的概括、总结和提高，人类历史上的主要文化又都与各民族的主要宗教信仰紧密联系在一起，宗教成为界定当今主要文化体系和发展倾向的重要标志，成为文化创新和发展的重要基础与广阔空间①。中国和埃及同为文明古国，都曾创造了灿烂的文化，对人类历史的发展做出了各自的重要贡献，所以丰富的文化资源就成为21世纪海上丝绸之路建设背景下两国合作交流的重要领域，这对于“民心相通”也具有重要的作用。虽然目前两国在文化上的合作很多，但不可否认的是还存在一些不足，造成两国普通百姓对对方的了解还比较少，处于非常浅显的层面，其中最具代表性的就是宗教。而伊斯兰教因素最为关键。鉴于伊斯兰教在埃及的特殊地位，中国在与埃及交往过程中不可避免地会面临伊斯兰教因素的影响。作为伊斯兰大国的埃及，伊斯兰教的影响无处不在，无论是埃及的内政还是外交都避免不了伊斯兰教的影响。所以中国与埃及的交流合作必须考虑到伊斯兰教及其穆斯林民众的利益。自“9·11”事件以后，伊斯兰教被西方媒体和某些学者、政客妖魔化，几乎把伊斯兰教等同于恐怖主义，穆斯林等同于恐怖分子，而近些年的恐怖主义的确大多与伊斯兰教联系在一起，包括中国普通民众在内的普通人对伊斯兰教和穆斯林有一种畏惧感，这样的畏惧感又慢慢会产生对伊斯兰教的偏见甚至是敌意。中国其实是亚洲地区的穆斯林大国，有十个少数民族信仰伊斯兰教，据统计目前中国的穆斯林人口有近3000万，但不可否认的是在中国，普通民众并不了解伊斯兰教，对伊斯兰文化的知识要么一知半解，要么就受西方的影响把伊斯兰教神秘化。实际上在今天的中国，民众对基督教的了解和认可程度超过了对伊斯兰教和伊斯兰文化。中国基督教在改革开放以来获得了超常规的增长，以基督教为代表的西方文化在中国的认可度高于以伊斯兰教为代表的阿拉伯文化。总之，中

① 李振中：《中国文化和阿拉伯文化》，《西北民族研究》2014年第3期，第106～107页。

国普通民众对伊斯兰教和伊斯兰文明的不了解很可能会成为中国与以埃及为代表的伊斯兰国家的合作交流的定时炸弹，而随着中国综合国力的增强，实力远远超过伊斯兰国家，中国普通民众在面对伊斯兰文明时内心的优越感会导致中国人并不想甚至是不屑于去认真了解和认识伊斯兰教和伊斯兰文明。这将会是中国与以埃及为代表的伊斯兰国家深入合作，真正实现“民心相通”的关键障碍。

第四，中国和埃及合作交流的互惠实现情况。当前中国和埃及的合作交流大多是在“一带一路”倡议框架下进行，埃及作为21世纪海上丝绸之路沿线的节点国家，积极参与，并把自身的发展战略主动与“一带一路”倡议对接，目的就在于在加强与中国合作的基础上，为国家的发展获取更多的利益。两国在合作交流中的互惠情况，将会是两国继续深入合作交流的最大动力所在。“一带一路”倡议其实是中国主动向国际社会提供的国际公共产品[①]。非竞争性、非排他性和互惠性是国际公共产品最重要的特征。其中互惠性既针对供给方，又针对消费方。作为“一带一路”的国际公共产品想要得到国际社会的认可，无论是中国还是参与其中的国家都应该从中获益。就中埃的合作交流来说，中国提出“一带一路”倡议之后，埃及积极响应，特别是政府高层积极推动，双方这样的互动就是对“一带一路”这一国际公共产品的共同消费，而在各个领域取得的成果对于双方来说都具有互惠性质。正是这样的互惠让两国有继续深入合作的动力。不过互惠并不是简单地实现非零和即可，而是要在照顾到双方都得益的前提下，相互之间获益的差距不能长时间处于较大水平，应该尽量让双方的获利处于大致平衡的状态，

① 国际公共产品是公共产品在全球范围的引申和拓展，指收益及成本均超越单一国界和族群的物品、资源、服务、规则系统或政策体系，包括国际规则及其执行所需的载体、平台、运行成本以及企业和私人机构对优化全球经济治理所承担的社会责任或服务。国际公共产品供给方式主要包括霸权国家提供、国际组织或机制促进主权国家供给、国家间选择性激励供给、全球公民社会和全球公私伙伴关系等。作为中国推出的新型国际公共产品，“一带一路”倡议既具有公共产品非竞争性和非排他性的基本特征，又体现出独特的中国品质，是国际公共产品共性与个性的有机统一，引自王亚军《“一带一路”倡议的理论创新与典范价值》，《世界经济与政治》2017年第3期，第5页。

否则获益长期处于较少数量的一方就会处于不利地位，从而降低参与的意愿，甚至寻找新的合作对象以代替现有的合作伙伴。目前中埃两国在贸易领域的差额就过于巨大，长期处于逆差地位的埃及到底能够忍受多久是一个未知数，应该引起两国政府的注意。此外，双方民众是否能够真真切切地感受到合作交流带来的好处，是民众是否支持两国现有合作模式的前提，也是21 世纪海上丝绸之路建设在埃及能否顺利推进的关键所在。作为国际公共产品的“一带一路”倡议能否成功关键在于能否得到中国和参与国家的“民心”，“得民心者，得天下”这对于中埃两国的长期合作交流是适用的。

以上四个方面就是影响中埃两国在建设“21 世纪海上丝绸之路”背景下，不断深入合作交流的最重要因素。当然除了这四个方面之外其他一些因素或多或少也会造成一定的影响，如国际及地区形势、中国对外战略的变化、在埃及的华侨华人等，但本文认为这些因素都不足以成为主要因素。对于中国来说，积极加强与埃及的合作交流是推进“一带一路”倡议，特别是建设“21 世纪海上丝绸之路”的客观要求。由于中国过去并没有提供“一带一路”倡议这样具有开放性和包容性的国际公共产品的经验，同时还会受到国内外各种因素的影响，所以注定不会一帆风顺。研究并弄清目前主要的影响因素，无论是理论上还是时间上都具有重要的意义。

结　论

“一带一路”倡议之所以在国际社会引起广泛的关注，不仅是因为倡议本身的巨大包容性和开放性，而且是因为这个倡议不是由当前国际秩序的主导者——西方国家提出，而是由他们眼中的挑战者——中国提出。“一带一路”倡议作为非西方国家对全球治理提出的方案，既有机遇也会面临挑战。中国和埃及的合作交流就是在这样一个背景下进行的。

中国和埃及都是文明古国，双方古代就有来往，古丝绸之路就有埃及的参与，而新中国之后，埃及又是第一个承认新中国的阿拉伯国家。所以双方的合作无论是古代还是现代都有良好的基础。“一带一路”倡议提出后，两国在政治、军事安全、经贸、产能、文化艺术和教育科技等领域都有合作，也取得了不少成果。但也要注意的是，双方的合作交流也存在一些问题，主要有取得重要成果的领域不全面、双方民众对对方国家的了解有待加强和双方贸易额长期存在巨大差距等。这些问题应该引起足够的重视。要解决这些问题，我们就要关注影响双方合作交流的主要因素：国内因素、第三方势力、文化特别是伊斯兰教因素和成果互惠的情况等。

在了解现状和问题、弄清影响因素的前提下，为两国在“一带一路”倡议特别是着力推进“21 世纪海上丝绸”建设背景下，不断深入合作交流提出对策建议才是可行的。本文研究的目的并不在于为决策部门提出具体的解决问题的方案，而是在于厘清目前中埃合作的现状、问题和影响因素，建议相关决策部门在制定具体政策时从问题和影响因素的角度出发，这样可能更具现实意义。

参考文献

丁锋：《“一带一路”视角下的中国埃及产业合作路径研究》，《经济体制改革》2016 年第 5 期。

《2017 年 4 月中国对埃及出口下降 15.72%，进口增长 196.71%》，中国驻埃及大使馆经济商务参赞处官方网站，2017 年 5 月 25 日。

《“一带一路”开启中埃高校合作 2.0 时代》，新华网，2016 年 11 月 10 日。

《中国与埃及之间那些不得不说的故事（双语）》，搜狐网，2016 年 1 月 23 日。

《中国同埃及的关系》，外交部官方网站，2017 年 1 月。

《习近平同埃及总统塞西举行会谈》，《中国青年报》2014 年 4 月 24 日。

陈万里、王有勇：《当代埃及社会与文化》，上海外语教育出版社，2002。

《传承友谊，携手奋进，开创中埃关系更加美好的明天——宋大使在中埃建交 55 周年研讨会上的讲话》，中国驻埃及大使馆官方网站，2011 年 5 月 31 日。

《综述：埃及政商界人士为“一带一路”国际合作高峰论坛点赞》，新华网，2017 年 5 月 16 日。

《“一带一路”国际合作高峰论坛宣介会在埃及举行》，新华网，2017 年 5 月 10 日。

《埃及人想要迫切了解中国》，网易新闻，2015 年 5 月 22 日。

《2016年中埃贸易额下降为近6年来首次》，中国商务部网站，2017年2月6日。

《埃及政府大幅调高多类商品关税以抑制贸易逆差》，新浪网，2016年12月5日。

王建：《军队在埃及政治和经济秩序重建中的作用》，《阿拉伯世界研究》，2016年第6期。

《形势严峻出重拳　埃及设全国委员会加强反恐》，人民网，2017年7月28日。

《中国在非洲搞新殖民主义？人民日报驳六大质疑》，观察者网，2015年12月4日。

罗洛·霍达：《非洲的反华情绪》，四月网，2015年3月16日。

《BBC调查：2015年全世界各国反华情绪排行榜出炉》，铁血网，2015年10月9日。

李振中：《中国文化和阿拉伯文化》，《西北民族研究》2014年第3期。

马明良：《伊斯兰教与“一带一路”建设》，《中国穆斯林》，2015年6月。

《中国基督教信徒人数“超常规增长”在2300万至4000万之间》，观察者网，2014年8月6日。

王亚军：《“一带一路”倡议的理论创新与典范价值》，《世界经济与政治》2017年第3期。

陈明宝、陈平：《国际公共产品供给视角下“一带一路”的合作机制构建》，《广东社会科学》2015年第5期。

B.10 “一带一路”倡议与中澳经济合作的发展前景

张东东*

摘　要：“一带一路”倡议是通过加强与伙伴国间的互联互通和互利共赢的经济关系从而实现可持续发展的重大举措。“一带一路”通过开放的区域平台为深化国际经济合作提供了全面的合作框架，其旨在通过加深与沿线国家间的“五通”，即“政策沟通”、“设施联通”、“贸易畅通”、“资金融通”以及“民心相通”，进而推进经济一体化发展。澳大利亚和中国互为主要的经济合作伙伴，两国在区域和全球的和平与繁荣中有着许多共同利益。“一带一路”能够并已经开始为两国进一步加深相互间的经济贸易与投资等方面的合作提供巨大的商机与政策平台。

关键词：“一带一路”　开放的区域主义　全面战略伙伴关系

引　言

澳大利亚和中国互为主要的经济合作伙伴，两国在区域和全球的和平与繁荣中有着许多共同的战略利益。中澳两国领导人把两国间的关系定位为全

---

* 澳大利亚国立大学克劳福德公共政策学院联邦研究员。本文为作者的个人观点，不代表他目前或之前所在的任何研究和政策机构的观点。

面战略伙伴关系。这一关系中（所蕴含的巨大）的潜在利益，需要两国的公共和私营部门齐心协力去进一步推动、实现。

“一带一路”倡议是通过加强与伙伴国间的互联互通和互利共赢的经济关系从而实现可持续发展的重大举措。“一带一路”通过开放的区域平台为深化国际经济合作提供了全面的合作框架，其旨在通过加深与沿线国家间的“五通”，即“政策沟通”、“设施联通”、“贸易畅通”、“资金融通”以及“民心相通”，进而推进经济一体化发展。

在“五通”之中，基础设施的互联互通至为关键。指的是参与国间的道路、铁路、燃气管道、石油管道、电力以及通信网络的建设与融资。同时还包括建设主要经济走廊和港口以促进货物、资本、技术、人员以及信息的流动。基础设施的互联互通是经济发展的重要组成部分，其深度发展可大大缓解经济增长瓶颈，有助于深化贸易投资和金融一体化的发展。

那么，“一带一路”为推进与沿线国家间互联互通的原则和平台是什么？“一带一路”秉持的是开放的区域合作机制，欢迎世界各国的参与。参与国可在符合其自身需求、国内条件和国际合作需要的重点领域开展合作。通过这一开放、包容的合作平台，自由贸易投资和金融一体化可得以提升，“共商、共建、共享”原则可得以付诸实施，“互学互鉴、互利共赢”的丝绸之路精神可得以实现。

在全球经济增长放缓和反全球化浪潮高涨的背景下，坚持和维护自由贸易原则以及深化经济一体化是当今世界发展所需。澳大利亚应该欢迎（中国）通过“一带一路”维护和坚持这些原则，并支持中国对本地区和世界实现更可持续发展和增长所需的国际公益事业和经济领导力所作的贡献。在密切协商与合作的基础上，“一带一路”可以为进一步拓展澳大利亚和中国在双边、区域和全球合作以及加强两国全面战略伙伴关系提供重要机遇。

澳－中经济合作基础

中国国家主席习近平2014年11月17日在澳大利亚联邦议会发表演讲，

指出澳大利亚是海上丝绸之路的“自然延伸”，并邀请澳大利亚参与“一带一路”建设。中国国务院总理李克强 2017 年 3 月 22 日至 26 日对澳大利亚进行国事访问活动，是澳大利亚和中国共同致力于推动促进区域的繁荣和安全，包括更深入的区域和双边贸易投资自由化所作努力的又一例证。李克强总理与特恩布尔总理关于同意开展进一步开放服务和投资的讨论，推动中－澳自由贸易协定下一阶段的实施，为澳中经贸关系的发展提供了新的动力。

“一带一路”为合作提供新契机

“一带一路”为深化两国主要经济部门、中央政府间的政策交流，在“一带一路”与澳大利亚政策优选项目之间开展恰当的“政策匹配”提供了机会。双边政策协商的重要环节可包括“一带一路”与澳大利亚基础设施发展需求之间的联系，这不仅与北澳的发展有关，而且涉及整个澳大利亚司法管辖区，包括联邦、州和地区。

双边政策协商不应仅限于双边在中央或地方层面的利益，还应涉及重点区域性和全球性问题，包括“一带一路”如何与两国区域合作的议程（如 RCEP 和 FTAAP）相关联。而 RCEP 和 FTAAP 如何发展，将对两国的国际经济关系产生重大影响。

现在正是澳中两国高瞻远瞩，协调资源，共同考虑影响其国家发展目标、双边关系和国际利益等广泛领域中的各类新兴和重大议题的时候。

“一带一路”为创新合作提供了契机，以加强开放的经济安排，促进对基础设施的投资。通过“一带一路”促进双方的共同利益，两国可以携手努力，加强双边投资安排；共同研究双边合作机会；通过共同研究来促进经济合作，例如，研究使“一带一路”在澳大利亚北部开发以及发展海洋经济中起作用。

澳大利亚和中国都是海洋大国，在海运供应路线和许多其他海事问题上有着共同的利益。“一带一路”建设中的“海上丝绸之路”为两国海洋经济的发展与合作提供机会。为了促进这种合作，澳大利亚和中国应该建立一个工作小组共同讨论资源依赖不断增加对资源安全的影响、海事资源开发与保护、海洋科学与天气研究以及澳大利亚参加海上丝绸之路倡议。

发展澳 - 中关系的新框架

“一带一路”中的“五通”为澳大利亚和中国今后几年如何推动两国经济关系提供了一个有用的框架。

政策沟通

澳 - 中全面战略伙伴关系通过两国高层领导频繁互访和深入的政策交流得以进一步加强，并不断传递高层的政治互信和对两国关系的友善信息。高层领导人间对两国关系的政治承诺对于目前两国整体关系的现状以及两国政府致力于在双边、地区和全球事务中进行合作的广度和深度至关重要。

今后，政治沟通和新的制度安排是深化澳中伙伴关系的关键。高层领导间的定期会晤以重申他们之间的政治承诺将为商界和民间促进两国双边经济关系的努力提供信心。

战略和政策上的沟通在澳中关系发展中发挥了关键作用。中澳两国政府应继续致力于构建一个旨在深化战略合作、促进贸易和投资以及通过高层领导定期会晤管理政策和政治风险的制度框架。

为提升参与和建设能力，澳中两国应致力于建立一个交流项目，以推动两国高水平政策研究、科学和文化交流。这可以包括成立一个联合工作组，借鉴“中澳联合经济报告”（ACJER）① 的研究和建议，制定落实这一交流项目。及时促进建立一个资源丰富的澳 - 中委员会，这也是 2016 年“中澳联合经济报告”中的一个关键议案。其旨在培养提升两国间政策、科研、科技、文化交流的水平和范围的能力，体现两国关系的独特重要性。委员会将支持加深澳中两国全面战略伙伴关系的认知，并促进共同利益和倡议方面的合作，如“一带一路”建设与北澳发展之间的联系。

① 澳大利亚 - 中国联合经济报告（ACJER），2016，http：//press. anu. edu. au/publications/partnership - change/download。

经济关系是澳中两国双边关系的基石。经济合作框架应建立在两国政府部门和机构之间的伙伴关系之上。这些伙伴关系包括全面战略合作伙伴关系，战略性经济对话，领导层及部长级经济委员会以及诸如澳大利亚财政部与中国国家发展和改革委员会之间、澳大利亚储备银行和中国人民银行之间的官方合作关系。

这些安排可以借鉴机构研究和企业的专业知识，为官方对话提供资讯。同时，州、省当局以及两国间的研究团体参与两国关系的建设也是必要和必须的。

基础设施互联互通

基础设施的互联互通是两国在中央、联邦政府和省、州政府以及企业层面通过官方对话制定联合工作计划的关键领域。

澳大利亚基础设施的国际排名下降，主要表现在道路和航空运输基础设施得分较低，因此，澳方基础设施建设仍有很大的改进空间。在悉尼、墨尔本和布里斯班等大城市中，需要在交通运输网络等领域进行进一步的投资，以满足城市人口增长的需求①。其他区域也同样需要发展基础设施建设，包括北澳，那里拥有丰富的资源，但基础设施的匮乏阻碍了当地的发展。

澳大利亚政府已经设立了一个总额50亿澳元的优惠贷款机制——北澳基础设施便利（NAIF）。（符合条件的）任何国家的企业都能够获得这些贷款②。其他国家可能会对这一融资机制做出贡献。澳大利亚的国内储蓄不能够满足国内港口、管道、物流网和运输设施建造与升级的需要。因此，基础设施投资的全面扩张——无论是北澳还是其他区域——都需要通过外国储蓄

---

① 澳大利亚基础设施（Infrastructure Australia）在2016年2月发布的澳大利亚基础设施计划（Released an Australian Infrastructure Plan），勾画了为改善澳大利亚基础设施的投资、交付使用所需的改革。Infrastructure Australia 2016，http：//infrastructureaustralia. gov. au/policy - publications/publications/Australian - Infrastructure - Plan. aspx.

② Government of Australia 2015b，Our North，Our Future：White Paper on Developing Northern Australia，18 June，https：//www. cdu. edu. au/sites/default/files/the - northern - institute/docs/northern - australia - white - paper. pdf.

来补充。

“一带一路”能为改善澳大利亚基础设施的互联互通提供契机。北澳基础设施建设的融资问题引人注目，但这首先需要在澳大利亚的国家重点项目和基础设施融资框架之中来考虑[①]。

澳大利亚和中国也可以探索在第三国基础设施项目上展开合作，如由中方金融机构提供资金，建筑公司提供材料和其他投入，澳方工程咨询公司提供项目规划、财务预测、风险和人才管理，在第三国的重大基础设施项目中合作[②]。当然，还可以探索其他形式的合作，如设在悉尼的 G20 全球基础设施中心可能协助发展区域基础设施的互联互通。

贸易和投资畅通

贸易

两国政府在 2015 年 12 月签署的“中国 – 澳大利亚自由贸易协定”是目前中国与发达经济体签署的开放程度最高的贸易协定，同样也比澳大利亚之前与其他伙伴国签署的贸易自由化协议开放程度更高。

“中澳自贸协定”为扩大高附加值货物和服务的双边贸易打开了大门，其中包括向中方提供自由进入澳方服务业部门的机会。同样，它也为澳方提供了进军中国乳制品和保健品行业以及教育和旅游业的发展前景，这将使中国消费者受益。中 – 澳自由贸易协定也开辟了新的投资机会。

然而，深化澳中经济关系仍然存在诸多障碍。这些障碍与商业实体如何处理边界后贸易和投资壁垒有关，比如监管制度。还涉及如何建立更深层次

① Treasury 2015, Foreign Investment Review Board Annual Report 2013 – 2014. The 2015 round of the Australia-China Strategic Economic Dialogue focused on regional infrastructure investment, and formed working groups to explore opportunities in Northern Australia. China sent representatives to participate in the Northern Australia Investment Forum held in Darwin in November 2015. https: //firb. gov. au/files/2015/11/FIRB – AR – 2013 – 14. pdf.

② Lumsden, A, Knight, L & Daveson, S 2015. “China's One Belt One Road — A new opportunity for Australian expertise”, Corrs Chambers Westgarth, 20 July, http: //www. corrs. com. au/thinking/insights/chinas – one – belt – one – road – a – new – opportunity – for – australian – expertise/.

的私人双边商业网络和协会，以促进两国在彼此的市场和第三国的业务增长。

尽管近年来服务贸易推动了双边贸易关系的发展，但中澳两国服务贸易仍有扩大的空间。例如，在发展旅游业中，两国都需要发展成为具有吸引力的旅游目的地，以促进旅客人数继续增长，进一步简化签证申请流程，建设世界一流的机场和交通设施，提高英语在中国以及汉语在澳大利亚的应用。此外，提高航空客运能力以及航班效率对于旅游业的发展至关重要。

一种提供巨大潜在收益的合作形式是承认其他司法管辖区的专业服务资格。另一个能够提供早期收益的领域是中医药。中医药在澳大利亚仍然是新兴行业，但却成功吸引了政府机构和企业的关注。近年来，在监管、协作和交流方面取得的进展，或将给澳大利亚在中医药领域的研究、开发和出口带来更大的机遇。

投资

为实现“一带一路”带来的机遇，两国有必要优先考虑如何为对方投资者建立投资信任而做出（必要的）安排。在各自的外商投资制度中，澳大利亚和中国都有使得对方投资者不甚明了的地方。对于同一类外国投资奉行非歧视性原则以及巩固国民待遇原则的政策，需要成为外商投资制度的支柱。在中国，健全国民待遇原则是两国展开投资对话的主题。

澳大利亚目前的外商投资审查制度方面可能会增加中国投资者在澳的投资成本和在澳开展业务的不确定性。澳大利亚因此无法充分利用中国资本——尤其是那些寻求投资于制造业、农业、旅游、基础设施和服务的资本。它们与寻求资源投资相比流动性要大得多。澳大利亚需要做更多的工作，使中国投资者享有类似于澳大利亚其他自由贸易伙伴已经享有的投资筛选门槛，以消除中国投资者在农业企业投资的额外成本和风险。为了抓住利用中国资本和投资的机会，澳大利亚还需要提高服务和基础设施市场的竞争性，以吸引中国和其他外国投资。

外商在华投资处于自由化的早期阶段。中国已经开始从负面清单和国民待遇的角度接纳外商投资，但现在需要积极推广此议程。中国需要重新考虑适用于国内外投资者的特定行业投资限制。澳大利亚的目标是提供一个可预测和透明的投资审查程序。然而，澳方感兴趣的投资领域在中国目前的外商投资制度中是受限的，并且其不能为澳方投资者在投资建立后阶段提供充分的制度保障。因此，澳方应鼓励中国继续基于中国自身的利益向外国投资开放其服务领域，发展具有国际竞争力的服务业，实现中国经济更加平衡的增长。同时，中国应继续努力完善管理外商投资的负面清单制度，使其外商投资制度更加开放和透明。

这些问题需要通过推进“中澳自由贸易协定”投资章节的谈判来解决。

鉴于国际投资环境的不确定性日益增强，两国应及时运用“中澳自由贸易协定”的投资章节积极开展澳－中双边投资协定的谈判，并在投资中采纳国民待遇原则和投资准入负面清单。

在监管和政策框架方面缺乏重要进展，不仅将不利于改善和促进两国双边投资关系，同样也将是中澳两国在“一带一路”合作中的主要瓶颈。

资金融通

近年来，澳大利亚和中国采取了许多步骤来发展更为紧密的金融联系。具体包括：2011 年 11 月，中国银行间外汇市场实现澳元兑人民币报价交易；2012 年 3 月，澳大利亚储备银行与中国人民银行签署双边本币互换协议；2013 年 4 月，实现两种货币之间的直接贸易；澳洲储备银行开始持有人民币储备和中国政府债务；自中国政府宣布悉尼成为官方人民币交易中心后，中国银行与澳大利亚证券交易所（ASX）于 2015 年 2 月开始了人民币清算业务服务。

澳大利亚和中国金融机构在继续向当地消费者提供金融服务的同时，也在降低中澳企业之间的贸易成本方面发挥更大的作用。这包括支持中国人民币与澳元的直接清算或交易，提供产品以对冲货币风险（尤其是随着中国的外汇制度变得更加灵活），促进与中国支付系统的整合。这发生在人民币国际化的进程中，使人民币用于结算跨境贸易和服务。因为中国是世界上最大的贸易国，这也有助于增加对人民币的需求。

中国持续的金融改革和资本账户开放对促进未来资金融通至关重要。中国的金融开放将会扩大澳方机构和企业持有中方资产的规模和范围，同样也会增加中方机构和企业持有的澳方资产组合。这也将使人民币在国际交易和借款中更广泛地被使用。中国家庭和机构将会增加持有澳大利亚和其他地方的资产组合。

金融风险管理也应该是深化两国资金融通的组成部分。中国面临开放资本账户以使经济更加灵活、资源配置效率更高，同时需要管理由此带来的金融风险的挑战。这个议题应该成为澳大利亚和中国政府以及政策团体间官方政策对话的重要组成部分。假以时日，澳－中委员会的交流活动将成为为这类对话培育能力的重要组成部分。

民心相通

民心相通作为“一带一路”互联互通中倡导的第五部分，对促进国际合作倡议的成功至关重要。如果没有在两个国家的社会和人民间建立起真正的伙伴关系，“一带一路”就不可能给两国带来互惠互利，也无法促进两国关系的进一步发展。这是一个长期工程，但需要立即付诸行动。

这一点有其短期的实用性。澳大利亚和中国目前正在努力实现两国间潜力巨大的高附加值商品贸易和更加成熟的服务贸易。这就要求澳大利亚和中国超越在资源和制成品类贸易中更为常见的交易买卖关系，而去建立支持创新型的和更高生产力的经济所需的长期的双向的投资、人才和思想交流的伙伴关系。这需要长期投资。人民之间强有力的纽带使彼此相互信任，加深友谊，促进对另一国工作方式的深入了解。这就是建立更牢固关系的社会资本。社会资本的建立和发展需要若干年甚至几代人的努力去培育。澳大利亚和中国有着非常不同的社会传统、政府系统和企业文化体系。对此社会资本的投资对于发展和管理两国间的合作伙伴关系至关重要。

作为第一步，澳大利亚和中国应深入了解彼此的政治、经济、社会和文化环境，增进彼此理解，减少对对方意图的误读。这将需要政府、组织以及个人大力投资教育，以提高对彼此国家间的语言技能和文化意识。

我们所建议的澳中两国委员会可以极大地提升两国之间科学、官方、研究、商业和社区交流的水平和范围，并推动人力资本和网络的积累，使澳大利亚与中国的关系上升到一个新台阶。这将有助于提升“（对对方的）识读”能力、多层次学术交流、官员网络构建、政治互动和持续的高层次商务对话，并制定促进经济决策协调发展的前瞻工作议程。

其次，旅游文化交流也可在促进两国合作伙伴关系中发挥重要作用。双方将从两国人民和思想交流的明确合作框架中获益。应召开由官方、商业、旅游和教育代表组成的双边工作组，以检查双方的签证安排是否合适。现有的措施中，如可以广泛地宣传澳大利亚重要投资者签证计划，以吸引更多的外来游客和投资者。两国应考虑让其公民在彼此国家更易生活和工作。

最后，澳大利亚华人社区在两国双边关系中发挥着特殊的作用。从中国到澳大利亚的移民有助于满足澳大利亚对快速增长地区人力资本的需求。中国会计师、广告及营销专业人士、IT 精英和教育工作者不仅能够提供技术技能，而且还掌握中国消费者偏好、商业惯例和市场机遇方面的最新知识。通过他们的本地知识和网络，也可以为中国企业带来商机。在澳大利亚华人企业家的帮助下，澳方和中方可以深入了解彼此国家的文化和情感，使得澳大利亚和中国可以开发出更好的商品和服务，以满足当地的需求，并根据当地的需求做出投资决策。

结　论

中国与澳大利亚有着广泛的共同利益。这些利益应成为指导区域和全球合作的方式。“一带一路”提供了一个通过开放的区域主义深化合作的框架，这个框架能促进两国重要经济问题的政策合作，加强互联互通投资重点的探索，促进贸易和直接投资、深化金融联系以及扩大人文交流。

本文认为，中澳两国政府应在“全面战略伙伴关系”的框架下进一步深化两国关系，促进两国高层次政策研究和科学文化交流。这将促进对彼此国家的了解，并促进诸如“一带一路”等倡议中的合作。

现在是中澳两国政府在“全面战略伙伴关系”下建立一个专门的高级别联合工作组来加强“一带一路”合作的时候了。

为了促进贸易和投资畅通，应该落实里程碑式的“中澳自由贸易协定”，并利用其投资章节制定新的双边投资协议，惠及两国。这将是抓住来自“一带一路”契机的关键。

两国政府之间的对话与合作有利于深化资金融通，进而了解中国开放资本账户所面临的挑战，使其经济更加灵活发展，资源配置效率更高，同时能够有效管理与国内经济相关的金融风险。

为促进两国民心相通以及支持发展和管理更高层次关系所需的社会资本上的投资是非常重要的。深入的相互了解和密切的政策合作将有助于管控风险和充分实现两国关系的潜力。

专　题　篇

B.11
“21世纪海上丝绸之路”建设与南海争端*

薛　力**

摘　要：“一带一路”建设将长期统领中国对外关系。周边国家是中国外交的优先方向，东南亚国家又是周边外交中的重点方向，与“一带”“一路”均有重大关系，更是海丝枢纽的头号候选地区。南海争端是中国－东盟关系的短板，已经明显影响了“一带一路”在东南亚的落实。未来几年是中国调整南海应对的时间窗口。中国有必要调整南海应对思路，从“维权维稳”转向

* 本文改写自 FT 中文网上发表的两篇文章：《中国应抓住时间窗口推行南海新方略》与《中国需要一个什么样的南海?》，两文分别于 2017 年 6 月 13 日与 19 日发表。另外，还参考了《中国应加快调整南海政策》与《“海丝”催生中国南海新战略》两文，前者 2015 年 4 月 27 日发表于 FT 中文网，后者发表于《南风窗》2015 年第 9 期。

** 薛力，中国社会科学院世界经济与政治研究所国际战略室主任、研究员。

“设计多边共赢方案并主导争端解决进程”，即协调制定出一套能被各个声索国接受的南海争端解决方案。这样，中国可望在主导解决南海争端的过程中，推进东南亚海丝枢纽建设。

关键词：　海丝建设　南海争端　新方略

南海争端是中国周边外交中的一个棘手难题，“21 世纪海上丝绸之路”（以下简称“海丝”）建设则是中国周边外交的一大重点。那么，如何协调二者的关系？中国有多种选择，基于海丝建设与南海争端两者在中国国家利益与中国外交中的位置，中国宜制定并执行一种有利于海丝建设的南海方略。

为此，本文将首先论证，“海丝”对中国意味着什么；然后详细分析南海争端的现状，以及中国应对的不足；而后论证，中国正在迎来调整南海应对的时间窗口；最后分析中国调整南海应对的必要性与政策调整思路。

一　“一带一路”对中国意味着什么

中国提出“一带一路”的目的是什么？在一些人看来，不外是消化过剩产能、利用外汇储备、增加几个朋友；还有一些人认为，不过是一种经济战略，以应对转向中低速增长的经济新常态。针对“一带一路”建设，一些人担心规模太大、经济效益差，将形成众多的国际烂尾工程，与其如此，还不如不投或少投，把重心放在国内发展上。毕竟，中国还是发展中国家。这些论点不能说没有道理，但没有把握要害。

总体上，“一带一路”是新一届中国政府确定的对外关系的顶层设计；在建设“一带一路”的过程中，周边国家是中国外交的优先方向；东南亚则是周边外交的优先区域、海丝建设的重点地区。

（一）“一带一路”的性质与地位

2015 年 9 月国家发展改革委会同外交部、商务部等部门对“一带一路”

英文译法进行了规范，要求用“initiative”，不用“strategy”①。媒体在报道中也通常用“倡议”的说法。但发改委的文件仅仅是规范“一带一路”的英文译法，而没有对“一带一路”的性质做出界定。(1)《中共中央国务院关于构建开放型经济新体制的若干意见》中，使用了“加快实施‘一带一路’战略”的说法。②(2)习近平在2016年8月17日举行的推进“一带一路”建设工作座谈会上表示，“一带一路”建设、京津冀协同发展、长江经济带发展是“十三五”时期和更长时期三个大的发展战略③，而且是三大战略中唯一的对外战略。(3)为了落实“一带一路”，中央政府成立了推进“一带一路”建设工作领导小组，许多部委结合本部门职责推出相应的配套规划，各个省在新的五年规划中加入与“一带一路”相关的内容与项目，金融机构也加大力度支持与“一带一路”相关的项目。

据此，有理由认为，“一带一路”是新一届中国政府确定的对外关系的顶层设计，将统领对外工作。

（二）周边外交的地位

中国政府在2013年9~10月份提出“一带一路”战略后，紧接着在10月底召开了周边外交工作座谈会④，这是自中华人民共和国成立以来首次。举办座谈会透露的信息至少有：为“一带一路”建设进行外交布局；虽然

---

① 《国家发改委规范“一带一路”倡议英文译法》，http://www.crd.net.cn/2015-09/23/content_17140464.htm。

② 《中共中央国务院关于构建开放型经济新体制的若干意见》，http://news.xinhuanet.com/fortune/2015-09/17/c_1116598050.htm。

③ 《习近平出席推进“一带一路”建设工作座谈会并发表重要讲话》，http://www.scio.gov.cn/ztk/wh/slxy/gcyl1/Document/1487724/1487724.htm。

④ 习近平于2013年9月7日在哈萨克斯坦纳扎尔巴耶夫大学演讲中首次提出，“我们欧亚各国……可以用创新的合作模式，共同建设‘丝绸之路经济带’”；10月3日在印度尼西亚国会发表演讲时提出，“中国愿同东盟国家……共同建设21世纪‘海上丝绸之路’”；10月24~25日在北京召开周边工作座谈会。参见《习近平在纳扎尔巴耶夫大学的演讲（全文）》，http://news.xinhuanet.com/world/2013-09/08/c_117273079_2.htm；《习近平在印度尼西亚国会的演讲（全文）》，http://www.gov.cn/ldhd/2013-10/03/content_2500118.htm。

海上贸易占中国外贸的绝大部分且这一特点在可以预见的未来不会改变，但“一带一路”建设的重点是陆上周边国家，通过“五通”建设，在亚欧大陆“以点带面，从线到片，逐步形成区域大合作”。习近平在会上强调，“做好周边外交工作，是实现‘两个一百年’奋斗目标、实现中华民族伟大复兴的中国梦的需要，要更加奋发有为地推进周边外交，为我国发展争取良好的周边环境，使我国发展更多惠及周边国家，实现共同发展”。[①] 两年后的2015年11月，习近平在访问新加坡时明确表示，中国将周边置于外交全局的首要位置，视促进周边和平、稳定、发展为己任，“一带一路”倡议的首要合作伙伴与受益对象都是周边国家。[②]

这意味着，中国外交从“韬光养晦”转向了“奋发有为”，并且把周边地区放在了中国外交的优先位置。

（三）东南亚在“一带一路”建设中的地位与作用

中国政府采用“一带一路”，而没有采用更为常用的“一路一带”，这被一些人解读为“一带”比“一路”更重要。笔者的观点是，这更可能是对以前不重视“一带”而采取的纠偏，而不是认为“一带”比“一路”重要。从1949年以来，中国有意无意地把自己当作东亚国家，而无论是地理位置还是历史事实，中国一直是位于亚洲中央位置的大国。随着国力的增强、进一步发展的需要，奉行东西南北全方位开放的外交实属必然。而且，作为亚欧大陆东段的大国，与位于西段的欧洲合作，推进亚欧大陆的整体发展与繁荣也具有逻辑的合理性。与北部、西部（也包括部分西南部邻国）国家比较友好的政治关系，则为中国推进这几个方向的开放提供了可能性与必要性。这对于促进中国中西部地区的发展也有益处。

但这并不意味着中国东部将在“一带一路”战略与周边外交中处于相

① 《习近平在周边外交工作座谈会上发表重要讲话》，http：//news. xinhuanet. com/politics/2013-10/25/c_ 117878897. htm。

② 《习近平的“一带一路”足迹》，http：//cpc. people. com. cn/xuexi/n1/2016/0906/c385474-28694919-3. html。

对次要的地位。毕竟，中国的政治经济文化的重心在东部沿海地带。考虑到东北亚地区国家之间复杂的政治军事关系，以及中国与日本、韩国的经济文化合作已经达到相当高的程度，东南亚就成了“一带一路”战略的重点实施方向。

东南亚的重要性主要体现在：（1）中国外贸额全球第一，绝大部分货物贸易需要通过海上运输来完成，这种状况不大可能改变，而与欧美、非洲、大洋洲的海上贸易通道都要经过东南亚。（2）经济合作水平与发展潜力，中国－东盟都远远超过中国与俄罗斯、中亚、南亚等国家。（3）21 世纪海上丝绸之路的两条线路都经过东南亚地区。（4）丝绸之路经济带六大经济走廊中的一个，将位于中国与中南半岛之间。（5）习近平在印尼提出建设 21 世纪“海上丝绸之路”，一大原因是：东南亚自古以来就是“海上丝绸之路”的重要枢纽。① 考虑到中国与东盟之间经济、文化、安全关系，以及东盟的发展水平、发展潜力，有理由认为，东盟是中国建设海丝枢纽的首选地区。事实上，不容易找到第二个可以与东盟媲美的海丝枢纽建设区。

最近有学者提出，中巴经济走廊是“一带一路”建设的旗舰工程，但东南亚是“一带一路”建设的核心区。② 是否属于核心区可以讨论，不争的事实是，东盟虽然与“陆丝”、“海丝”都有关系，但在“海丝”建设中的重要性明显超过“陆丝”。一定意义上甚至可以说，东盟事关“海丝枢纽”建设的成败，中国对此志在必成。

（四）海丝建设与南海争端的关系

东盟共同体有三个支柱：经济共同体、社会文化共同体、政治和安全共同体，其中经济共同体已经在 2015 年底建成。根据《东盟 2025：携手前行》，东盟国家将不断提升在政治安全、经济和社会文化领域的一体化水

① 《习近平在印度尼西亚国会的演讲（全文）》，http://www.gov.cn/ldhd/2013－10/03/content_2500118.htm。

② 王湘穗：《东南亚才应是一带一路核心》，http://news.ifeng.com/dacankao/wangxiangsuiguoqibingbuxiangyixierenjiangdeneimebukan/1.shtml。

平，建设一个法治和以人为本的东盟共同体。

为了推进一体化进程，东盟成员国“抱团发声”是趋势，包括在政治与安全领域。由于东盟具有“不干涉成员国内政”的传统，东盟成员国在政治与安全领域的合作将主要表现为“统一立场一致对外”。而南海争端则被东盟成员国看作本地区最为重要的安全问题。

菲律宾与越南在2009年调整南海主张，放弃了历史性权利，主张以国际法特别是《联合国海洋法公约》为依据，在多边框架下处理南海争端，包括通过第三方机构裁决争端。在实际运作中东盟国家也互相支持，如越南与马来西亚2009年向联合国大陆架界限委员会提交外大陆架划界联合提案，越南支持菲律宾发起的“南海仲裁案”，新加坡与印尼要求中国清晰化南海主张，一些成员国对柬埔寨等立场偏向中国的成员国施加压力，等等。

南海争端明显地影响了中国与东盟声索国之间的关系。例子之一，越南官方借口“不了解情况”，“要继续观察”，一直拒绝公开表态支持“一带一路”。其主要原因就是因为南海争端。例子之二，杜特尔特上台后在南海问题上改变了阿基诺三世的做法，采取了中国一直主张的“直接谈判、淡化分歧、扩大合作”的立场，中菲关系大幅度转暖，但他依然需要不时在南海问题上发出一些强硬的声音以安抚国内政治反对派。例子之三，马来西亚主张在双边框架下低调处理南海问题，其民众也不时因为琼台礁发生的一些小摩擦而批评中国。东盟非声索国虽然不赞成与中国公开对抗，或在中美之间选边站，但私下表态多偏向东盟声索国，或要求中国清晰化主张。南海争端是东盟国家特别是声索国在安全问题上持疑虑态度的主要原因，并纷纷采取“引入区域外大国以平衡中国”的政策，为美、日、印等国介入南海争端提供了便利条件。

二　南海争端现状

基于岛礁归属与海洋权益的不同主张，南海争端在2009年后大致分为两个阵营：中国大陆与中国台湾为一方，东盟四个声索国为另一方。东盟非声索国的多数、以欧美日澳为代表的南海域外国家事实上支持东盟声索国的主张，少数东盟非声索国、俄罗斯、韩国，以及一些区域外国家持相对中立的立场。东盟声索国之间在南沙也存在一些岛礁归属与海洋权益争端，但这些矛盾暂时被它们与中国之间的争端所“遮蔽”了。

就南海争端声索方而言，中国处于“一对多”的局面，主要原因是中国坚持在南海的“历史性权利”，但对此未给出清晰的定义。这集中体现在“九段线”问题上。

南海是全球贸易主要通道之一。其他南海使用国担心，中国未来力量强大后，将在南海争端中采取更为强硬的立场，甚至宣布九段线是海上边界线，这意味着80%的南海水域变成了中国的内水，其他国家使用南海航线需要获得中国的批准。东盟声索国则担心丧失所控制的南海岛礁以及所享有的海洋权益（他们认为依据国际法自己享有这些权利）。而中国正在崛起，采取的一些捍卫主权与主权权益的行为，以及不愿意签署具有约束力的多边法律框架，则被外界当作中国落实上述目标的征兆。他们很难理解，中国如果不想改变南海现状的话，为什么不愿意签署有法律约束力的“南海行为准则”。

没有证据表明中国将在未来独占南海80%的水域。中国希望通过功能领域的合作积累互信，逐步导向南海问题的最终解决。但是，中国未能做到让东盟声索国完全相信这一点。

中国把南海海域看作“领海加专属经济区（与大陆架）加公海”。这从中国政府的多次声明中可以看出：“中国对南海诸岛及其附近海域拥有无可争辩的主权，并对相关海域及其海床和底土享有主权权利和管辖权”,① “中国对南海诸岛及其附近海域拥有无可争辩的主权”,② “中国对南海诸岛的主

① 见2009年5月7日与2011年4月14日中国向联合国秘书长提交的两份照会，编号分别为CML/17/2009与CML/8/2011。

② 《中华人民共和国政府关于菲律宾共和国所提南海仲裁案管辖权问题的立场文件》，2014年12月7日，引自外交部网站，http://www.fmprc.gov.cn/mfa_eng/zxxx_662805/t1217147.shtml。

权和在南海的相关权益，是在漫长的历史过程中确立的，具有充分的历史和法理依据”，“中国南海诸岛拥有内水、领海、毗连区、专属经济区和大陆架。此外，中国在南海拥有历史性权利”。[①] 但中国迄今没有明确“附近海域”与“相关海域”的具体范围，也没有阐明南海断续线的内涵与公布断续线地理坐标。中国认为西沙群岛与中沙群岛不存在岛礁归属与海洋权益争端，但承认南沙群岛存在此类争端。

确定岛礁归属后才能进行海洋划界。目前中国大陆、中国台湾、越南、马来西亚、菲律宾控制了数量不等的南沙岛礁。众所周知，以和平方式解决南海争端必然是互相让步。很难让任何声索国完全放弃其所占岛礁。如果以非和平方式解决，则需要考虑南海在中国国家利益中的重要性，以及为此所付出的代价。如果把核心利益、重要利益、一般利益、次要利益分别类比为人体的大脑、手臂、手指与毛发，则核心利益不可退让，其他几种利益均可以退让与交易，因为国家为非核心利益所能支付的代价是有限的。这是各国通例。一国拥有的土地可分为“核心部分”与“边缘部分”，其中位于边远地区的关键岛屿、港口、要塞等也属于“核心部分”。对中国来说，新疆、西藏、台湾无疑是“核心部分”，而南海岛礁的重要性则弱于上述地区，其重要性到不了“大脑”的程度。

现实地看，目前解决南海争端的主要分歧是：历史性权利（historic rights）是否应该被用于争端解决？2009 年以前，马来西亚、文莱、印尼认为海洋权益争端的解决只能基于国际法，特别是《联合国海洋法公约》（以下简称《公约》），中国大陆、中国台湾、越南、菲律宾则主张历史性权利应该被考虑。但是，菲律宾 2009 年通过《领海基线法案》后，把自己在南海的海洋权益主张与《公约》实现了对接。越南同年也放弃了历史性权利主张，进而与马来西亚提交联合提案，向联合国大陆架界限委员会（CLCS）阐述自己在南海外大陆架问题上的立场与主张。这样，东盟五国在“依据

① 国务院新闻办：《中国坚持通过谈判解决中国与菲律宾在南海的有关争议》白皮书，2016 年 7 月 13 日。

国际法解决南海海洋权益争端”上达成了共识。东盟五国的立场被区域外国家及组织（美国、日本、韩国、加拿大、澳大利亚、欧盟）所普遍接受或默认。

于是，情况变成了只有中国大陆与中国台湾两方坚持历史性权利的作用。台湾的立场甚至比大陆更进一步，在1993年通过的《南海政策纲领》中列明南海九段线内是历史性水域（historic waters）。但台湾在南海问题上实际上采取了“守住东沙群岛与太平岛，此外低调行事，以免影响与东盟关系”的立场。因此，2009年以来南海争端的重心变为“中国大陆坚持历史性权利、东盟五国与其他国家反对”。九段线作为历史性权利的象征，遂成为各方“攻防”的焦点之一。

中国大陆的南海主张大体上承继自“中华民国”。中国认为，自己对南海四大群岛的发现、开发与有效管理可以追溯到汉代，国民政府还在1947年公布了南海断续线，20世纪70年代南海发现油气资源之前，东盟声索国对中国的南海主张（包括南海断续线）并没有异议。这些是《联合国海洋法公约》1982年签署前就已经存在的事实，因此，中国在南海的岛屿主权和海洋权益除了源自国际法外，还源自历史。解决南海争端时仅仅依据国际法对中国有失公允。但是，为了顾全大局，中国在南海的油气开发集中在海南岛周边海域、北部湾与珠江口海域，始终没有在南沙海域进行油气开发，对东盟声索国在九段线内的某些开发行为也采取了容忍的态度，但反对他们“过头”的开发行为。

在中国看来，东盟声索国似乎并不怎么领中国的情，一些国家还全力推动南海争端的国际化，挟区域外大国以自重，区域外国家（尤其是美国）则乐得利用这些国家来制衡崛起中的中国。为此，中国只能强化对南海的管理与开发，以保护自己的正当权利。为此，2012年针对菲律宾在黄岩岛用军舰对付中国渔民、越南雇佣外国船只在争议海域进行勘探、不顾劝阻通过《越南海洋法》等行为，中国采取了强有力的反制措施：控制黄岩岛、成立三沙市、剪断勘探船缆绳。结果，外界纷纷指责中国立场强硬（assertive），“欺负”（bully）小国家，而不考虑中国长期以来的克制，以及采取这些行动是处于反制目的，挑起方并非中国。

中国并不希望南海问题影响到自己的和平发展，特别是与东盟国家之间的整体关系。但客观上，南海争端2009年以来不时升温，声索国之间关系趋于紧张，尤其是在中国与越南、中国与菲律宾之间。中国对两国采取了“一冷落一拉拢”的区别对待政策。进入2013年后，南海相对平静，热点事件主要是三个：菲律宾针对中国的仲裁案、981事件、陆域吹填。这些事件成为外界判断中国南海立场转向强硬的证据，而没有意识到，中国采取的措施不过是一些补偿性举动，并在南沙获得与自己的实力身份相称的存在，从而为未来各方的妥协、合作奠定基础。

三　窗口期的证明

目前南海处于相对平静期，但经过几年的演化，围绕南海问题已经形成了三层博弈：中美之间、中国与东盟声索国之间、中国与东盟之间。其中中美博弈成为首要矛盾，东盟声索国借助东盟平台与中国进行博弈的趋势日益明显。南海问题已经成为中国－东盟关系的短板并且是外界观察中国外交政策走向的一个风向标，因而成为美国实施亚太力量再平衡的抓手之一。中国主张强化与东盟的政治经济文化合作、推进南海功能领域合作以弱化南海问题在彼此关系中的分量，并为此进行了大量的努力，也取得了相当的进展，特别是在经济合作方面。但这些并未减弱东盟国家特别是东盟声索国在安全领域对中国的疑虑。东盟国家将南海问题当作推行东盟共同对外安全政策的试金石。它们认为，过去几年中国在南海问题上变得更为强硬了，随着中国实力的进一步提升，自己在南海问题上将处于更为不利的地位，因而大力推进南海问题的国际化，在安全问题上更多地依靠域外国家特别是美国的力量。可见，只有在南海问题上吃了“定心丸”，东盟声索国才会放手与中国进行经济文化合作，并大胆尝试与中国强化安全合作。

南海争端不大可能在短时期内获得彻底解决，但有可能搭建起彻底解决的框架，使之不成为声索国之间推进全面合作的重大障碍。这需要相对宽松的外部环境与比较和缓的内部环境。外部环境指区域外大国的干预程度，其中以美国为代表。内部环境主要指声索方内部的政治氛围以及由此导致的声索方之间的政治关系。

（一）外部环境

发达国家的民粹主义与反全球化趋势，使得他们对其他区域事务的关心程度下降，从而给南海声索国提供了一个相对宽松的处理南海争端的外部环境。美国、日本、欧盟、印度、俄罗斯是主要的外部力量，但美国因素居于首要地位，日本其次，其他国家相对次要。

亚太无疑还是美国重点关注的地区，不过，作为有经验的霸主，美国很清楚要为中国的崛起腾空间，但希望这个过程能延缓一些、平滑一些，防止中国“脱轨”或做“过分的追求”，并加大中国海上力量崛起的成本。为此，奥巴马时期的做法是：把军力部署向第二岛链转移、强化在第一岛链的机动力量、让盟国与伙伴国承担更大的责任、构建制衡中国的弧形地带。特朗普的执政理念是“让美国再次强大”，为此强调“美国第一”。“美国第一”有两重意思：关注美国本土事务，在对外关系中强调美国的相对获益。前者是根本，后者服务于前者。因此，特朗普对海外事务的整体关注度将下降，表现为：缩小关注的目标，减少相应的投入，或者让其他国家承担更大的责任，包括更多的财政支持。马蒂斯防长在2017年“香会”上就表示要提升盟国与伙伴国的军力。

美国“制衡中国”的原则也不会实质性地调整，但特朗普很有可能用“点状制衡”取代奥巴马的“弧形制衡”。奥巴马时期的策略是：从北部的堪察加半岛一直延伸到澳大利亚的达尔文，构建弧形制衡。而特朗普则会抓住若干热点，并将热点进行分级处理：朝核问题处于优先位置，其次是东海问题与台湾问题，再次是南海问题。朝核问题成为美国优先处理的东亚热点问题，主要是因为朝鲜的对美政策和日益提升的核能力。东海问题并不迫切，但美日安保条约适用于钓鱼岛，而美日同盟是美国亚洲安全政策的基石，这决定了东海问题在美国亚太政策中的重要性。台湾问题的重要性源自中美之间的大国博弈，在中国大陆海上力量迅速增强的情况下，特朗普政府为了“恢复两岸力量平衡”，势必加大对台湾的军事支持，因而马蒂斯防长才会在“香会”上表示将基于《与台湾关系法》继续对台军售。南海问题需要稍微展开论述。

如果把“核心利益”类比为大脑之于人体，航行自由显然不是美国的核心国家利益，但美国海军非常在乎。美军航行自由的关键是在他国专属经济区与领海内的军事活动权（包括情报收集权）。为此，美国在二战后对航行自由进行了有利于自身的界定，并凭借超强的海军力量推行自己的主张。美国在 1979 年制定“航行自由计划”（Freedom of Navigation Program）就是为了在《联合国海洋法公约》签署后，能够以国内法规为依据继续推行其海洋主张，并挑战美国眼中的“过度海洋主张”。其主要做法是，在全球广泛实施航行自由行动宣示（Freedom of Navigation Operational Assertion，简称 FONOP），实施的对象国既包括盟友也包括对手。南海是实施 FONOP 的一个重点区域，但不是唯一重点，因此“南海 FONOP”属于可以退让与交换的利益，就像冷战时期在黑海那样。此外，在杜特尔特调整菲律宾的南海政策，“回调”美菲军事合作的程度后，美国丧失了在南海制衡中国的一大抓手，FONOP 的效果与意义明显弱化。至于美国牵头、域外国家联合举行的南海军事演习（如 6 月初美日澳加四国联合军演），① 价值有限。

日本国内反全球化势头不如欧美，但安倍把“制衡中国”当作增进国家安全、实现国家“正常化”的一个抓手，因此处处与中国“较劲”。日本还希望在应对东海问题时增加自身的筹码，因而不断加大对南海问题的介入，但其在安全与军事上的影响力与美国不在一个数量级，在美国“回缩”的情况下更难以“发力”。

---

① 《四国闯南海军演搞事！除了美日澳老对手，这国竟罕见入伙挑衅!》，http：//www.jlonline.com/news/2017－06－12/444417.shtml。

（二）内部环境

南海争端涉及“五国六方”：中国大陆、中国台湾、越南、菲律宾、文莱、马来西亚。其中中国大陆与中国台湾的立场前面已经论及，这里只讨论东盟国家：四个声索国与六个非声索国。非声索国中印尼与新加坡在南海问题上的影响相对较大。

1. 东盟非声索国

印尼虽然不是声索国，但其纳土纳群岛以北的专属经济区大约有5万平方公里位于南海断续线（即九段线）内，即与中国存在潜在的海洋划界争端。为了强化自己的主张，印尼向纳土纳群岛移民已经持续了二三十年，近年又增加军力部署并改扩建岛上军事设施。但总体上，印尼在南海问题上比较低调务实，呈现出南海问题“稳健调停者”特征。佐科2014年就任总统后提出“世界海洋轴心国”战略，大力发展经济，对海洋经济的重视程度高于前任，并支持“一带一路”建设。对于南海问题，佐科2014年在竞选中公开表示，不是很关心，不想在这个复杂问题上多花精力，除非有一个很好的方案出现。因此，预计未来几年他会努力保持与中国的友好关系，而不会在南海问题上推行激进立场，虽然印尼军方、美国、日本在这方面会给他施加一些压力。

新加坡是东盟成员国中唯一的发达经济体，经济上高度依赖海上贸易，致力于推进东盟整合并扮演“军师”的角色。新加坡在东盟对外关系上也积极出谋划策，以借助东盟整体力量，践行放大版的“小国大外交”，推行自己的理念与主张。因此，新加坡乐于在南海问题上发挥作用。由于中国台湾在南海问题上表现低调，中国大陆就成了新加坡发力的主要目标。这是过去几年新加坡在南海问题上的行为根源，并导致中新关系不时起波澜。但新加坡在经济上与中国高度嵌合，既无力也无意与中国全面公开对抗，几年来与中国或明或暗的摩擦也给了新加坡一些启发，而东盟声索国特别是菲律宾与越南的态度也限制了“新加坡计策”的功效，加上其领导层将进入代际交替期。这些因素共同决定了新加坡在未来几年会推行更为稳健的南海政策，而不大可能推行比较激烈的南海政策。

2. 东盟声索国

四个东盟声索国中，越南与菲律宾在南海问题上与中国的矛盾相对突出，并且主张通过多边框架解决争端，菲律宾甚至试图通过第三方裁决来强化自己的主张并获得利益（“南海仲裁案”是典型）。而马来西亚与文莱的立场比较低调务实，油气开发上倾向于“闷声发大财”，政治上倾向于通过双边框架管控分歧、推进合作。

越南 越南政治领导人有“南方派”与“北方派”之分，前者强调开放、经济发展、强化与西方的关系，后者强调稳定、主张在大国关系中搞平衡、认为不能以损害对华关系来发展与西方的关系。前总理阮晋勇是“南方派”的代表人物，是“既斗争又合作”原则的提出者，并且在实际上偏重于“斗争”的一面。但是新一届越南政府的主体是“北方派”，一定意义上可以说是“友华派”。一般认为，这届政府已经较好地掌控了全局，整体上将顺利完成任期但不排除个别人员中途变动。也就是说，中越关系在2021年之前将处于相对稳定、友好的阶段。历史经验表明，中越关系正常化、两国陆上与北部湾划界等都是在双方处于较好的政治关系时实现的。在本届政府任期内中越双方就南海争端达成一些共识的可能性较大。

菲律宾 阿基诺三世的南海政策导致中菲关系陷于低谷，并促成了南海争端的“全球化”。杜特尔特2016年上台后，大幅度调整南海政策，使得中菲关系迅速转暖。现在的中菲关系整体上已经不逊色于阿罗约时期，南海问题对双边关系的影响大幅度下降。他的任期到2022年，且不能连任。那么，他的对华友好、限制南海问题对双边关系影响的政策是暂时的吗？杜特尔特不会放弃与美国的同盟关系，但菲律宾国内政治经济文化特点，以及杜特尔特的个人偏好与政策追求，将促使他继续奉行对华友好政策。为此，他将继续限制南海问题对双边关系的不利影响，并在多边与双边框架下推进争端解决进程。①

① 薛力：《杜特尔特对华政策是否可持续》，《世界知识》2016年第15期，第73页。

马来西亚 从战略角度看，马来西亚是中国在东盟推进海丝建设的重点对象国，就“海岛五国”（印尼、新加坡、马来西亚、文莱、菲律宾）而言，应该成为头号对象。中马建交在现任首相纳吉布的父亲敦拉萨任期内达成。纳吉布2009年出任首相以来，中马关系有了新的提升，甚至可以说进入了历史上最好的时期。他积极支持“一带一路”，促成“两国双园（关丹、钦州）”的独特合作模式，与中国合作建设一批大项目，典型如皇京港、东海岸铁路、南部铁路、巴贡水电站、沐若水电站、基都绒燃气循环电站、曼绒燃煤电站，新加坡－吉隆坡高铁等项目也可望落实。厦门大学在马来西亚开工建设首个海外分校，也离不开双方友好关系的氛围。

纳吉布坚持通过双边途径处理与中国之间的南沙争端，低调处理近年的“琼台礁纠纷”，没有像前两任首相那样登上弹丸岛“宣示主权”。从目前的情况看，他有较大可能性在下半年或2018年初举行的大选中胜出，从而开始又一个四年任期。

文莱 文莱的第一支柱产业是油气业，主要通过与壳牌公司的合作来开采油气。大部分油气田来自海上，其中部分进入九段线。文莱并没有控制任何南沙岛礁，已经与马来西亚划分了陆地边界、完成了专属经济区谈判，但没有就外大陆架达成协议。近年来，文莱与中国的经济合作明显增加，对于与中国共同开发海上油气资源持比较积极的态度，并在2013年与中国签署了相关联合声明。但由于马来西亚的反对等原因，使得中文合作的实质性进展不大。因此，文莱对于能兼顾其利益的南海争端解决机制，无疑会持欢迎态度。

四 政策调整的必要性与应对思路

与历史上的崛起国相比，中国在南海的行为无疑是自制的：中国已经几十年没有打仗，迄今没有在南沙海域开采油气，陆域吹填也限于已经控制的岛礁而且是在其他声索国之后这么做，主张管控分歧扩大合作。问题在于，中国迄今没有尝试提出一种各方都能接受的争端解决方案。

（一）调整南海应对的必要性

必要性一，“一带一路”实施三年多来，体现了“和平合作、利责兼顾、主动作为、分层推进”的精神。“一带一路”建设的重心是经济领域，尤其是基础设施与制造业，重点方向是北、西、南，以及非洲大陆，这便于发挥中国改革开放以来积累的建设经验与比较优势，也易于与对象国达成共识。在推进的过程中，中国较好地体现了主动精神与大国责任意识。但也逐渐发现一些挑战，其中很重要的一点是，需要多领域共同推进，政治、安全、文化方面的矛盾已经影响了经济合作的提升，典型如中印与中缅关系。

必要性二，作为最大的南海沿岸国，中国有责任设计一套体现共赢的南海争端解决方案，并主导争端解决进程。而且，其他声索方没有能力扮演这种角色。中国目前的南海应对徘徊于“维权优先”还是“维稳优先”。“维权”的着眼点是中国的利益，而较少顾及所有声索方的共同利益。“维稳”的着眼点是“管控分歧”，使之不影响在其他领域（特别是经贸）的合作。这是治标之举，且未能防止紧张局面的出现，也无法推进争端的解决。

“维权维稳”整体上属于单赢思维，未能很好体现“正确的义利观”，也未充分贯彻“亲诚惠容”理念与“睦邻善邻富邻”政策。

必要性三，作为崛起的大国，中国除了在经济上惠及周边，还需要在安全问题上惠及周边，特别是化解周边中小国家的安全疑虑、增加它们对中国的信任度、提升中国对它们的吸引力。否则，周边中小国家在安全议题上必然要向其他国家靠拢，尤其是它们与中国存在领土争议时。就东南亚而言，南海问题是主要障碍，经贸关系增强的同时，东南亚国家对南海问题的关注也在提升。通过南海问题的推进来化解疑虑、加快其他领域的合作必须提上议事日程。

必要性四，“一带一路”建设是对外关系的顶层设计，而南海争端已经明显影响了东盟声索国参与“海丝枢纽”建设的热情，并且波及东盟非声索国参与“一带一路”建设。东盟国家在南海问题上“统一发声”是趋势，多数东盟非声索国的立场正在向声索国立场转变。南海问题犹如中国－东盟关系中的“炎症”部位，需要强有力的“消炎”处方，即有约束力的多边争端处理机制。

（二）南海争端与中国崛起

中国在处理南海问题时，还需要有整体的战略思维。这是因为，南海问题首先是战略问题，其次是政治问题，然后才是法律问题。处理南海问题不能“就南海论南海”，而要“跳出南海看南海”。也就是说，不能只考虑如何在南海实现本国利益最大化，而要考虑：如何处理南海争端才有利于中国崛起为综合性世界大国。因此，处理南海问题至少要考虑以下几点：“一带一路”建设与南海争端孰轻孰重？如何协调“建立周边战略依托带”与“维护南海主权与海洋权益”的关系？全球海洋利益与南海海洋利益如何兼顾？如何协调东海、南海、黄海的海洋主张，并让南海问题有助于台湾问题的解决？

1. “一带一路”是本届中国政府确定的对外关系的顶层设计，也是中国崛起为综合性全球大国的现实途径，体现了中国长期对外战略构想。因此，南海问题上的政治与外交应对、法律工具的使用等应服务于上述战略构想。南海目前虽然处于相对平静期，但南海争端已经成为影响地区安全与稳定的一大因素，是美国实施“地区力量再平衡”的一大抓手，南海问题已经实质性地影响到“一带一路”（特别是海丝）建设在东盟国家（特别是东盟声索国）的落实。为此，现有的“南海方略”应该从“维权维稳之争”转向“设计多边共赢方案并主导争端解决进程”，未来几年是中国确定新的“南海方略”的时间窗口。主要原因是，越南、菲律宾、马来西亚均由主张对华友好的人士主导政局，特朗普“美国第一”的执政理念将相对弱化美国对南海争端的干预力度。更重要的是，中国领导层已经建立起足够的权威调整南海应对思路，关键是认识到调整的必要性与迫切性。

2. 如何协调“建立周边战略依托带”与“维护南海利益”的关系？在周边选择一些支点国家以构建战略依托带，是中国成为综合性世界大国的一个必要环节。从全球战略协作的角度看，俄罗斯是支点国家；从向西开放、构建欧亚大陆桥的角度看，或许哈萨克斯坦是支点国家；从全方位合作的角度看，巴基斯坦、柬埔寨、老挝是支点国家；从技术引进、产业升级的角度看，韩国可望成为支点国家；而从经济合作潜力、海丝枢纽建设、多边合作平台构建的角度看，东南亚国家无疑是重点，其中泰国、马来西亚可望成为支点国家。而东南亚国家最关心的地区安全议题就是南海争端，南海问题已经成为他们观察中国外交政策走向的一个风向标。

大国在崛起的过程中引发周边国家的安全疑虑是普遍现象，在这个过程中，提升自己的吸引力是必修课。为此，需要减少它们的安全疑虑、增加它们的信任度。而 2009 年以来中国的南海应对，在这些方面的效果并不明显，中国长期以来高度克制的一面被忽略了（如不在南沙海域开采油气、修机场，并限制陆域吹填的规模与范围），外界聚焦的是中国的维权行为。“迫使中国清晰化南海主张”已经成为美国南海战略的一大目标，并获得东盟许多国家的认可与支持。

3. 全球海洋利益与南海海洋利益如何协调？中国的海外利益在快速扩展，海洋利益在急剧增加，一支强大的蓝水海军正在成型。综合性世界大国的建设离不开海洋权益的支撑。从开发与管理的角度看，陆地与海洋的最大差别在于陆地的排他性与海洋的开放性。在开放环境下，比其他国家更好地利用海洋，是海洋强国的显著标志。对海洋强国来说，无疑要谋求全球公海越大越好，并限制沿岸国对专属经济区与领海的权限。这意味着中国的海洋主张，不能仅谋求在近海实现海洋利益最大化，而要考虑在全球实现海洋利益最大化。因此，中国的海洋主张要有普适性，以便作为全球海洋管理制度的主要建设者与领导者之一，在全球实现海洋利益的最大化。

因此，在处理南海争端的过程中，宏观上需要协调“南海的权益主张”与“非南海的权益主张”，微观上不宜太强调“限制其他国家在中国专属经济区的军事活动权”与“为自身战略核潜艇谋求足够的活动空间”。

4. 如何协调东海、南海、黄海的海洋主张？中国目前的海洋主张不够清晰。在黄海的主张基于国际法特别是公平原则；在东海的主张基于国际法特别是大陆架自然延伸原则；在南海的主张则基于国际法与历史性权利。这是不够的。韩国认为中间线原则体现了公平原则，中国的公平原则具体是什么？日本认为中日共有一个大陆架，冲绳海槽是偶然的地理凹陷而非大陆架的终点，中国怎么从科学上回应日本的观点？“黄海的主张基于经调整的中间线，东海的主张基于中间线与大陆架相结合，南海的主张基于国际法加上清晰化的历史性权利”，而比较现实的做法，应该成为中国海洋政策调整的主要方向。

对中国来说，台湾问题的重要性无疑高于南海问题、东海问题与朝核问题。但中国在朝核问题、东海问题上可以发力的空间有限，南海问题就成了现实选项，而且迫切性在凸显。考虑到区域外大国特别是美日在南海问题上的介入、蔡英文根深蒂固的“台独”偏好，中国在处理南海问题时，就不能不考虑如何“拉住”东盟、防止东海问题与南海问题联动、并为台湾问题的解决“减负”。已经有学者提出，有必要制定解决台湾问题的时间表。①

（三）政策调整思路

目前南海形势处于相对稳定期，但这只是暂时现象。中国不应该满足于南海现在相对平静的局面，而应该从长计议，制定南海应对新方略，彻底摆脱“被外方推着走”的局面，变身为“推进南海争端解决的首要推动力”，并从“维权维稳之争”转向“设计多边共赢方案并主导争端解决进程”。新方略的要点是“协调制定出一套解决南海争端的解决方案”，这套方案，既守住了中国在南海的核心主张，也兼顾到东盟声索国的合理关切，能被各个声索国勉强接受。这是中国身为崛起国、最大沿岸国必须担负的角色义务，也将有助于减少甚至消除东南亚国家对中国的安全疑虑，进而助推东南亚地区的“一带一路”建设，特别是海丝枢纽建设。

对于以美国为代表的域外国家，中国该如何应对？至迟从 2015 年 10 月“拉森”号进入渚碧礁周围 12 海里事件起，美国的行为已经成为南海局势

---

① 周志怀：《到了认真研究统一时间表的时候》，http：//news. ifeng. com/a/20170801/51543570_0. shtml。

周期性紧张的主要根源。2017 年 5 月 24 日与 7 月 2 日，美国又两次派遣军舰分别进入美济礁与中建岛周围 12 海里水域。中方的直接应对一般是派出军舰进行“识别查证、警告驱离”，而这显然不够。中国有必要针对美国反复进入“12 海里”进行所谓航行自由行动宣示之举，清晰表明自身的立场、感受与决心：这明显违反了中国法律且带有羞辱崛起国的味道，美国不应该忘记 1988 年的黑海事件。①

① 美苏双方 20 世纪 80 年代在“无害通过是否需要事先通知或批准”问题上发生多次摩擦，最严重的一次是 1988 年 2 月的黑海撞船事件：两艘苏联军舰奉命撞击进入苏联领海的美国军舰并造成双方船只受损。两国事后进行多轮谈判并于 1989 年 9 月签署《关于无害通过的国际法准则的联合共同解释》，其要点是：苏联同意“所有船舶，包括军舰，不论其货物、军械或推进方式如何，均根据国际法享有无害通过领海的权利，无需事先通知或批准”。美国则以国务卿声明的形式宣布“为了不损害无害通过领海的权利，美国军舰无意在苏联黑海作无害通过”。参见李红云《也谈外国军舰在领海的无害通过权》，《中外法学》1998 年第 4 期，第 88 ~92 页。

B.12

海外华商在“一带一路”的产业布局

——以基建、航运和电信业为例

许培源　陈乘风*

摘　要：　基础设施互联互通是“一带一路”建设的优先领域，而基建、航运和电信业担负着实现各国互联互通的主要任务。本文结合 LPI 指数分析了“一带一路”沿线各区域的基础设施互联互通情况、投资机遇及主要投资领域，给出在“一带一路”基建、航空、海运、电信行业有重要投资的海外华商及其投资的国别、行业分布和一些重要项目，并以长江和记实业有限公司为例，深入分析其在“一带一路”的港口布局。

关键词：　海外华商　“一带一路”　产业布局

基础设施互联互通是“一带一路”建设的优先领域，而基建、航运和电信业担负着实现各国互联互通的主要任务。许多沿线国家和地区经济发展潜力巨大，发展愿望迫切，但是基础设施发展水平亟待提高。中国的发展经验说明，要想富、先修路，这是发展中国家实现经济起飞的必然要求。除了本国基础设施之外，沿线国家和地区的发展还受制于国际间互联互通的不足，从而导致国际贸易、投资和人员往来等潜力没有充分发挥。而资金不足、技术和制度安排的不完善仍然制约着各国基础设施建设和互联互通的发展。

* 许培源、陈乘风，华侨大学海上丝绸之路研究院。

一 “一带一路”互联互通情况及投资机遇

（一）东南亚地区

东南亚各国也许是基础设施发展水平差异最大的地区之一。如表 1 所示，根据世界银行发布的 160 个国家的物流绩效指数（LPI），新加坡的绩效指数是 4.14，排名第 5，成为全球物流绩效水平最高的国家之一，这得益于该国高效现代的港口设施；而马来西亚、泰国分别以 3.43 和 3.26 位居前列；印度尼西亚、越南、菲律宾和柬埔寨则位居中等水平；缅甸和老挝则以 2.46 和 2.07 的绩效指数分列第 113 和 152 名，比较靠后。

表 1　东南亚国家物流绩效指数①

国　家	物流绩效指数	世界排名
新加坡	4.14	5
马来西亚	3.43	32
泰国	3.26	45
印度尼西亚	2.98	63
越南	2.98	64
文莱	2.87	70
菲律宾	2.86	71
柬埔寨	2.8	73
缅甸	2.46	113
老挝	2.07	152

为了改变这种现状，提升区域基础设施建设和互联互通水平，促进区域一体化，东盟在 2016 年通过了《东盟互联互通规划》，确定了 2009～2015 年互联互通的建设计划，包括 700 多个工程和项目，覆盖了东盟经济社会建设的方方面面，如高速公路、铁路、海上交通、电网、宽带网络以及人员往

① 参见世界银行，http：//lpi.worldbank.org，登录时间：2016 年 7 月 5 日。

来、贸易投资便利化措施等。该规划还列出了15项优先建设的工程，包括东盟高速公路网、新加坡－昆明铁路、东盟宽带走廊等。为了完成这个规划，东盟还成立了规模为4852万美元的东盟基础设施基金，并从亚洲开发银行、世界银行等国际组织和发达国家争取资金。中国和日本都已经大举进入这个市场，在印度尼西亚，日本三井物产株式会社参与了雅加达主要港口的扩建工程。此外，印尼与日本联合财团开始建设途经雅加达市中心的大型快速交通体系，项目耗资30亿美元；中国国有企业和银行也签署了一系列合约，包括价值25亿美元的协议以升级印度尼西亚东部的30个港口，和价值55亿美元的协议以建设雅加达和万隆（Bandung）之间的铁路①。

然而，东盟的基础设施建设仍然任重道远，据估计，到2020年东盟每年需要600亿美元的基础设施投资，其中能源和运输部门的投资占63%。除了连接东盟国家的互联互通项目，各国国内的基础设施建设需求也相当庞大。据估计，到2020年仅印度尼西亚、马来西亚、菲律宾和泰国就需要5230亿美元的电力和运输投资②。而在缅甸，该国的路网密度、电力和水供应、固定电话、移动手机和互联网的覆盖率都很低，到2012年仅有38.9%的道路是铺筑的，仅有52%的人口得到电力供应，还有机场、港口、铁路和通信等许多领域需要投资。据估计，到2030年，该国基础设施投资缺口就达800亿美元，其中电力和运输部门占63%③。

（二）南亚地区

南亚地区是基础设施比较薄弱的地区，这将成为当地经济未来发展

① 《中日争夺亚洲“基建之王”：东南亚经济崛起有望?》，2016年1月25日，http：//www.chinadaily.com.cn/interface/yidian/1120789/2016－01－25/cd_ 23238984.html，登录时间：2016年7月5日。

② Jenny D. Balboa and Ganeshan Wignaraja. ASEAN Economic Community 2015：What is next? Asia Pathways. December 12，2014. http：//www.asiapathways-adbi.org/2014/12/asean－economic－community－2015－what－is－next/，登录时间：2016年7月5日。

③ Mathieu Verougstraete. Setting the Scene：Myanmar Infrastructure Challenges. UNESCAP Transport Division. 2016/3/17. http：//www.unescap.org/sites/default/files/1% 20 －% 20Myanmar%20Infrastructure%20Challenges.pdf，登录时间：2016年7月5日。

的重要障碍之一。根据世界银行的报告，2016 年，仅有印度的物流绩效指数达到 3.42，位列全球第 35 名，巴基斯坦、斯里兰卡和孟加拉国处于中等水平，而马尔代夫、尼泊尔、不丹和阿富汗物流绩效水平均在 100 名之后。

表 2　2016 年南亚国家物流绩效指数

国　家	物流绩效指数	世界排名
印　　度	3.42	35
巴基斯坦	2.92	68
斯里兰卡	2.7	89
孟加拉国	2.66	87
马尔代夫	2.51	104
尼 泊 尔	2.38	123
不　　丹	2.32	135
阿 富 汗	2.14	150

根据世界银行的报告，2011 ~ 2020 年，南亚国家的基础设施投资需求达 2.5 万亿美元，主要是在运输和电力部门，还包括水供应和公共卫生、固体垃圾处理、电信和灌溉等方面，其中印度高达 1.7 万亿美元。这些投资的来源对南亚国家来说将是一大挑战，印度的基础设施得到较多的私营部门投资，在 1990 ~ 2012 年南亚的能源和电力部门的私营部门投资中，印度得到其中的 85.49%，但也仅为 3063.3 亿美元，其他 7 个国家得到其余的 14.51%。这意味着政府要筹措和投入更多投资，或者寻求更多的外来投资①。这也是大陆和海外华侨华人基建企业的机会所在。

① Luis Andres, Dan Biller, Matias Herrera Dappe. Reducing Poverty by Closing South Asia's Infrastructure Gap. World Bank. December 2013. http://documents.worldbank.org/curated/en/881321468170977482/pdf/864320WP0Reduc0Box385179B000PUBLIC0.pdf，登录时间：2016 年 7 月 5 日。

（三）中东地区国家[1]

中东国家的基础设施发展水平差异较大，以沙特为代表的石油输出国靠出口石油赚取了大量财富，在基础设施领域的投资比较充足。按照美国工程新闻记录（ENR）统计，2010 年全球工程承包 225 强的国际收入中分别有 774.7 亿美元来自中东，占 225 强国际收入总量的 19.9%[2]，而海湾六国（沙特、巴林、阿曼、科威特、卡塔尔和阿联酋）是全球第二大承包工程劳务市场和第二大工程建设市场。2016 年，除了也门、伊拉克和叙利亚之外，中东国家的物流水平整体处于中上水平，阿联酋、以色列和卡塔尔排名高达 13、28 和 30，而也门、伊拉克和叙利亚排名则垫底（如表 3 所示）。

表 3　2016 年中东地区国家物流绩效指数

国　家	物流绩效指数	世界排名	国　家	物流绩效指数	世界排名
阿联酋	3.94	13	科威特	3.15	53
以色列	3.66	28	塞浦路斯	3	59
卡塔尔	3.6	30	约旦	2.96	67
土耳其	3.42	34	黎巴嫩	2.72	82
巴林	3.31	44	伊朗	2.6	96
阿曼	3.23	48	也门	2.18	151
埃及	3.18	49	伊拉克	2.15	149
沙特阿拉伯	3.16	52	叙利亚	1.6	160

虽然中东国家经济受油价波动和局势动荡冲击，但是在基础设施建设领域的投资机会依然较多，主要是在交通运输、石油石化、海水淡化和电子通信等领域。未来几年在中东举行的两次大型国际盛会将带来巨大的基础设施投资需求，卡塔尔要举办 2022 年世界杯，迪拜则要在 2020 年举办世界博览

① 阿联酋、以色列、卡塔尔、土耳其、巴林、阿曼、埃及、沙特阿拉伯、科威特、塞浦路斯、约旦、黎巴嫩、伊朗、也门、伊拉克和叙利亚。

② 周密：《国际基础设施投资与建设市场潜力分析》，《中国对外承包工程商会》，2010 年 5 月 19 日，http：//www.chinca.org/cms/html/main/col145/2012 - 05/30/20120530021826031219802_1.html，登录时间：2016 年 7 月 5 日。

会，沙特阿拉伯未来十年在交通领域的投资预计达1000亿美元。国际知名律师事务所（Nabarro）更是将阿联酋、土耳其、沙特阿拉伯、卡塔尔、科威特、约旦、埃及等列为全球基础设施投资机会最佳的25个国家①。总部位于沙特阿拉伯的多边机构——伊斯兰银行甚至成立了一个规模20亿美元的基础设施投资基金，主要关注中东、非洲和亚洲伊斯兰国家的基础设施投资市场②。

但是根据知名会计师事务所PWC的调查，中东国家基础设施建设仍然受到工程拖延、缺少熟练技术工人、资金不足等问题的困扰③，这为大陆和海外华人基建企业创造了机遇。

（四）中亚地区

在苏联时期，中亚五国的基础设施和互联互通主要是通向俄罗斯的；在苏联解体之后，独立的中亚五国开始发展自己的基础设施体系，但首要的是关注国内，而将区域间的互联互通放在次要地位。根据世界银行测算的物流绩效指数，仅有哈萨克斯坦以2.75的得分位列77名，其他4个国家均在100名之后，塔吉克斯坦更是以2.06的得分位列153名（如表4所示），低于老挝和阿富汗。根据亚洲开发银行的研究，如果对各国的公路网络进行评分，1为最差，7为最好，那么哈萨克斯坦的得分是2.8，吉尔吉斯斯坦是2.5，而中国是4.5，印度是3.6，印度尼西亚是3.7④。作为内陆型国家，

① Nabarro Report. Infrastructure Index: Bridging the gap. http://www.nabarro.com/media/496904/Nabarro-Infrastructure-Index-Bridging-the-gap.pdf，登录时间：2016年7月6日。

② Asa Fitch. Islamic Development Bank Launches $2 Billion Infrastructure Fund. The Wall Street Journal, July 1, 2014. http://blogs.wsj.com/middleeast/2014/07/01/islamic-development-bank-launches-2-billion-infrastructure-fund/，登录时间：2016年7月6日。

③ Heather Jima. Infrastructure Spending In The Middle East Set To Rise - Survey. Gulf Business, June 29, 2014. http://gulfbusiness.com/infrastructure-spending-in-the-middle-east-set-to-rise-survey/#.V7mpjbQsPME，登录时间：2016年7月6日。

④ Asia Development Bank Institute. Connecting Central Asia with Economic Centers. http://www.adb.org/sites/default/files/publication/159307/adbi-connecting-central-asia-economic-centers-final-report.pdf，登录时间：2016年7月6日。

中亚总面积约400万平方公里，却没有发达的公路运输体系，也几乎没有现代标准的高速公路。基础设施的落后和国际间互联互通的不足已经阻碍了当地经济发展，也不利于中亚的区域经济一体化。

表4　2016年中亚五国物流绩效指数

国　家	物流绩效指数	世界排名
哈萨克斯坦	2.75	77
乌兹别克斯坦	2.4	118
土库曼斯坦	2.21	140
吉尔吉斯斯坦	2.16	146
塔吉克斯坦	2.06	153

近年来，中亚地区的区位优势得到越来越多的重视，它不仅是作为欧亚大陆中心，还是连接东亚地区和欧洲的枢纽，金砖四国（Brics，中国、俄罗斯、巴西和印度）有三个在它周边。相关各国都加大对这一地区的投入，如俄罗斯、美国、印度、巴基斯坦和欧盟等，中国的“一带一路”倡议更是凸显了中亚的战略枢纽地位。目前中国在中亚的主要项目，包括770公里的莫斯科－喀山高速铁路、霍尔果斯－阿克套铁路、3666公里的中亚－中国天然气管道、中亚－中国天然气管道D线、中国－吉尔吉斯斯坦－乌兹别克斯坦铁路和霍尔果斯陆地港。此外国际组织纷纷涌入中亚地区，如亚洲开发银行、欧洲复兴开发银行、世界银行、国际货币基金组织和联合国开发署。

根据亚洲开发银行研究部门的测算，2010～2020年，哈萨克斯坦、乌兹别克斯坦、吉尔吉斯斯坦和塔吉克斯坦四国的基础设施投资需求超过1300亿美元，其中大部分来自电力、港口、机场、公路和铁路等部门①。

① Biswa Nath, Bhattacharyay. Estimating Demand for Infrastructure in Energy, Transport, Telecommunications, Water and Sanitation in Asia and the Pacific: 2010 - 2020. ADBI Working Paper, No. 248, Sep., 2010. http://www.adb.org/sites/default/files/publication/156103/adbi-wp248.pdf，登录时间：2016年7月6日。

（五）地中海地区

地中海是世界上最重要的海上通道之一，全球海上运输量的 19% 和 25% 的航线经过地中海①。亚洲尤其是中国运往欧洲的货物大部分要经过该区域的苏伊士运河和直布罗陀海峡，每年约有 2000 万个标准集装箱，但是只有 30% 会在地中海北岸港口卸货，大多数通过英吉利海峡从欧洲西北的港口登陆，其中安特卫普、鹿特丹、汉堡、不来梅等 4 个港口占总货运量的 50%②。不过地中海的主要港口都在加快升级改造，港口运营效率不断上升，未来有望成为亚洲货物进入欧洲的门户。这也需要大量的港口投资，许多国际航运巨头和港口运营商纷纷加大投资力度，如马士基和地中海航运，华商企业中和记黄埔在巴塞罗那投资 5 亿欧元，还有中远集团在希腊比雷埃夫斯港口投资近亿欧元，招商局国际、中远和中海运联合投资土耳其 Kumport 码头等。今后在港口运营和升级，连接港口与欧洲内陆的铁路公路系统方面，都将会产生巨大的投资机会。

此外地中海地区的能源基础设施建设需求也越来越大，欧盟将这作为欧盟 - 地中海合作的关键方面，其中电力网络、石油和天然气管道建设是主要内容。目前地中海地区的能源基础设施几乎都是 50 年前建造的，已经开始老化，也缺乏国际联通性。根据世界银行的测算，到 2040 年，该地区能源基础设施投资需求每年超过 300 亿欧元，其中仅连接地中海南岸国家的电力网络耗资就近 2 亿美元③。

---

① Mediterranean ports seeing growth but Italy at a standstill. Ansa media, June 22nd, 2016. http://www. ansamed. info/ansamed/en/news/sections/transport/2016/06/22/med-ports-seeing-growth-but-italy-at-standstill_ 668f8538 – 8571 – 4eb2 – b7b2 – e11186 173cb1. html，登录时间：2016 年 7 月 6 日。

② Peter Mehlbye. Opportunities and threats for territorial cohesion: Blue Growth and Urban Poverty. ESPON report, June 4, 2014. https://www. espon. eu/export/sites/default/Documents/Publications/SeminarsReports/ESPON_ Opportunities-and – threats – for – territorial – cohesion_ blue – growth – and – urban – poverty. pdf，登录时间：2016 年 7 月 6 日。

③ Rahmatallah Poudineh & Alessandro Rubino. Business Model for Cross-border Interconnections in the Mediterranean Basin. The Oxford Institute For Energy Studies, June 2016. https://www. oxfordenergy. org/wpcms/wp – content/uploads/2014/07/Executive – Summary – Business – model – for – cross – border – interconnections – in – the – Mediterranean – basin. pdf，登录时间：2016 年 7 月 6 日。

二　海外华商在“一带一路”基建、航运和电信业的产业布局

东南亚华商是华商中进行跨国经营的主力，在积累了一定的资金、技术和经验之后，东南亚华商开始了国际化进程。中小型企业可能专注于本地经营或者某一个地区，比如有些华商将经营集中在中国大陆。但是海外华商中的大财团、企业则会在几个甚至几十个国家投资，建立跨国的生产经营网络。他们能在“一带一路”建设中发挥更直接的作用。

（一）基础设施建设

在基础设施建设领域，有6家海外华商企业最强，并实现了国际化经营。它们分别是菲律宾的首都太平洋投资公司，马来西亚的怡保工程有限公司、金务大和杨忠礼电力，以及香港的长江基建集团有限公司和电能实业有限公司。2015年，6家公司市值500.25亿美元，营业额49.78亿美元，总资产623.38亿美元（见表5），其中李嘉诚旗下的长江基建和电能实业的资产占49.4%，营业额占21.2%，市值占77.7%。上述6家公司的业务集中在海上丝绸之路沿线，除了长江基建和电能实业之外，其他公司东南亚业务所占比重较大，而马来西亚公司利用该国也是伊斯兰国家的优势，大力开拓中东国家和印度市场。

菲律宾首都太平洋投资公司的主要业务是高速公路运营、铁路、电力等。截至2015年，该公司运营或参与运营菲律宾5条高速公路和桥梁，以及泰国1条收费公路、越南5条高速公路和桥梁，总里程336.7公里，其电力项目和铁路项目集中在菲律宾。

马来西亚怡保工程有限公司的核心业务是基建、地产开发、制造和采石、基建特许经营和种植，其主要市场在马来西亚、印度、阿联酋、中国大陆和印度尼西亚。该公司的基建业务在公路、铁路、隧道、桥梁、港口、机场、房屋、电厂等各个领域，实力强大，并在施工中大量采用工业化建筑系

表 5　2015 年主要海外华商基建企业的业务分布和资产情况

单位：亿美元

所在国家/地区	公司名称	业务分布	市值	营业额	总资产
菲律宾	首都太平洋投资公司	菲律宾、泰国、越南	29.81	7.62	60.285
马来西亚	怡保工程有限公司	澳大利亚、马来西亚、阿根廷、印度、毛里求斯、不列颠维京群岛、中国香港、阿联酋	26.828	16.647	40.715
马来西亚	金务大	马来西亚、老挝、中国、越南、新加坡、中国台湾、印度、卡塔尔、巴林	24.891	7.333	161.628
马来西亚	杨忠礼电力	马来西亚、印度尼西亚、英国、中国、澳大利亚、新加坡	29.81	7.62	52.71
中国香港	长江基建集团有限公司	中国、英国、澳大利亚、加拿大、新西兰、欧洲	206.414	7.821	133.33
中国香港	电能实业有限公司	英国、澳大利亚、新西兰、中国、加拿大、泰国	182.51	2.73	174.71
总计			500.25	49.78	623.38

统（IBS），能将建筑总成本从 72% 降到 68%。其项目主要集中在海上丝绸之路沿线，代表性工程有马来西亚关丹港、柔佛公主港的设计和建造，迪拜机场的航空配餐中心，该公司还在印度斩获了一系列的公路、桥梁和建筑合约。

金务大也是马来西亚最大的基建企业之一，其主要业务包括高速公路、桥梁、机场、港口、水厂和房产开发。代表性工程项目有马来西亚捷运计划、卡塔尔首都的哈马德国际机场、杜罕高速公路和多哈地铁、台湾高雄捷运项目、印度的 Panagarh-Palsit 和 Durgapur 高速公路。金务大还持有马来西亚士乃机场、丹绒柏乐巴斯和巴西古当港口。

杨忠礼电力的主要业务包括发电厂、电力输送、自来水供应、污水处理和电信业务，电信业务是其核心。该公司的业务遍及马来西亚、中国大陆、印度尼西亚、英国、澳大利亚和新加坡，2015 年海外营收占公司营业额的 68.7%①。2016 年，该公司与中国粤电集团及 Eesti Energia AS 共同投资约旦

① 《2015 大马南洋富豪榜第 8 名：丹斯里杨忠礼与家人，大马股市资讯分享》，http://lowjunmenfinance.blogspot.com/2016/02/2015－8.html? view＝flipcard。

发电厂，总投资21亿美元，粤电集团和杨忠礼电力各占45%。同时该公司还拥有英国水务公司Wessex Water，是英国最顶尖的水务公司之一。

长江基建则是香港最大的上市基建公司，业务范围包括能源基建、交通基建、水处理基建等，业务遍及中国大陆、中国香港、英国、荷兰、葡萄牙、澳大利亚、新西兰和加拿大。长江基建的业务主要分布在欧洲、大洋洲和加拿大等发达国家和地区，尤其是在英国，该公司拥有英国Northern Gas Networks和Wales & West Utilities两家配气商；英国最大的一家配电商UK Power Networks，一家发电厂Seabank Power，还有水务公司Northumbrian Water和列车租赁公司UK Rail。

（二）航运业

1. 航空运输业

沿线各国和地区间的航空运输是“一带一路”互联互通的重要内容。现代航空运输业将一个国家/城市和其他地区联系在一起，使远距离的人员往来和货物运输更加快速便捷。它还是塑造现代世界面貌的关键因素之一，使“地球村”成为可能，每年全球有约30亿人次的乘客搭乘飞机出差或度假，以价值计，空运贸易占全球贸易的三分之一以上。

中国大陆以外，有华人背景的航空公司又能进行国际化运营的并不多，主要有9家，分别是澳门航空、菲律宾航空和宿务太平洋航空，台湾的中华航空和长荣航空，香港的国泰航空、港龙航空和香港航空，新加坡的新加坡航空。澳门航空的控股股东是中国国际航空有限公司，澳门特区政府也占一定股份；新加坡航空和中华航空都是政府控股；其余公司都是私人所有，菲律宾航空由闽籍华人陈永栽控股，宿务太平洋航空由闽籍华人吴奕辉家族所有。

9家航空公司的规模大小不等，以中等规模为主。如表6所示，截至2016年，9家航空公司共有600多架飞机（只统计波音和空客机型），其中香港国泰航空以146架飞机位列榜首，新加坡航空拥有105架飞机，两家公司属于大型航空公司；中华航空、长荣航空、宿务太平洋航空和港龙航空等

4 家公司飞机数量少于 100 架但是多于 40 架，属于中等规模航空公司；菲律宾航空、澳门航空和香港航空属于小型航空公司①。

在航线分布方面，香港、澳门和台湾的航空公司积极拓展东南亚市场和日韩市场，部分公司开拓欧美航线。其中，国泰航空的航线资源最为丰富，在南亚、中东和欧洲等海上丝绸之路沿线都有众多航点。菲律宾航空和宿务太平洋航空均以菲律宾为主要市场，航线覆盖东盟各国，开拓日韩航线，并向沙特、阿联酋和科威特等中东地区拓展。新加坡航空重视业务的国际化，航线覆盖五大洲，遍及南亚、中东、非洲和欧洲等海上丝绸之路沿线，东南亚航线主要由旗下的胜安航空执行。总体而言，上述 9 家航空公司均以亚太市场为主，东南亚和日韩是重点，欧美航线以纽约、伦敦、巴黎和悉尼等中心城市为主，并重点覆盖华侨华人聚居地，如旧金山和温哥华。

表 6　海外华商航空公司发展情况

单位：架

所在国家/地区	公司名称	飞机数量	航线网络
澳　　门	澳门航空	17	8 个国家/地区,28 个城市
菲 律 宾	宿务太平洋航空	57	15 个国家/地区,61 个目的地
菲 律 宾	菲律宾航空	39	17 个国家/地区,62 个航点
中国台湾	中华航空	92	29 个国家/地区,143 个城市
中国台湾	长荣航空	>70	20 个国家/地区,68 个城市
中国香港	国泰航空	146	43 个国家/地区,173 个航点
中国香港	港龙航空	42	14 个国家/地区,53 个航点
中国香港	香港航空	32	亚太地区 30 个城市
新 加 坡	新加坡航空	105	33 个国家/地区,58 个城市
总　　计	9 家	>600	

数据来源：根据 2016 年各航空公司网站资料整理，航线网络中“航点”和“城市”的叫法参考各家公司资料。

① 划分标准参见林智杰《中型航空公司陷入“中等规模陷阱”?》，民航资源网，2016 年 5 月 16 日，http://news.carnoc.com/list/345/345255.html，登录时间：2016 年 7 月 6 日。

2. 海运业

国际贸易是当代国与国交往的一项重要内容，而全球国际货物贸易约80%是由海运来完成的，中国大陆90%以上的国际货物贸易运输是靠海运[①]。中国制造的机械、纺织服装、玩具、家具、电器等各种制成品通过海运去往世界各地，而中国所需要的石油、铁矿石、粮食等各种产品也通过海运进口。在海上丝绸之路沿线国家和地区，海运在经济贸易发展中具有重要地位。中国台湾的产品99%以上靠海运运输到世界各地，中国香港和新加坡更是视航运业为经济支柱之一，中东各国靠海运将石油运往世界各地，欧洲所需要的许多制成品也通过海运从东亚地区进口。如果说互联互通是“一带一路”建设的优先领域，那么海运业则是21世纪海上丝绸之路互联互通建设的重中之重。

有9家大陆以外的华人海运公司位列全球集装箱班轮公司50强，分别是中国台湾的长荣海运、东方海外、万海航运和德翔海运，中国香港的阳明海运和太古船务，新加坡的太平船务和X-press，泰国的宏海箱运。9家公司总运力3031420TEU[②]，其中自有1714599TEU；共有船舶818艘，其中自有460艘（如表7所示），总运力占全球前50强的16%，船舶数占18.2%。同期中国大陆共有6家企业进入前50强[③]，总运力1804473TEU，其中自有657501TEU；船舶数502艘，其中自有223艘，总运力占全球前50强的9.5%，船舶占11.2%。海外华商海运公司运力规模超过大陆，排名也比较靠前，有4家进入全球前20名，大陆仅有1家。

从上述分析可见，海外华商在集装箱海运领域具有较强实力，整体甚至超过大陆集装箱海运公司。若把海外华商和大陆企业的海运公司相加，则其总运力超过全球集装箱100强的四分之一。因此，海内外华商的合作共建将

① 《中国九成以上国际贸易运输靠海运》，http：//v. ifeng. com/news/society/2014007/015b61fb－640c－4115－933b－8428f89cb3b9。

② TEU：20英尺标准集装箱。

③ 分别是中远集装箱，排名第4；海丰国际，排名22；泉州安盛船务，排名27；中谷海运，排名29；中国外运，排名37；宁波远洋，排名46。

表 7　海外华商海运公司航运实力

单位：集装箱、艘

所在国家/地区	公司名称	全球排名	总计		自有	
			TEU	船舶数	TEU	船舶数
中国台湾	长荣海运	5	953841	186	557365	107
中国香港	阳明海运	9	588611	106	203810	43
中国台湾	东方海外	10	578988	103	397531	53
新加坡	太平船务	16	351415	139	296643	120
中国台湾	万海航运	18	234539	92	169598	71
新加坡	X-press	19	146029	93	27441	22
中国台湾	德翔海运	24	85868	42	1578	1
泰国	宏海箱运	25	50807	27	23713	18
中国香港	太古船务	34	41322	30	36920	25
总计	9 家		3031420	818	1714599	460

数据来源：根据 Alphaliner 全球集装箱班轮公司 100 强榜单整理而得，数据截止 2016 年 8 月 23 日，http：//www. alphaliner. com/top100/。

有利于提升华商整体实力，2016 年 4 月，中远与法国达飞轮船、台湾长荣海运及香港东方海外（0316. HK）组建新的联盟——大洋联盟（OCEAN Alliance），联盟成员将投入约 350 艘船，将超过目前全球最大的集运联盟——2M 联盟约 210 万 TEU 的实际运力，新联盟在亚洲、欧洲、美国区域内拥有最大规模的航线数，丰富多样的港序构建了高密度的航线网络①。

（三）电信业

“一带一路”的设施联通包括信息设施联通，但是“一带一路”沿线的许多发展中国家和地区仍然存在巨大的“数字鸿沟”，信息设施和服务发展不足，制约当地经济发展。中国倡议信息设施的互联互通，鼓励华为、中兴、中国电信、中国移动等优势企业“走出去”，对接“一带一路”需求。

① 《中远海洋集运与达飞和长荣等组建联盟投入超 350 艘集装箱船》，http：//cn. reuters. com/article/ocean - alliance - idCNKCS0XH122。

海外华商中的优秀通信企业也可以发挥积极的作用。

如表 8 所示，主要有 5 家海外华商电信企业，其中菲律宾 1 家，台湾 2 家，泰国 1 家，香港 1 家。2015 年它们的总市值 657.62 亿美元，营业额 232.32 亿美元，总资产 457.83 亿美元。台湾中华电信市值、营业额和资产规模最高，分别是 279.7 亿美元、72.65 亿美元和 140.08 亿美元。这些公司除了在当地是电信业的龙头企业，还积极拓展海外业务。

表 8　电信业海外华商的跨国分布[①]

单位：亿美元

所在国家/地区	公司名称	业务分布	市值	营业额	总资产
菲律宾	菲律宾长途电话公司	美国、英国、新加坡、菲律宾、中国香港、日本、马来西亚	159.34	38.51	98.28
中国台湾	大哥大股份有限公司	中国台湾、澳大利亚、中国香港、印度、印尼、澳门、马来西亚、菲律宾、新加坡、韩国、泰国、	101.97	37.09	50.56
中国台湾	中华电信	中国（大陆、台湾、香港）、新加坡、越南、日本、美国、泰国等	279.70	72.65	140.08
泰国	True 通信公司	泰国、柬埔寨、老挝、越南、马来西亚、缅甸	66.56	33.63	72.22
中国香港	电讯盈科	中国（大陆、香港、澳门）、日本、韩国、新加坡、马来西亚、法国、英国、希腊、比利时、瑞士、德国、阿联酋、莫桑比克、南非、美国	50.05	50.44	96.69
总计	5 家		657.62	232.32	457.83

菲律宾长途电话公司是菲律宾最大的电信公司，截至 2016 年 3 月，闽籍华人林逢生家族的第一太平投资有限公司持有普通股的 25.57%，为第一大股东；日本电信电话株式会社持股 20.35%，为第二大股东[②]。该公司海

① 根据各个公司网站资料整体而得。

② 菲律宾长途电话公司网站，http：//www.pldt.com/investor－relations/shareholder－information/shareholding－structure。

外业务的分布和拓展历程是：2000 年，美国；2004 年，香港；2006 年，新加坡；2011 年，马来西亚；2012 年，英国；2016 年，日本。该公司主要借助日本电信电话株式会社进入日本市场。

台湾大哥大股份有限公司属于台湾蔡万才家族，与富邦金融同属于富邦集团，是台湾第三大电信企业。该公司的国际化刚刚起步，电信业的海外布局尚在计划中；旗下企业富邦媒的电商事业发展较好，MOMO 购物网是台湾最大的 B2C 网站，并已拓展至泰国和中国大陆。

中华电信是台湾最大的电信企业，属于政府控股，由台湾“交通部”持有 35.29% 的股份，为第一大股东，董事长也由“交通部”委任；蔡万才家族的富邦人寿也持有 5.81% 的股份，为第二大股东。该公司在 2012 年曾提出“壮大台湾、连接两岸、布局全球”的口号，并在中国大陆、美国、中国香港、新加坡、越南等设有子公司和办事处，借此拓展国际业务。中华电信还在美国设立中华电信全球股份有限公司，提供固定网络通信、移动通信和数据通信的服务，主要代理中华电信北美业务和拓展北美华人市场[①]。如表 9 所示，中华电信至少参与了 11 条海底光缆的建设，其中亚欧海底光缆 3 号是目前世界上耗资最大、长度最长、途经的国家和地区最多的海缆系统，它西起德国，途经大西洋、地中海、红海、阿拉伯湾、印度洋、太平洋，东达日本、韩国；亚太 2 号海底光缆是第一次以“中华电信”的名义参与的国际海底光缆建设，而金厦海底光缆是两岸首条海底光缆。

True 通信公司隶属于粤籍华人谢国民的正大集团，该公司是泰国唯一的全国性综合电信运营商，在泰国的有线电视和宽带领域具有领先地位，还是第三大移动电话运营商。在缅甸、马来西亚、老挝、柬埔寨和越南也有投资，但是东南亚电信市场竞争激烈，True 在泰国以外的市场占有率并不高。2014 年，该公司和中国移动签署战略合作协议，中国移动以 55 亿人民币入股，持有 18% 股份，成为第二大股东。

---

① 参见中华电信全球股份有限公司网站，http：//www.chtglobal.com。

表 9　中华电信参与建设的海底光缆

启用年份	海底光缆名称	登陆点
1999	亚欧海底光缆 3 号	四大洲,33 个国家,39 个登陆点
2000	亚太 2 号海底光缆	中国(大陆、香港、台湾)、日本、韩国、菲律宾、新加坡、马来西亚
2000	中美海底光缆	中国(大陆、台湾)、日本、韩国、美国
2002	东亚海底光缆	中国(大陆、台湾、香港)、新加坡、菲律宾、韩国、日本
2002	城市间海底光缆	中国(大陆、台湾、香港)、菲律宾、韩国、日本、越南、新加坡
2008	横太平洋快捷海底光缆	中国(大陆、台湾)、韩国、美国
2008	中美直达海底光缆	中国(大陆、台湾)、日本、韩国、美国
2012	金厦海底光缆	金门、厦门
2013	东南亚 - 日本海底光缆	中国(大陆、香港)、日本、菲律宾、泰国、新加坡、文莱
2016 *	亚太直达海缆	中国(大陆、台湾、香港)、越南、马来西亚、日本、韩国、泰国、新加坡
2017 *	新跨太平洋海底光缆	中国(大陆、台湾)、韩国、日本、美国

资料来源：笔者根据网上资料整理而得；加 * 号表示预计该年完工。

电讯盈科是香港最大的电信公司，董事局主席是李嘉诚之子李泽楷，2015 年营业额约为 50 亿美元，位列海外华商电信企业第二。电讯盈科一直活跃在全球通信基础设施互联互通中，其子公司电讯盈科环球有限公司的业务遍布全球超过 3000 个城市及 150 个国家，为全球各地提供环球通信方案组合，在中国大陆和香港、日本、韩国、新加坡、美国、英国、希腊、法国、比利时、阿联酋、南非设有区域中心。电讯盈科的通信网路基础设施包括 140 多条连接世界各地的海底和陆上光缆，堪称新世纪“信息/电讯丝绸之路”①。该公司还参与建设亚非欧 1 号海底光缆和亚洲 TGN-Intra 光缆。

① 参见电讯盈科环球公司网站，https：//www. pccwglobal. com/zh/，登录时间：2016 年 7 月 10 日。

三　港口：长江和记实业有限公司的“一带一路”布局

（一）长江和记实业有限公司概况（简称“长和”）

长和是香港交易所主板最大的一家公司，由香港富商李嘉诚创办，2014年12月11日于开曼群岛注册公司，总部位于香港，属于长江实业（集团）有限公司和和记黄埔有限公司的主要控股公司。长和的主要业务是在香港和全球经营港口及相关服务、零售、基建、能源以及电讯，旗下共有10家上市公司。2015年，长和总收益约为3960.9亿港币，其中46%来自欧洲（英国占21%）、16%来自中国香港、10%来自中国大陆。

和记港口集团有限公司是长和负责港口及相关业务的子公司，其港口网络遍布亚洲、中东、非洲、欧洲、美洲和大洋洲，遍及25个国家。和记港口集团的历史可追溯到1866年，当时香港黄埔船坞公司成立，成为香港首家注册公司，此后100年该公司一直提供造船和维修服务，并在1969年成立旗舰公司——香港国际货柜码头有限公司，将业务拓展至货物及货柜处理。1994年和记港口集团成立，负责管理其全球港口业务。和记港口集团已经成为全球最具领导地位的港口投资、发展和经营商，业务覆盖整个物流供应链，包括机场、铁路以及船舶维修等运输和物流相关服务。目前和记港口集团员工超过3万人，2015年的和记港口集团货柜吞吐量达8380万标箱[①]。另外，长和还通过和记港口信托持有和管理在深圳和香港的货柜码头及在大陆的两个内河港，和记信托在新加坡上市。

（二）长和的港口分布

如表10所示，长和通过和记港口集团与和记港口信托运营数十个港口，

① 参见和记港口集团有限公司网站，https：//www.hph.com/tc/webpg－87.html。

共拥有 269 个泊位，其中包括全球 10 个最繁忙港口中的 5 个，分别在上海、深圳、香港、宁波和釜山①。2015 年，和记信托在香港累计处理超过 2 亿个集装箱。长和的港口业务除了货柜码头，还有内河码头和邮轮码头，并提供其他的港口业务。

表 10　长和港口的全球布局

中国	香港、上海、深圳、南海、惠州、宁波、汕头、厦门	荷兰	阿姆斯特丹、莫尔迪克、鹿特丹、文洛
印尼	雅加达、高咖	波兰	格丁尼亚
马来西亚	巴生港	西班牙	巴塞罗那
巴基斯坦	卡拉奇	阿根廷	布宜诺斯艾利斯
韩国	釜山、光洋	德国	杜伊斯堡
泰国	兰差彭	英国	费利克斯托、哈尔威治、伦敦
越南	胡志明市	瑞典	斯德哥尔摩
阿联酋	阿吉曼	巴哈马	自由港
坦桑尼亚	达累斯萨拉姆	墨西哥	恩塞纳达、伊达尔戈、圣樊尚、曼萨尼约、维拉克鲁斯
沙特阿拉伯	达曼	巴拿马	巴尔博亚、克里斯托瓦尔
比利时	维勒布鲁克	澳大利亚	布里斯班、悉尼
埃及	亚历山大、艾特其勒	阿曼	索哈尔

资料来源：笔者根据长和公司资料整理，https：//www. hph. com/tc/globalbusiness。

21 世纪海上丝绸之路的重点方向是从中国沿海港口过南海到印度洋，延伸至欧洲；从中国沿海港口过南海到南太平洋。长和基本实现了沿线的港口布局，包括中国沿海、东南亚、南亚、中东、欧洲和大洋洲。

除了港口分布范围广之外，长和的港口在当地乃至全球航运中都具有战略重要性。上海港是长三角的门户，宁波港背靠出口大省浙江，厦门港是海峡西岸经济区的重要门户，深圳港和香港则是珠三角的枢纽；而巴生港是马

① World Shipping Council，TOP 50 WORLD CONTAINER PORTS，http：//www. worldshipping. org/about – the – industry/global – trade/top – 50 – world – container – ports。

来西亚最大的港口，位于马六甲海峡，战略重要性不言而喻；卡拉奇港是巴基斯坦的最大港口，其工业产值占全国的40%，巴基斯坦外贸物资及阿富汗的部分进出口货物都经过该港；位于沙特的达曼港和阿曼的索哈尔港则是中东门户；达累斯萨拉姆和亚历山大港则是非洲的重要港口；位于巴拿马的巴尔博亚港口和克里斯托瓦尔港则是连接大西洋和太平洋的咽喉要道；此外还有进入西欧、南美和大洋洲的重要港口，就不一一列举。

长和的港口布局反映出李嘉诚及其长和实业对全球贸易和航运格局的深刻把握，是大型港口集团跨国战略布局的典范。香港港口的发展受到大陆港口的竞争，集装箱吞吐量的世界排名已经从2000年的第1名下降到2015年的第5名。但是长和整合全球范围内的港口资源，建立了覆盖世界主要航道和重要区域的港口体系。随着全球化的推进，贸易在世界经济中的重要性与日俱增，而长和港口体系也由此实现了巨大收益。

B.13

中国渔业涉外事件对21世纪海上丝绸之路建设的影响与对策*

刘文波**

摘　要：近年来频繁发生的中国与相关国家的渔业涉外事件，对21世纪海上丝绸之路建设造成严重的负面影响。中国应通过采取强化和完善渔业权行政保护机制，积极、主动地运用渔业权国际法保护机制，积极寻求与相关国家构建和完善国际渔业合作机制等系列对策，来有效应对渔业涉外事件，顺利推进21世纪海上丝绸之路建设。

关键词：渔业涉外事件　海上丝绸之路建设　渔业权行政保护机制　渔业权国际法保护机制　国际渔业合作机制

渔业涉外事件是指一个国家或一个地区渔业生产过程中发生的各类涉外事件。近年来频繁发生的中国与相关国家的渔业涉外事件，恶化了21世纪海上丝绸之路建设的区域国际环境，对21世纪海上丝绸之路建设造成严重的负面影响。认真研究中国渔业涉外事件对21世纪海上丝绸之路

---

* 本文为国家社会科学基金项目“海权纠纷背景下政府应对渔业涉外突发事件策略研究”（17BGJ043）的阶段性成果。

** 刘文波，华侨大学海上丝绸之路研究院副教授，法学博士，研究方向为国际政治理论、亚太政治、南海问题。

建设的影响与对策，对于有效应对渔业涉外事件，营造有利于21世纪海上丝绸之路战略实施和推进的区域国际环境，具有重要的理论和实践意义。

一 中国渔业涉外事件的现状

在亚太地区，中国是发生渔业涉外事件最多的国家。中国渔业涉外事件主要发生在黄海、东海和南海三个海域。在黄海海域中国与朝鲜和韩国相邻，是渔业纠纷发生的高频地区；中国在东海海域的渔业纠纷主要集中在中日之间，而钓鱼岛海域附近则是中日渔业纠纷的核心地区；在南海海域中国与相关国家的渔业纠纷最多的是中越在北部湾以及中菲和中马在南沙的渔业纠纷。自20世纪70年代探明中国南海不仅蕴藏丰富的渔业资源而且蕴藏丰富的油气资源以来，南海某些周边国家为了掠夺南海的渔业和油气资源，强行占领了为数不少的中国南海岛屿，并以多种手段对中国南海传统渔场以及在此从事渔业生产的中国渔民频繁地实施侵权行为。随着1994年11月16日生效的《联合国海洋法公约》负面影响的扩大，南海某些周边国家在南海海域干扰、袭击中国作业渔船和抓捕中国正常作业渔民的侵权行为愈演愈烈。1989~2010年的20年间，周边国家在南沙海域袭击、抢劫、抓扣中国渔船、渔民事件多达380起，涉及渔船750多艘、渔民11300人。其中，25名渔民被打死或失踪，800多名渔民被抓扣判刑。①

2012年以来，为遏制中国崛起，美国高调实施“亚太再平衡”战略，加强与中国周边的韩国、日本、澳大利亚、菲律宾、越南、印度等国的联系，形成以美国为首的，以围堵中国崛起为主要目的的联盟与伙伴网络体系，使中国海上邻国出现“合纵连横”共同制衡中国的态势，从而使中国

① 国家海洋局海洋发展战略研究所课题组：《中国海洋发展报告（2011）》，海洋出版社，2011，第71页。

与相关海上邻国围绕岛礁主权、海洋划界以及相关海洋权益等方面的海权争端呈现日趋复杂化和尖锐化的态势。中国周边的海区成为利益关系最复杂、海洋争议最庞杂以及域外因素介入最多的海域。中国需与朝鲜划分领海边界、专属经济区边界和大陆架边界；与韩国划分专属经济区边界和大陆架边界；与日本的未决问题既包括专属经济区、大陆架的划界，也包括历史遗留下来的钓鱼岛主权争议。南海问题牵涉“六国七方”，因岛礁主权归属引发的海洋权益问题盘根错节。[①] 日益复杂化和尖锐化的海权争端使中国的渔业涉外事件呈现以下特征。

首先，渔业涉外事件呈现高发、多发态势，且日趋尖锐化。韩国海警2012 年4 月30 日在黄海海域欲以“非法捕捞”为名扣押中国鱼货运输船“浙玉渔运581”号，与中方船员发生冲突。次日，韩国木浦海洋警察署以挥舞凶器刺伤其海警为由，针对渔船船长和驾驶员申请了拘捕令。[②] 2013 年5 月台湾渔船遭菲军射击，一船员遇害。[③] 2014 年5 月6 日，菲律宾海警在南沙群岛半月礁附近抓扣一艘中国渔船及船上的11 名渔民。[④] 2014 年8 月5 日，菲律宾巴拉望地区法院宣布，2013 年4 月被捕的12 名中国渔民“非法捕鱼”罪名成立，船长被判12 年有期徒刑，11 名船员被判6 年至11 年不等的监禁。中国渔民每人还被罚款10 万美元，渔船也被没收。[⑤] 2014 年10 月10 日上午，一艘中国渔船的船长宋厚模（45 岁）在韩国海警打击非法捕捞的过程中中枪身亡。[⑥] 2016 年1 月2 日，一艘中国渔船涉嫌不接受检查被

---

① 国家海洋局海洋发展战略研究所课题组：《中国海洋发展报告（2015）》，海洋出版社，2015，第24 页。

② 《观察：韩国高压难解中韩渔业纠纷　应加强沟通协调》，http：//www. chinanews. com/gj/2012/05 -03/3863483. shtml。

③ 《台湾渔船遭菲军射击一船员遇害》，http：//news. ifeng. com/gundong/detail_ 2013_ 05/10/25150285_ 0. shtml。

④ 《菲律宾抓扣我南海渔民的九重企图》，http：//world. people. com. cn/n/2014/0508/c1002 -24992807. html。

⑤ 《菲律宾重判“侵渔”中国渔民　显示南海强硬立场》，http：//world. huanqiu. com/exclusive/2014 -08/5097004. html。

⑥ 《4 年4 起盘点近年中韩因渔业纠纷所致血案》，http：//world. people. com. cn/n/2014/1011/c1002 -25810543. html。

日方扣押，船长被日方逮捕。[①] 2016 年 11 月 1 日，在仁川市小青岛西南方 91 公里处，韩国海警“机动战团”对中国渔船使用 M60 机关枪射出了 600 ~700 发子弹。[②] 2016 年 11 月 12 日，在韩国仁川市瓮津郡小青岛西南方 68 公里海上，韩国海警用 M －60 机关枪向中国渔船发射实弹 96 发，使用 K －2手枪发射 9 发子弹。[③] 上述渔业涉外突发事件不仅侵害了中国渔民的渔业权、人身权和财产权，而且直接侵犯了中国的海权。

其次，渔权之争、海权之争、人权之争作为中国与相关国家之间渔业纠纷事件的本质日趋明显。由于渔业纠纷事件是指两个国家（或国家集团）之间在渔业生产方面发生的利益冲突，因此，对于渔业纠纷事件当事国的任何一方来说，渔业纠纷事件就是渔业涉外事件。渔业涉外事件的本质就是渔权之争、海权之争、人权之争。从国际关系的角度看，渔权即捕鱼权，是指渔业资源和渔场的主权、管辖权和使用权。在内海和领海，渔权指国家对海洋生物资源的专属管辖权；在专属经济区和大陆架，渔权指国家对海洋生物资源以勘探、开发、养护和管理为目的的主权权利；在公海海域，渔权指国家享有的、由其国民在公海捕鱼的权利，包括国家对悬挂其旗帜的渔船的管辖权。渔权也包括国家依据国际法在他国水域的入渔权和传统捕鱼权。[④] 渔业涉外突发事件是渔权争端达到一定程度的必然产物。渔权是海权的一项重要内容和主要表现形式。因此，世界各国对海洋权益的争夺很大程度上表现为因海洋渔业利益的冲突而对渔场、捕鱼权的争夺。渔权的争夺和维护是海权争夺的关键，渔权即是海权。因此，渔业涉外事件既是渔权之争，更是海权之争。由于渔业涉外事件严重侵害了渔民的渔业权、人身权和财产权，因此，渔业涉外事件还是人权之争。

① 《日媒：一艘中国渔船涉嫌不接受检查　被日方扣押》，http：//news. ifeng. com/a/20160103/46926354_ 0. shtml。

② 《600 发子弹，韩海警对中国渔船动武，朴槿惠妄图一石二鸟》，https：//baijiahao. baidu. com/s？ id = 1549953024872397&wfr = spider&for = pc。

③ 《一个月内第二次！韩国海警再次用机关枪扫射中国渔船》，http：//zj. zjol. com. cn/news/483974. html。

④ 黄硕琳：《渔权即是海权》，《中国法学》2012 年第 6 期，第 68 ~75 页。

最后，渔业涉外事件成因的复杂化。中国渔业涉外事件发生的表层原因有非法捕鱼、非法入境、越界捕鱼、非法捕杀珍稀海洋生物，深层则存在政治、经济、文化宗教、国际法等方面的原因，根本原因在于岛屿主权、海域管辖权等海权争端的加剧和域外大国的介入。①

二　渔业涉外事件对21世纪海上丝绸之路建设的影响

中国渔业涉外事件与21世纪海上丝绸之路建设存在的两方面的相互重叠，使二者具有高度的关联性。首先是中国渔业涉外事件发生的地缘空间与承载21世纪海上丝绸之路战略布局的重要的地缘空间的重叠。中国渔业涉外事件主要发生在南海、东海和黄海地区。21世纪海上丝绸之路重点布局在三条海上通道上。一是从中国沿海港口过南海，经马六甲海峡向西至印度洋，延伸至欧洲的西线；二是从中国沿海港口南下，过南海，经印度尼西亚抵达南太平洋的南线；三是从中国沿海港口北上，经韩国、日本，延伸至俄罗斯远东和北美地区的北线。② 由此可见，南海是承载21世纪海上丝绸之路西线和南线战略布局的重要的地缘空间，东海和黄海是承载21世纪海上丝绸之路北线战略布局的重要的地缘空间，这恰好与中国渔业涉外事件发生的地缘空间——南海、东海和黄海——相重叠。其次是在中国渔业涉外事件中同中国发生渔业纠纷的对象国，与21世纪海上丝绸之路上的重要沿线国的重叠。在中国渔业涉外事件中与中国发生渔业纠纷的对象国主要是日本、韩国、菲律宾、马来西亚、越南、文莱、俄罗斯以及西太平洋地区的帕劳等国家。而这些国家同时又是21世纪海上丝绸之路上的重要沿线国。上述两方面的相互重叠，使中国渔业涉外事件与21世纪海上丝绸之路建设具有高度的关联性。这种高度的关联性主要表现在，日趋“政治化”与“国际化”

① 魏德才、魏德红：《南海渔业涉外事件产生原因探析》，《浙江海洋学院学报》（人文科学版）第30卷第3期，第12~15页。

② 《福建省21世纪海上丝绸之路核心区建设方案》，http：//www.vccoo.com/v/9a4ad9？source=rss。

的，高发、多发的渔业涉外事件，对21世纪海上丝绸之路建设造成了严重的负面影响，其主要表现如下。

（一）诱发民间对立情绪，阻碍海上丝绸之路“民心相通”工程建设的推进

“民心相通”是习近平主席“一带一路”倡议所提到的“五通”之一。“民心相通”是指“一带一路”沿线国家和地区的人民在目标、理念、情感和文明方面的相互沟通、相互理解、相互认同。① 21世纪海上丝绸之路“民心相通”工程的顺利推进，将为海上丝绸之路建设奠定坚定的民意和社会基础，提供强大的信念支撑、动力源泉和重要保障。

海上丝绸之路民心相通工程的顺利推进，要以中国与海上丝绸之路沿线国民间关系的融洽与和谐为前提。但是，日益尖锐化、复杂化和政治化的渔业涉外事件却严重诱发着中国与相关国家民间的对立情绪。中日渔业纠纷事件使中日民间的亲和度与友好感不断下降，对立情绪不断激化，两国相继出现反日、反华游行。面对中韩渔业纠纷事件，韩国国内舆论表现出不冷静的一面，大街小巷充斥着声讨和谴责中国渔民的声音，韩国各大主流媒体指责韩国政府在主要的外交纠纷上被中国牵着鼻子走，呼吁政府采取强硬手段应对渔业纠纷事件。② 中菲两国的渔业纠纷事件和岛礁争端，导致两国民间情绪的互喷，并引发中国人在菲律宾被绑、被枪击事件。例如，仅2014年9月就连续发生三起中国人被绑、被枪击事件。9月8日，一名中国公民在菲律宾大马尼拉地区遭两名菲律宾警察跨省绑架，趁绑架者熟睡时幸运地得以逃生；11日晚，一名中国公民在菲南部三宝颜－锡布盖省遭身份不明的武装人员绑架；9月13日晨，菲律宾北部布拉干省梅卡瓦延市发生中国公民

① 郭宪纲、姜志达：《“民心相通”：认知误区与推进思路—试论“一带一路”建设之思想认识》，http://www.ciis.org.cn/chinese/2015-10/21/content_8314336.htm。

② 见网易新闻网，http://news.163.com/11/1213/16/7L5T62VI00014JB6.html。

遭枪击事件，一名中国公民受伤，生命垂危。[①] 由渔业涉外事件所诱发的中国与海上丝绸之路沿线国之间的民间对立情绪，严重动摇着海上丝绸之路建设的民意和社会基础，严重阻碍着 21 世纪海上丝绸之路民心相通工程的顺利推进。

（二）加剧中国与渔业纠纷对象国的海权争端，导致中国与海上丝绸之路相关沿线国的关系进一步紧张

海权是指国家享有的海洋权益。海权既包括沿海国在其管辖海域范围内的主权、管制权、管辖权和利益等，也包括在公海、国际海底区域等国家管辖范围外享有的海洋权利和利益。[②] 随着中国与相关国家渔业纠纷事件的频繁发生，日本、韩国、菲律宾、越南等与中国存有海权争议的国家，纷纷调整其海洋战略，不断挑战中国的海洋政策和权利主张，不断利用自己的地缘优势加快对争议岛礁的占领与实际控制，并不断试图通过打击中国渔业活动、抓扣中国渔民渔船，来宣示对争议海域的主权和管辖权。渔业纠纷正被某些国家当作撬动海洋权益这盘棋局的杠杆。正是这种由渔业纠纷所带来的海权争端的加剧，使中国与日本、菲律宾等海上丝绸之路相关沿线国的关系更加紧张。

（三）增强渔业纠纷对象国对中国的战略疑惧，导致中国与海上丝绸之路相关沿线国战略互信的缺失

增强与海上丝绸之路沿线国的战略互信，是顺利推进 21 世纪海上丝绸之路战略的政治保证。为增强与海上丝绸之路沿线国的战略互信，中国在政治、经济、外交、人文等各个领域对周边国家实施了强有力的软实力战略，并取得了丰硕的成果。但是，随着中国与周边国家渔业纠纷的频繁发生，以及相伴而来的海权争端的持续升温，导致渔业纠纷对象国对中国的战略疑惧

① 《5 日内 3 名中国人在非遇险　各地下架赴菲旅游线路》，http：//gz. people. com. cn/n/2014/0915/c344103 –22314588. html。

② 黄硕琳：《渔权即是海权》，《中国法学》2012 年第 6 期，第 68 页。

呈现增强的态势。在与中国发生过渔业纠纷的国家中，日本对中国的认知最为负面。日本不少政界和学界人士认为，随着中国经济实力的增强、军事实力和“霸权意识”的扩张，会造成与其他国家特别是发达民主国家的摩擦，并对现有国际秩序形成挑战。恶意炒作“中国威胁论”的2015年版日本《防卫白皮书》就指责中国在东海、南海活动日趋活跃，可能导致“不可预测的危险事态”。菲律宾、越南等与中国发生尖锐渔业纠纷的东盟国家对中国的战略疑惧最为强烈。这些国家一方面从中国的经济调整发展中获益，另一方面对中国快速崛起感到警觉和不安。他们越来越担心，在经济上过分依赖中国将使得他们对外关系上的独立自主地位遭受太大的损害；[①] 他们越来越疑虑，中国会不会使用武力来维护和拓展自己的利益，推翻现有的领土现状？中国是否会谋求把东南亚变为其势力范围，建立中国霸权下的和平？[②] 正是这种战略疑惧的加剧，造成了中国与海上丝绸之路相关沿线国战略互信的严重缺失。

（四）增加了以美国为首的域外大国的介入机会，造成海上丝绸之路建设的严重困难

从2010年初到现在，美国政府及时发现并巧妙利用钓鱼岛海权争端和南海海权争端给美国带来的“历史性机会”，强行介入中国周边事务，通过构建遏制中国的联盟，来“锁闭”和挤压中国的战略空间。而高发、频发的日趋政治化和国际化的中国与相关国家的渔业纠纷事件，则增加了美国介入中国周边事务的机会。2015年以来，美国对中国周边事务的介入，特别是在南海区域对中国的军事威慑不断升级。2015年10月27日，美国拉森号军舰侵入南沙群岛渚碧礁12海里航行；2015年12月10日，美国B－52轰炸机飞越南海中国人工岛礁，闯南海华阳礁12海里范围内；2016年2

① 李明江：《硬实力、软实力、巧实力：透视中国——东盟关系》，《亚太安全与海洋研究》2015年第1期，第30页。

② 钱洪良主编《中国和平崛起与周边国家的认知和反应》，军事谊文出版社，2010，第199页。

月，美方宣称将在西太平洋地区追加部署更多的核潜艇；2016 年 3 月，美国派遣了一个航母战斗群巡航南海。2017 年 7 月 2 日，美国“斯坦塞姆”号导弹驱逐舰擅自进入中国西沙群岛领海。美国对南海问题的介入，特别是在南海区域对中国的军事威慑，严重恶化了海上丝绸之路建设的区域国际环境，给海上丝绸之路建设造成极大的困难。东盟国家是与中国合作共建 21 世纪海上丝绸之路的重要国家。东盟地区是 21 世纪海上丝绸之路建设的关键地区。而美国在这一地区热炒南海问题，不断指责中国合理的岛礁建设活动，甚至直接上阵，派重兵巡航南海，势必离间中国与东盟国家的关系，影响海上丝绸之路的建设。同时，南海紧张局势的加剧，也必然降低国际投资者对该地区海上丝绸之路建设项目的心理预期，导致国际资本外流，扰乱海上丝绸之路的建设部署。

三　有效应对渔业涉外事件，顺利推进海上丝绸之路建设的对策建议

中国的渔业涉外事件给 21 世纪海上丝绸之路建设带来严重的负面影响，阻碍了海上丝绸之路建设的顺利推进。因此，中国与海上丝绸之路沿线国的渔业纠纷事件，已成为 21 世纪海上丝绸之路建设中亟待解决的现实问题。为顺利推进海上丝绸之路建设，必须有效应对中国的渔业涉外事件。

（一）强化和完善渔业权行政保护机制

渔业涉外事件是国家间渔业权纠纷达到一定程度的必然产物，渔业涉外事件的本质是国家间渔业权即海权争端所引发的涉外事件。有效应对中国的渔业涉外事件最首要和最根本的途径，是强化和完善中国的渔业权行政保护机制。渔业权行政保护机制是国家渔业权行政管理机关，依照法定行政职权，遵循法定行政程序，对渔业权侵权行为进行制止或制裁，对渔业权权利人权利予以维护的保护体系。自 2013 年国务院重新组建国家海洋局，以中国海警局名义开展海上维权执法以来，中国的渔业权行政保护机制得到一定

程度的强化，国家渔业权行政管理机关维护国家海权和渔民渔权的力度、方式、投入等都有很大改善，但相对于渔业涉外侵权的强度、频率、手段、后果等来说，现有的渔业权行政保护机制还难以满足客观需要。其主要表现是：涉外侵权海域渔业权行政保护的力度明显不够；对侵害中国渔业资源和渔业权的外国渔民缺少甚至没有行政监管；国家渔业权行政管理机关缺乏有效的渔业涉外突发事件应急处置机制。从制度供给侧的视角看，应从以下几个方面来强化和完善中国的渔业权行政保护机制。第一，国家渔业权行政管理机关应在提高对强化和完善渔业权行政保护机制意义认识的基础上，在构建和完善中国渔业权行政保护机制的工作上积极作为。第二，必须加大涉外侵权海域渔业权行政保护的力度，其中包括加大对侵权易发海域的巡航护渔力度和实施常态化的随行护渔机制。[①] 第三，加强海上涉外维权护渔的装备和队伍建设。在增加海上维权执法所使用的装备数量的同时，提升这些装备的科技水平；在增加护渔人员数量的同时，提高护渔人员的能力和素质等。第四，国家设立专项资金对中国渔民在南沙群岛海域的捕鱼活动给予强有力的扶持，确立中国在南沙群岛海域的渔业主导地位；通过国家对燃油、生产资金、和渔业管理政策给予一定倾斜和扶持的办法，有计划地组织一定规模的捕鱼船队在钓鱼岛海域从事捕鱼生产，扩大中国在钓鱼岛海域渔业生产的实际规模。第五，在采用博弈论框架剖析渔业涉外事件发生机理和政府救援机理的基础上，构建有针对性和可操作性的渔业涉外突发事件应对预案及其操作化体系：从渔业涉外突发事件的风险评估、预测预警、应急救援及善后恢复等方面来构建渔业涉外突发事件专项应对预案的主体内容；根据国际法和中国政府涉外应急救援体系的现状，具体落实应对预案的责任主体，明确规范各执行部门内部的操作流程，以及各部门之间的协调配合方式，来构建渔业涉外突发事件专项应对预案的操作化体系。

---

① 宁清同：《南海涉外侵权中渔业权行政保护机制之完善》，《行政与法》2015 年 8 月 20 日，第 87 页。

（二）积极、主动运用渔业权国际法保护机制

渔业权国际法保护机制是国际渔业法中有关“渔业资源”、“捕鱼权”以及“和平解决渔业纠纷”等保护渔业权条款的统称。国际渔业法是调解国际渔业纠纷事件的产物。在世界现代发展的历史中，曾发生过数次国际渔业纠纷事件。其中，影响比较大的有，英国、冰岛两国之间在1958年至1976年爆发的“鳕鱼战争”；1980年，美国分别与加拿大、墨西哥发生的金枪鱼纠纷事件；加拿大与欧盟之间于1995年爆发的“大比目鱼战争”；日、俄之间在2001年发生的渔业纠纷事件；自20世纪70年代以来，中国与相关国家在黄海、东海和南海发生的渔业纠纷事件等。国际渔业纠纷事件在本质上事关国家渔业权的法律保护问题。国内外的学术界、政府及国际组织十分重视渔业权国际法保护机制问题的研究。其研究成果大都体现在国际渔业法的条款中，反映在各国执行国际渔业法的实践中。国际渔业法是调整国际渔业关系的有法律拘束力的原则、规则和制度的统称。它经历了古代、近代和现代三个不同历史时期。在近代国际渔业法时期，1867年英国和法国签订了《英法渔业条例》；1882年英国、比利时、丹麦、法国、德国和荷兰签订了《北海渔业公约》。在现代国际渔业法时期，三次联合国海洋法会议的召开，尤其是《联合国海洋法公约》的生效，对公海捕鱼的行为进行了规范，国际渔业法进入全新的历史阶段。国际渔业法中有关“渔业资源”、“捕鱼权”以及“和平解决渔业纠纷”等保护渔业权的条款，构成了渔业权国际法保护机制的基本框架。

进入21世纪以来，中国与相关国家的海权争端更多地呈现出国际法因素，法理斗争成为海权争端的主要形式。在可预见的未来，“法律战”仍将是海权争端的主要形式。而渔业权的争夺和维护是海权争端的重要内容和主要表现形式，渔权即是海权，因此，法理斗争也必然是渔业权争夺的主要形式。从国际法的角度看，只有积极、主动运用渔业权国际法保护机制，才能有效应对渔业涉外事件。首先，要通过积极、主动地运用国际法捍卫国家主权的路径，来维护国家的渔业权。从国际法的视角看，中国与相关国家的海

权争端主要包括相关岛礁的领土主权争端和以海洋划界为主要内容的海洋权益争端，以及与此直接相关的包括渔业资源分配在内的海洋生物资源和非生物资源分配等问题。岛礁主权归属问题的解决决定着海域界限的划分和海洋自然资源的分配。[①] 因此，海权争端背景下的渔业权的维护，必须通过积极、主动地运用国际法捍卫国家主权的路径来实现。其次，积极、主动地运用《联合国海洋法公约》中有关传统捕鱼权的条款，大力宣传并主张中国渔民在相关海域的传统捕鱼权。传统捕鱼权（或称历史性捕鱼权）是指一个国家的国民长期以来习惯于在原来是公海的一部分，现在成为沿海国的专属渔区或管辖范围的海域从事捕鱼活动，由于该国国民在此海域存在着惯常性捕鱼活动，从而使该国国民在此海域享有继续从事捕鱼活动的权利。[②]《联合国海洋法公约》第 51 条第 1 款规定，群岛国应尊重与其他国家间的现有协定，并应承认直接相邻国家在群岛水域范围内的某些区域内的传统捕鱼权和其他合法活动。根据此条款的规定，群岛国必须在其某些海域内承认与其直接相邻国家的传统捕鱼权。传统捕鱼权是一种客观存在的历史性权利，涉及众多渔民及其家庭的生计，应得到认可与尊重。中国应积极、主动地运用该条款，大力宣传和主张中国渔民在相关海域的传统捕鱼权，使中国渔民的传统捕鱼权得到应有的维护。最后，对情节和后果严重的侵犯中国渔业权的侵权国和侵权人，实施惩戒追责。一是对造成严重后果之侵权国适时采取经济制裁；二是对经常造成严重后果之侵权国适当运用对等报复措施；[③] 三是健全和执行涉外渔政执法处罚处理机制，加重外国渔民非法捕捞的行政法律责任。

（三）积极寻求与相关国家构建和完善国际渔业合作机制

国际渔业合作机制是指国际行为体之间，为促进渔业合作顺利进行，围

---

① 贾宇：《南海问题的国际法理》，《中国法学》2012 年第 6 期，第 28 页。

② 付玉：《历史性捕鱼权应得到认可与尊重》，《中国海洋报》2012 年 10 月 24 日，第 4 版。

③ 宁清同：《南海涉外侵权中渔业权国际法保护之强化》，《云南大学学报》（法学版）2015 年第 2 期，第 103 页。

绕渔业合作的原则、规范、规则以及决策程序等内容所构建的一系列制度安排。加强国际经济合作是经济全球化、一体化趋势下，符合时代主题精神，顺应历史发展和时代潮流的必然要求。国际经济合作具有“外溢效应”。作为20世纪50年代以来发展起来的一体化理论，新功能主义认为，经济领域的有效合作，可以“外溢”至政治、安全领域，导致理解和信任的增强，最终在政治、安全领域也建立起有效合作，从而使最初的经济一体化“外溢”为政治一体化，并走向地区共同体。国际渔业合作同样具有这种“外溢效应”。实施强有力的国际渔业合作是合理养护、开发海洋渔业资源，优化海洋渔业资源生态环境，从而有效推进国家渔业经济良性发展，维护渔民利益的最佳路径。良好的国际渔业合作使合作各方获得的直接利益是国家渔业经济的发展和渔民的获利。有效的国际渔业合作会逐渐培养人们相互合作与和平相处的思维和想法，推动某些议题的去政治化和实现冲突的中立化，从而推进国家利益的融合和趋同，最终将使国家间渔业的经济合作，“外溢”为国家间的政治、安全的合作。良好的国际渔业合作的积极“外溢效应”，对于推进国家间政治互信机制的构建，对于推进“21世纪海上丝绸之路”战略所提出的“利益共同体、责任共同体和命运共同体”的构建，具有重大的积极意义。

新中国与相关国家构建国际渔业合作机制的工作开展得比较早。自1959年以来中国先后与30个国家以及东盟签署了渔业合作协定。在对外签约的30个国家中，非洲有5个国家，分别是几内亚比绍、毛里塔尼亚、塞舌尔、加蓬和也门；美洲有7个国家，分别是智利、乌拉圭、美国、墨西哥、尼加拉瓜、委内瑞拉和阿根廷；欧洲有6个国家，分别是前苏联、希腊、英国、挪威、西班牙和捷克斯洛伐克；大洋洲有3个国家，分别是巴布亚新几内亚、库克群岛和澳大利亚；亚洲有8个国家，分别是朝鲜、日本、韩国、越南、菲律宾、文莱、印尼和巴林；此外还有马绍尔群岛。[①] 在上述

① 高婧如：《南海渔业合作机制研究——以双边渔业协定为视角》，《海南大学学报》（人文社会科学版）2015年第6期，第6页。

渔业合作协定中包含的主要机制有：适用海域划分制度、入渔制度、渔业管理监督机制、渔业争端解决机制、渔业养护制度、海难救助制度等制度安排。

中国与相关国家构建的国际渔业合作机制，对维护相关海域渔业生产秩序和作业安全有着明显的促进意义，但是，这些渔业合作机制也存在缺陷，其主要问题是：争议海域划分制度未能体现实质公平；渔委会未能发挥应有作用；渔业争端解决机制尚不完善；渔业海难救助机制缺乏可操作性等。为有效推进中国与相关国家的国际渔业合作的良性发展，中国应加强协调和斡旋工作，促使渔业合作协定缔约方在尊重缔约国的基本国情及传统捕鱼权的情况下来划分合作海域；科学规范并细化入渔制度；适度增加渔委会机构设置；规范和完善渔业争端解决机制；增强渔业海难救助机制的可操作性等系列对策，来完善中国与相关国家所构建的国际渔业合作机制。

综上所述，中国应通过采取强化和完善渔业权行政保护机制，积极、主动地运用渔业权国际法保护机制，积极寻求与相关国家构建和完善国际渔业合作机制等系列对策，来有效应对渔业涉外事件，顺利推进 21 世纪海上丝绸之路建设。

B.14

21世纪海上丝绸之路战略下中国能源安全保障法律机制论纲*

刘 超 王 静**

摘 要： 推动与沿线国家的能源合作是21世纪海上丝绸之路建设的核心内容，也是保障我国能源安全的现实需要，这需要完善的法制保障。从保障能源安全的法律价值考察，我国当前能源法律体系中存在能源基本法缺位、能源单行法律规范过于原则化、相关主体职责不明、环境保护条款的缺失等问题；就能源合作的涉外法律机制现状来看，现行规范能源合作的国际条约和能源合作协议存在确立的能源合作机制协调性不足、多为政府间对话而未形成稳固长效的法律机制、能源合作专门性法律机制缺位等弊端。为应对现行能源安全保障法律机制的缺陷，应分别予以针对性矫正，包括从制定能源基本法、加强法律规范的可操作性、明确相关管理部门职权配置以减少职权行使中的缺位与错位、能源法与环境保护制度的衔接等方面完善国内能源法律体系，以及从探索能源合作基本协议、设立能源合作法律机制执行机构、构建健全的能源合作具体法律制度等方面完

* 基金项目：中国法学会2016年度部级法学研究课题：21世纪海上丝绸之路区域能源合作法律问题研究［CLS（2016）D157］；华侨大学2014年度“海上丝绸之路”专项研究重点课题：能源海上丝绸之路安全保障法律机制研究（HSZD2014－05）。

** 作者简介：刘超，男，湖北武穴人，法学博士，武汉大学法学院博士后研究人员，华侨大学法学院副教授、硕士生导师，研究方向：环境法学、能源法学；王静（1993～），女，华侨大学法学院硕士研究生。

善涉外能源法律机制体系。

关键词：　21世纪海上丝绸之路　能源安全　法律保障

一　问题的提出

“一带一路”是“丝绸之路经济带”和“21世纪海上丝绸之路”的简称。推动我国与沿线国家的能源合作是我国确立的“一带一路”框架思路以及合作重点中的非常重要的一个领域。应对我国当前经济社会发展中面临的严峻的能源危机、保障我国能源安全既是我国倡导“一带一路”的重要原因，也是建设21世纪海上丝绸之路的重点领域。国家发展改革委、外交部和商务部2015年3月经国务院授权发布的《推动共建丝绸之路经济带和21世纪海上丝绸之路的愿景与行动》中提出的合作重点包括“加强能源基础设施互联互通合作，共同维护输油、输气管道等运输通道安全，推进跨境电力与输电通道建设，积极开展区域电网升级改造合作”。2017年5月14日至15日在北京举行的第一届“一带一路”国际合作高峰论坛之《“一带一路”国际合作高峰论坛圆桌峰会联合公报》中提出“加强环境、生物多样性、自然资源保护、应对气候变化、抗灾、减灾、提高灾害风险管理能力、促进可再生能源和能效等领域合作”。梳理和汇总形成的高峰论坛成果清单中有不少直接或间接关涉到能源合作的，包括中国国家发展和改革委员会与国家能源局2017年5月共同制定并发布的《推动丝绸之路经济带和21世纪海上丝绸之路能源合作愿景与行动》。由此可见，如何有效推动我国与沿线国家能源合作，是“一带一路”战略的题中应有之义，是我国全面实施该战略的不可或缺的组成部分。与此同时，我们必须清醒认识到，当今世界经济增长需要依赖能源驱动，能源供给与消费诸环节均决定了一个国家经济发展的质量与速度。从当今世界经济形势、国际政治局势与地缘政治格局等角度综合观之，我们甚至可以说如何保障我国的能源安全，是我国推动

“一带一路”战略的重要契机与出发点。

受到资源禀赋、经济增长模式、能源消费结构以及地缘政治等诸多因素的综合影响，我国当前的能源安全遭遇巨大挑战，这具体表现为以下几个方面。（1）我国当前能源消费的结构性矛盾突出。当前，我国能源结构不合理，煤炭在能源消费结构中的比重有所下降，但仍然占据着主导地位。根据《BP世界能源统计年鉴（2016）》的最新统计，中国是世界上最大的煤炭消费市场，煤炭作为中国能源消费的主导燃料将达到64%的比重，而美国和欧洲经济合作与发展组织国家的煤炭需求预计将下降超过50%。其次，石油以6.3%的速度保持增长，占消费比重的20%，而其他非化石能源虽然有所增加，但是总体比重仍然过低。（2）石油供给矛盾突出。当前中国能源安全面临的主要问题不在于国际油价波动和低碳发展诉求带来的压力，而在于国内石油供求矛盾日益突出。[1]我国自2007年以来石油产量就停滞不前，2015年的增长量仅为1.5%，石油供应缺口不断增大，目前，我国对外石油依存度已经超过57%，2014~2015年超过60%，2020年可能超过70%。[2]我国油气资源对外依存度很高，这种状况给我国能源安全带来极大威胁。（3）能源运输通道存在风险。我国进口能源运输通道可以分为陆上运输通道和海上运输通道，前者主要是通往中缅地区和俄罗斯的铁路与管道运输，后者主要是经过霍尔木兹海峡、马六甲海峡等地区的油轮运输。我国海上能源航道安全方面主要面临两大挑战，一是海盗等非传统安全因素构成的威胁，二是海权强国的战略意图。从非传统安全角度看，当前威胁海上能源通道安全的主要因素是海盗活动，而海盗大多聚集在索马里海域、东南亚的印度尼西亚群岛以及菲律宾的周边海域活动。[3]从海权强国战略意图对我国能源运输通道安全的影响来考察，马六甲海峡作为亚非欧之间的油气输送枢纽长期处于美、日、俄等外国势力的控制之下，国际关系和地缘政治等因素也极大地影响着能源运输安全。

在此背景下，习近平主席在2013年访问东南亚国家时提出共建“21世纪海上丝绸之路”的重大倡议，以加强与沿线国家在能源交通基础设施互联互通（包括联通海陆的港口、海上能源通道）、能源投资贸易便利化以及区域油气供求市场对接等方面的能源合作，对于保障我国能源安全具有重要意义。这些政策措施是否能实现预期效果则有赖于完善的法制保障。只有以法律形式规范能源合作行为、规范各方在能源合作中的权利义务，才能明确共同的能源利益、对沿线国家形成有效约束机制。本文将重点探讨我国当前能源安全保障法律机制的现状和不足，梳理“海上丝绸之路”能源合作中的相关法律需求，检讨法律机制现状进而提出完善建议。

二　我国当前能源安全保障法律机制的梳理

能源安全概念的厘清和界定是探讨能源安全保障法律机制的前提和基础。国内对能源安全的内涵尚未达成共识，有观点认为能源安全应当包括能源供应安全、能源经济效率、能源环境保护这三层含义，[4]还有学者对能源安全进行了非常宽泛的界定，认为能源安全既包括防止石油禁运和国家政治、经济危机而引起的供应中断，也包括整个能源市场和能源供应链条（如资源、运输及其网络、供应分配等）的安全，还包括能源生态环境安全、全球气候变暖影响人类生存发展的安全。[5]不同学者从不同维度对能源安全的安全内涵予以阐释，但总体而言，能源安全至少应包括能源供给安全、能源价格安全、能源运输安全和能源消费环境安全这些内涵。在“21世纪海上丝绸之路”的设计框架下，能源安全又被赋予了新的时代内涵：首先，能源安全应该坚持能源的稳定供应，重视沿线国家为我国提供稳定的能源供应市场；其次，能源安全还包括在沿线国家收购、投资油气企业以及与之合作建立炼油厂、发电厂等形式的能源合作；最后，能源安全中还应蕴含遵循可持续发展的原则，积极利用在可再生能源、低碳技术等领域的科技突破和产能优势去推动与沿线国家在水电、核电、风电、太阳能等清洁、可再生能源等方面的合作。

我国在“一带一路”战略实施过程中，需要有完善的能源安全法律保障机制以促进中国与“一带一路”沿线国家的能源合作。这一法律机制是复合体系，首先是国内有关能源安全的法律机制，只有做好国内立法的配套工作才能与其他国家的相关法律接轨与协调，而我国当前的能源安全保障立法存在诸多缺陷。下面将从几个方面梳理与检讨我国现行立法在保障我国能源安全中存在的弊端。

（一）我国能源安全立法现状

我国国内的能源安全保障法律体系包括《宪法》统领的，以《电力法》《煤炭法》《可再生能源法》《节约能源法》等能源单行法律为主体，并配套诸多行政法规和部门规章的能源法律体系。

1.《宪法》中关于能源安全的法律规范

宪法作为我国的根本大法具有最高的法律效力。在能源立法领域，宪法也当然具有基础性和指导性地位。宪法中有关能源安全的条文主要体现在《宪法》第9条关于自然资源权属关系的规定，矿藏、水流、森林、山岭、草原、荒地、滩涂等自然资源都属于国家所有，虽然条文中没有直接出现“能源”一词，但是“自然资源”这一广义的概念当然包含了“能源”，这为我国能源领域的相关立法工作提供了能源权属制度方面的立法依据。能源权属的明确是能源转让和能源使用的前提，确立了能源立法领域的基础问题，为能源安全立法提供了立法依据和法律基础。

2.《电力法》中关于能源安全的法律规范

《电力法》（1996年实施，2015年修订）的施行不仅意味着国家开始重视电力资源，同时也体现了国家开始从电力能源领域切入，通过能源方面的立法来保障能源安全。《电力法》从保障电力能源的供应安全和保障电力能源的使用安全两个方面对电力资源进行规制，具体表现为：（1）在保障电力能源的供应安全方面。首先，《电力法》明确了保护电力供应安全的立法意图，将电力供应法律关系纳入《电力法》调整范围，为保障电力供应安全提供了法律依据；其次，在电力运输方面，规定电力设施受国家保护，任何单位和个人不得危害电力设施安全或者非法侵占、使用电能。此外，《电力法》还规定了保障居民与工业用电的连续稳定供应的内容。如规定了供电营业机构、供电企业向用户安全连续供电的义务，用户不得危害或扰乱供电、用电安全的义务。（2）在保障电力使用安全方面。《电力法》强调了电力实业的技术性，防止电力使用对环境造成污染。此外，《电力法》还在第34条规定了供电企业和用户要切实做到电力的使用安全，并在第59条、第62条和第64条规定了保障电力能源安全的法律责任，第59条规定了企业在未保证供电质量或者未事先通知用户的情况下中断供电从而给用户造成损失的，要依法承担赔偿责任，第62条规定了电力建设项目使用国家明令淘汰的电力设备和技术的要责令停止使用，没收国家明令淘汰的电力设备，并处以五万元以下的罚款。这些法律责任的规定可以促使责任主体更好地履行义务。

3.《煤炭法》中关于能源安全的法律规范

煤炭在我国能源消费中占有最高比重，煤炭资源安全与能源安全密切相关。《煤炭法》（2013年修正）规定了有关煤炭生产开发规划与煤矿建设、煤炭生产与煤矿安全、煤炭经营、煤矿矿区保护、监督检查、法律责任等主要内容，其在保障煤炭资源安全方面具有重要意义，主要表现为以下两个方面。（1）煤炭供应安全。煤炭生产是煤炭供应的前提，《煤炭法》对煤炭的生产安全提出了要求，主要规定在第三章，即第22～40条，如煤矿投入生产前，煤矿企业应当依照有关安全生产的法律、行政法规的规定取得安全生产许可证；煤矿企业应当加强煤炭产品质量的监督检查和管理；煤炭产品质量应当按照国家标准或者行业标准分等论级。有关监督检查机制和法律责任制度机制也得到了规定，这些规定有助于预防煤炭能源供应安全危险，为煤炭资源安全提供坚强的法律后盾。（2）煤炭使用安全。《煤炭法》针对煤炭使用容易造成环境污染的特点，高度重视煤炭能源的使用安全，减轻煤炭使用过程中对环境造成的损害，这在第11条中得到体现，“开发利用煤炭资源，应当遵守有关环境保护的法律、法规，防治污染和其他公害，保护生态环境”。第31条规定：“国家发展和推广洁净煤技术。国家采取措施取缔土法炼焦。禁止新建土法炼焦窑炉；现有的土法炼焦限期改造。”

4.《可再生能源法》中关于能源安全的法律规范

《可再生能源法》（2009年修正）是我国可再生能源发展的专门性立

法。该法首先确立了可再生能源发展的立法目的，即“为了促进可再生能源的开发利用，增加能源供应，改善能源结构，保障能源安全，保护环境，实现经济社会的可持续发展”。通过该条可以看出，《可再生能源法》立法的直接目的是促进可再生能源的开发利用，间接目的是实现保障能源供给安全和能源环境安全。[6]此外，该法还构建了可再生能源总量目标制度、分类电价制度、费用分摊制度、专项资金制度，这些制度的有效实施可以通过改善能源消费结构和增加能源供应量而保障能源安全。

（二）我国能源安全立法之探讨

总体而言，我国现行的能源单行法从不同角度为我国能源的供应和使用安全提供了重要保障，但是，从保障能源安全的内在制度需求以及我国当前的能源危机现状综合观之，依然存在不少亟待完善的空间。

1. 能源基础法缺位

综观我国能源法律体系，同一位阶的单行能源法并不缺乏，缺乏的是统领整个能源法体系的基础法——《能源法》，缺乏以法律形式对于我国的能源使用、能源储备和能源节约以及新能源开发的能源发展战略以及能源领域相关的基本原则予以确认。虽然《能源法》的初稿在2007年已成雏形，近几年来，建议制定统一的《能源法》一直是学界和实务界关注与建议的主题之一，但时至今日却迟迟没有出台定位为基础法地位的《能源法》。能源领域的基础法的缺失将导致能源法律的基本制度及指导能源领域法律规制的基本原则的缺位，各项能源领域的规章制度缺乏联系，会导致能源规制的效率较低且法律实施的效益也随之降低。从更宏观价值而言，能源基础法的缺位，会使得处于同一位阶的能源单行法有不同的立法目标，并不能在宏观上统摄于保障能源安全的统一价值目标内。

2. 原则性规定过多

法律中规定倡导性和鼓励性条款是必要的，它鲜明地代表着国家的意志和态度。但是，原则性的规定往往难以使相关的权利义务主体产生确定的法律预期，从而难以达到期望的法律效果。例如，《煤炭法》第20条和第21

条规定了煤矿建设应当贯彻保护耕地、合理利用土地的原则以及“四同时”制度，但是这些规定实质上不涉及相关主体的权利、义务，法律强制性将大大减弱。《节约能源法》虽然就工业节能、建筑节能等问题做出了规定，但具体规制措施明显不足。该法第 31 条规定国家鼓励工业企业采用高效、节能的设备，采用热电联产、余热余压利用、洁净煤以及先进的用能监测和控制等技术，但是对有关具体实施细节和方法手段都比较模糊，缺乏实际的可操作性。《可再生能源法》也出现类似问题，对于具备产业化、市场化条件开发利用的可再生能源十分重视并提供具体的政策与法律保障，但是对于那些不具备产业化、市场化条件开发利用的可再生能源大多数是鼓励性或者是倡导性的条款。[6]

3. 相关管理部门缺位

在我国能源立法体系中，虽然政府处于主导地位，但依然广泛存在管理主体缺位和管理主体职能模糊的问题。例如，《节约能源法》第 12 条第 1 款有关管理主体的规定是：“县级以上人民政府管理节能工作的部门和有关部门应当在各自的职责范围内，加强对节能法律、法规和节能标准执行情况的监督检查，依法查处违法用能行为。”该条规定并没有明确主管节能工作的主体，这就容易造成实践中的主管主体缺位、相互推诿的现象。《可再生能源法》虽然规定了可再生能源管理主体的监督责任，也规定了可再生能源企业违反可再生能源法的相关责任，但是责任形式大多以罚款为主，违法承担的责任形式单一和惩罚力度较轻，如第 29 条规定：“电网企业未全额收购可再生能源电量，造成可再生能源发电企业经济损失的，应当承担赔偿责任，并由国家电力监管机构责令限期改正；拒不改正的，处以可再生能源发电企业经济损失额一倍以下的罚款。”第 30 条也规定了经营燃气管网、热力管网的企业不符合入网技术标准，造成燃气、热力生产企业经济损失的，处以燃气、热力生产企业经济损失额一倍以下的罚款。但是这能否充分发挥可再生能源制度的实效值得反思。

4. 环境保护条款的缺失

“能源与生态环境协调发展”的基本理念贯穿于整个能源立法体系之

中，体现于能源基本法和能源单行法，能源单行法的环境保护条款可以促进生态环境保护，为我国能源法生态化改革提供参考和根据。[7]然而在当前能源单行立法中，尤其是颁布时间较早的法律都存在环保条款缺失的问题。例如，能源技术的进步是能源节约的前提，只有切实提高创新能源技术才能保障能源的节约和供应，虽然当前的《节约能源法》对能源技术作出一些规定，但是对于如何促进能源技术发展以提高能源供应能力方面显得重视不足，能源和可再生能源技术与产品也还没有完善的行业节能标准。《可再生能源法》中也存在环境保护条款缺失的问题。能源法的开发利用以可持续发展为原则，虽然可再生能源相对于不可再生能源而言对环境的伤害要小，但是这并不意味着开发利用可再生能源不会对环境造成不利的影响。例如，风电的风机塔要占用大量林地会造成林木的砍伐，核能利用可能会发生核泄漏事故，水力发电的开发将使整个河流流域的生态环境发生改变，等等。然而《可再生能源法》并没有对开发利用过程中的生态环境保护问题进行规制，环境保护条款的缺失使可再生能源本身对环境保护的要求和期待得不到满足。

总体而言，我国能源法律体系不仅在体系完整性方面存在问题，缺乏能源基础法，在具体的能源单行法方面也存在诸多问题，如法律规范过于原则，权利义务不明确，责任制度缺失以及缺乏环境条款，不同法律规定之间存在矛盾冲突等。因此，我国不仅要确定能源安全领域的基本法律制度体系，以此为框架进一步完善和协调我国的能源安全法律体系，还需要完善能源单行法的不足。

三 21世纪海上丝绸之路战略框架下能源合作安全保障法律机制探讨

中国与沿线国家在21世纪海上丝绸之路战略框架下积极开展能源合作并取得了实质性进展，由此也产生了相应的法律需求。鉴于东盟国家是21世纪海上丝绸之路的重要枢纽，中国与东盟国家的能源合作较为成熟，因此，本部分将以中国与东盟的合作现状为例，剖析当前海上丝绸之路上的能源合作现状和制度需求。

（一）21世纪海上丝绸之路战略框架下的能源合作法律现状

在中国与“海上丝绸之路”沿线国家的合作中，与东盟国家的合作最具有代表性。从地缘上看，东盟国家与我国是海陆近邻，与我国有着悠久的友好交往历史。从能源贸易上看，东盟是我国在全球范围内建立的四个能源重点开发区之一。自2002年《全面经济合作框架协议》签署以来，中国与东盟国家在合作投资、金融、贸易等多个领域的合作步入正轨。2015年《中华人民共和国与东南亚国家联盟关于修订〈中国—东盟全面经济合作框架协议〉及项下部分协议的议定书》的签署使双方之间的合作更上一个台阶，并且使东盟成为海上丝绸之路上能源合作的重点。以下将以东盟为例，从法律规范方面阐述中国与东盟国家之间的能源合作现状。当前的法律规范主要有国际条约和能源合作协议，国际条约多为双边国际条约，也有少数多边国际条约，能源合作协议可以分为政府间能源合作协议和企业间能源合作协议，这些合作协议多以共同投资的方式共同开发资源，也有以中国国有公司收购海外公司的方式来加强能源合作。

1. 多边国际条约

中国与海上丝绸之路沿线国家之间达成的多边国家条约主要体现在中国与东盟国家在上海合作组织框架下达成的一系列政府间经贸合作协议。中国和东盟国家在一些基础性国际法框架下如《联合国宪章》《联合国海洋法公约》《南海各方行为宣言》等国际条约下进行合作。我国在《落实中国—东盟面向和平与繁荣的战略伙伴关系联合宣言的行动计划（2016～2020）》中提出，将在《中国—东盟面向和平与繁荣的战略伙伴关系联合宣言》《东南亚友好合作条约》《南海各方行为宣言》《中国与东盟非传统安全领域合作谅解备忘录》等既有成就上进一步加强和提升我国与东盟国家之间的战略伙伴关系。

具体到能源合作领域，《中国与东盟全面经济合作框架协议》和《中国与东盟全面经济合作框架协议投资协议》是中国与东盟国家之间的能源合作与开发的基础性文件，为中国和东盟国家之间的能源合作奠定了法律基础。在此基础上，中国和东盟国家又于2015年11月22日签订了《中华人民共和国与东南亚国家联盟关于修订〈中国—东盟全面经济合作框架协议〉及项下部分协议的议定书》，该议定书是我国在现有自贸区基础上完成的第一个升级协议，涵盖货物贸易、服务贸易、投资、经济技术合作诸多领域，也将促进《区域全面经济伙伴关系协定》谈判和亚太自由贸易区的建设进程，为加快建设更为紧密的中国-东盟命运共同体提供新的驱动力。

2. 政府间能源合作协议

中国和东盟国家签订的有关能源合作的政府间协议主要包括：大湄公河次区域（The Greater Mekong Sub-region，简称GMS）中的《次区域发展未来十年（2002～2012）战略框架》和《大湄公河次区域经济合作新十年（2012～2022）战略框架》，中国与东盟签订的《南海各方行为宣言》以及中国和缅甸签订的《关于建设中缅原油和天然气管道的政府协议》。这些协议都对能源贸易、能源的合作勘探开发、水电开发、电力输送与电网互联合作以及能源投资等方面作出规定。在《关于建设中缅原油和天然气管道的政府协议》中规定的有关中缅原油管道是我国四大战略通道之一，2013年中缅天然气管道也全面建设完成，该管线投产后每年将为我国输送天然气120亿立方米，相当于2012年全国消费量的8%，将结束我国滇、黔、桂地区没有管道天然气的历史，这为中国和东盟能源合作的升级提供了条件。

3. 企业间能源合作协议

企业间能源合作协议是海上丝绸之路沿线各国企业之间互相签订的能源合作协议，协议具体规定各国缔约企业的权利和义务，是政府间能源合作协议在各国企业的具体化，缔约企业实施的能源勘探、开采、运输等行为一般由资源国法律调整和约束。[8]例如，中广核与东盟能源中心签署了关于核电能力建设方面的合作协议，共同推动设立中国-东盟清洁能源能力建设中心。该协议的签署为中国与东盟国家在核电及其他清洁能源领域深入开展互惠互利的合作奠定基础。此外，南方电网已经与越南、老挝、缅甸开展了电力贸易，近十年间累计向越南送电 300 亿千瓦时，2020 年还将实现与泰国的电力贸易。企业间的能源合作协议以及企业与政府间的能源合作协议将一些原则性的国际规则具体化，为沿线国家之间的能源合作提供了可操作的法律依据。

（二）21世纪海上丝绸之路战略框架下能源合作法律机制缺陷

从近年来中国与沿线国家，尤其是我国与东盟国家的能源合作现状来看，我国已与这些国家签署了多项能源合作意向和协定，有的甚至是政府间协定，区域内正在进行着不同角度和不同程度的国际能源合作，但是这些协定仍然不能满足 21 世纪海上丝绸之路战略框架下能源合作需求。

1. 现有能源合作机制协调性不足

从全球层面考察，当今国际社会还没有一个普遍性的国际能源组织，因而国际能源合作机制呈现出分散化和多元化的特点。中国与东盟之间的能源合作法律制度既有双边的能源合作法律制度，又存在区域性的能源合作法律制度，并且相互间的能源合作法律机制缺乏有效的运作良好的分工和协调机制。以能源基础设施互联互通的建设为例，互联互通的建设离不开投资和贸易等行为，然而由于沿线国家间的法律文化有所不同，法律制度也有着巨大差异，可能出现法律冲突的问题，这种局面将会严重制约能源合作项目的投资和运作。

2. 多为政府间对话而未形成稳固长效的法律机制

当前中国与东盟 10 国间的能源安全机制主要有中印（尼）能源论坛、“10 + 1 能源部长会议”、“10 + 3 能源部长会议”、中国 - 东盟自由贸易区（China—ASEAN Free Trade Area）和大湄公河次区域经济合作（Great Mekong Sub-region Cooperation）等。这些能源部长会议的性质是国家间或者政府间对话机制，并非实质意义上的法律机制，受政治因素影响较大，不能保障能源合作的稳定性和可预测性。此外，当前政府间的协议多为政治性质的声明和谅解书，缺乏法律的强制性特征。21 世纪海上丝绸之路沿线国家众多，社会发展情况各异，有些国家政治动荡、政局不稳，其国内存在分裂主义、恐怖主义、宗教主义等威胁，这些因素都将严重影响与中国的外交关系，并对海上丝绸之路的实施产生影响。只有建立稳定的法律机制才能减少由政治动荡带来的不利影响，推动能源合作战略的稳定实施。

3. 能源合作专门性法律机制缺位

就中国 - 东盟自由贸易区的能源合作现状来看，从自由贸易区的整体层面观之，大体上可以说没有形成统一有效的能源合作法律机制。目前，中国—东盟自由贸易区在能源合作方面可以找到的法律依据就是《中国与东盟全面经济合作框架协议》和《中国与东盟全面经济合作框架协议投资协议》中有关于成员国之间的矿产资源合作开发、能源投资等方面的一些零散规定，这些规定可操作性不强，不具有明显针对性。虽然中国与 GMS 的合作范围涉及交通、电信、能源、人力资源开发、旅游、环境、贸易便利化和投资自由化等领域，但其协议对能源方面的规定不够全面，其“战略框架”中关于能源合作也仅仅局限于一些重要的项目；中国与缅甸的《关于建设中缅原油和天热气管道的政府协议》也有 30 年政策不变期限规定，而且也局限于能源陆上运输方面的合作；中印（尼）举行每年一次的能源论坛也仅仅是双边国家针对能源合作进行的一个对话沟通机制，没有制定出能源合作基本协议，进而也没有形成固定高效的能源合作法律机制。

四 21世纪海上丝绸之路战略下我国能源安全保障法律机制体系完善

前文从关涉能源安全的国内法和国际法律规范这两大层面对现有规范分类梳理与检讨，本部分也将从完善国内立法和涉外法律制度这两个方面，探究在 21 世纪海上丝绸之路战略下，我国能源安全保障法律机制完善的路径。

（一）国内能源安全领域相关法律制度的完善

为了确保能源安全战略的落实，仅仅依靠国家之间的条约协议是不够的，国内的能源法律体系必须首先贯彻与承载能源安全保障的立法价值。

1. 制定能源基础法

任何制度设计都服务于且服从于整体制度选择，在能源法领域，整体制度选择包括服务于能源安全价值目标的实现，使得能源法律体系成为保障能源安全的法律依据与制度支撑。而能源法领域的这一整体制度选择必须通过能源基础法（亦有学者称之为“能源基本法”）来承载与表达。能源基础法应是中国能源法律制度结构形成的基础，是中国能源法律制度与其他法律制度相链接的起点与归属，直接决定中国能源法律制度绩效与制度成本之比，决定中国能源法律的制度结构。[9]而其中综合性的《能源法》作为能源基本法则是能源安全保障法律体系中的顶梁柱，整个能源基本法都应该围绕保障能源安全这一目标来安排制度、作出规定。[10]就法律功能而言，制定《能源法》使之作为能源基本法的使命远不只是创建一部位阶高的法律，为《能源法》在形式上形成法律体系，在内容上形成能源法律制度结构，更为重要的是，《能源法》还担负着创设产权交易、法治政府等推动能源发展转型的重任。[11]以此角度归纳，尽快制定与出台能源基础法，不但可以统合能源法律体系，在该法律中明确确立保障能源安全的立法价值并对能源法律领域所有单行法起到指导作用，协调能源单行法的制度设计和安排，而且在能源基本法中确立的能源安全立法价值，也是对政府提出的法律义务，政府在对发挥稀缺能源的经济功能与生态功能进行权衡与抉择时起到指引功能。

2. 健全能源单行法律制度

针对前述分别梳理的能源单行法存在的具体弊端，以及在此基础上归纳的我国能源领域单行法呈现的共性缺陷，相应的制度健全措施与路径包括以下几种

（1）加强能源安全保障法律规范的可操作性

前述内容已检讨我国能源单行法可操作性不强的主要原因在于制度设计上的缺漏，包括具体规制措施上的缺失。为因应此共性弊端，我们可以加强完善配套能源法律法规，强化能源法律实施细则，增强能源法律的可操作性。此外，相关政府职能部门可以在法律授权之下，针对能源法律在地方实施过程中存在的特殊或者空白之处，制定具有可操作性的实施细则。与此同

时，还可以通过制定行政性法规对能源安全领域出现的新问题进行调整，使问题能够及时有效地解决，从而克服法律的滞后性缺陷。

（2）明确相关管理部门职权配置以减少职权行使中的缺位与错位

针对现有的行政职权分散的现状，我国应将负责监管能源事务的职权在现有基础上进行整合，实行部门统一管理、各部门协作的能源监督管理体制，这样有利于树立能源的全局意识，也利于政策、法规的制定和实施的协调工作，避免以往经常出现的同一事务多方监管且监管意见不一致的情况，理顺各个部门之间的关系，简化行政程序，使权责明晰。各个协管部门在职责范围内对于能源的开发勘探、运输、使用等环节进行监管，例如水利部、交通部、国家发展和改革委员会、财政部、环保部等多家单位共同参与管理，将能源事务中本就归属于协管部门的事务纳入其管辖范围，既可各司其职，又能合理利用行政资源，提高工作效率。

（3）能源开发利用与环境保护制度的有机衔接

就国际能源法立法经验来看，将环境保护作为国家能源安全的内生属性，比如，德国除了制定与数次修订《能源工业法》作为能源基本法，出台能源专门法和能源配套法规，还确立了能源供应安全、市场竞争和环境保护三大能源法律与政策目标。[12]借鉴其他国家能源立法趋势，审视我国的能源法律体系，需要在能源消费结构的转变过程中，将《可再生能源法》落到实处，促进各类可再生能源的开发，制定具体的实施细则，明确具体可再生能源配额标准和利用比例，以立法方式促进可再生能源市场化；与此同时，配合财税优惠手段和政府公开化的强制采购与财政补贴，加强市场对于可再生能源的接受程度。其次，要落实各能源法中的环保制度，需要配套实施各个部委的实施细则和各省、市、自治区的实施条例或办法等行政法规与地方立法，一方面抑制能源消费，另一方面实施节能标识，以此全面推进节约能源制度的实施。最后，针对能源使用过程中可能产生的环境污染物，要对不同能源消耗领域分别提出相应的标准和执行措施，明确排污标准和行政责任，增加污染环境的成本，使能源企业注意避免在能源的开发、运输、使用过程中可能出现的污染问题，促进相关技术的发展和革新。

（二）涉外能源安全领域相关法律机制的完善

针对前文所提出的当前能源合作法律机制的弊病，因应21世纪海上丝绸之路的原则思路与制度需求，我们可以从以下几个方面完善涉外能源安全领域法律机制。

1. 探索能源合作的基本协议

当前中国与海上丝绸之路沿线国家之间还没有达成有关能源合作方面的基本协议，虽然《中国与东盟全面经济合作框架协议》《中华人民共和国与东南亚国家联盟关于修订〈中国—东盟全面经济合作框架协议〉及项下部分协议的议定书》《中国与东盟全面经济合作框架协议投资协议》等协议有涉及能源合作的一些规定，但这些规定呈现碎片化和原则化的特征，缺乏适用于沿线所有国家的能源合作基本协议。当前国际区域能源合作正在向以能源利益集团为主的多元化方向发展，而世界能源格局的多元化又带来了能源区域利益集团的深化和瓦解，加剧了国际能源合作的波动性。[13] 多元化世界能源格局条件下的现有的能源合作法律机制，对于构建海上丝绸之路能源合作法律机制具有重要的借鉴意义。

当前国际上主要的能源合作法律机制有IEA能源合作法律机制、OPEC能源合作法律机制和欧盟能源合作法律机制。由于海上丝绸之路沿线的国家多为发展中国家，与发达国家相比各方面还存在一定差距，所以，参考IEA或者欧盟的能源合作模式更为现实，因为这两种模式是建立在成员国之间平等互利的基础上的，以维护各国能源安全为目的，各国政府均可平等参与协商，海上丝绸之路的能源合作模式也理应采取此类模式。作为沿线国家均遵守的能源合作基本协议应当积极吸收现有成果，整合当前的双边合作协议，确立起能源合作原则、合作机构、合作宪章等基本问题，如IEA就以《国际能源宪章协议》作为成员国间能源合作法律机制构建的基础，只有这样才能确立起能源合作的法律制度框架，并使能源合作基本协议能够得到切实实施。总之，该能源合作协议将整合现有的零散的国家间和政府间的协议条约，形成一部完整的、专门的沿线国家都将遵守的统一的区域间能源合作基本法律机制，这也将为国家间的能源合作提供普遍的规则，促进能源合作。

2. 设立能源合作法律机制的执行机构

不论是IEA还是欧盟均设立专门的能源机构来监督和实施能源合作协议。借鉴其经验，在海上丝绸之路能源合作法律机制的框架下，探索成立一个多边的能源合作机构十分重要。在多方协商的前提下使之成为能源合作协议的执行机构，赋予其具体化、明确化、程序化的职能，这有助于推动能源合作的高效运行。概言之，本文建议设置该机构的思路包括：首先应当明确该机构的具体职能，包括制定能源合作的法律政策、提供能源合作的信息和建议、明确各成员国之间的权利和义务、协调各成员国之间有关能源合作的事务、解决能源合作的国际争端，等等；其次，该机构不仅要具备一定的在能源合作方面的决策权，而且也可以执行其他各项具体的能源合作。因此，设立专门的能源合作机构，使之成为21世纪海上丝绸之路沿线国家之间的能源合作法律机制的执行机构，可以更加充分有效地发挥法律机制的作用。

3. 构建健全的能源合作具体法律制度

随着海上丝绸之路沿线国家之间的能源合作不断深化，合作范围也不断拓展，健全能源合作的相关法律制度成为现实之需。能源合作法律机制的内容主要包括能源贸易制度、能源投资制度、能源运输制度以及争端解决机制等。

当前“一带一路”中的能源合作在能源贸易制度方面，要着力解决投资贸易便利化问题，消除投资和贸易壁垒，与沿线国家共同营造良好的贸易环境；在投资制度方面，要着力解决市场准入、投资待遇、税收征收等问题，保护投资者的合法权益；在能源运输安全方面，要着力解决海盗和海上恐怖主义的问题，完善海上能源运输通道安全的国际法律，建立区域安全合作机制；争端解决机制以及决议的履行应当由前文提到的能源监督机构督促实施。值得强调的是，这些制度应当法律化，不应该仅仅是不具有法律约束力的政府间的声明或协议，并且应该体系化与完整化。

五　结语

自中国向世界提出“一带一路”建设的倡议至今，“一带一路”的建设屡获成果，而“21世纪海上丝绸之路”作为“一带一路”的海上之翼，更是为中国的能源安全作出了重要贡献。能源合作并未停止，而是不断深入，前景值得期待，但是也难免遇到挫折，只有建立起稳定的法律保障机制才能预防和化解风险，构建区域能源命运共同体，建立能源合作新秩序。在我国“一带一路”宏观战略框架下，因应构建“21世纪海上丝绸之路”的指导思想和重点领域，构建既能契合宏观政策主张又能实现能源安全保障需求的法律机制体系，是一个系统工程。本文仅从现状梳理与检讨、规律总结与归纳以及机制体系的宏观纲要展开等方面进行了初步探究，具体的法律机制构建工作尚待后续研究进一步深入。

参考文献

[1] 舒先林：《“21世纪海上丝绸之路”与中国能源外交》，《国际展望》2015年第5期。

[2] 谢克昌：《我国能源安全存在结构性矛盾》，《中国石油企业》2014年第8期。

[3] 周云亨、余家豪：《海上能源通道安全与中国海权发展》，《太平洋学报》2014年第3期。

[4] 杨泽伟：《中国能源安全问题：挑战与应对》，《世界经济与政治》2008年第8期。

[5] 叶荣泗：《我国能源安全的法律保障》，《中国发展观察》2008年第1期。

[6] 柯坚：《全球气候变化背景下我国可再生能源发展的法律推进——以〈可再生能源法〉为中心的立法检视》，《政法论丛》2015年第4期。

[7] 张勇：《能源立法中生态环境保护的制度建构》，上海人民出版社，2013。

[8] 张小军：《丝绸之路经济带国际能源合作法律机制探析》，《生产力研究》2015年第9期，第114~118页。

[9] 肖国兴：《〈能源法〉与中国能源法律制度结构》，《中州学刊》2010年第6期。

[10] 谭柏平：《我国能源安全面临的挑战及法律对策》，《广西师范大学学报》（哲学社会科学版）2012 年第 6 期。
[11] 肖国兴：《〈能源法〉制度设计的困惑与出路》，《法学》2012 年第 8 期。
[12] 杨泽伟：《德国能源法律与政策及其对中国的启示》，《武大国际法评论》（第十一卷），武汉大学出版社，2009。
[13] 岳树梅：《“金砖国家”能源合作的法律机制构建》，《法学》2014 年第 2 期。

Abstract

21st Century Maritime Silk Road Research Report (2017) consists of four parts: *General Report*, *Southeast Asia*, *South Asia&West Asia&Other regions*, and *Special Topics*. "*General Report*" points out that B&R is a major geopolitical and geo-economy strategy that proposed due to the needs of national security and economic development in the context of the neighboring and international environment tends to be complex. The main path to construct the 21st-Century MSR is: regarding international economic cooperation as the centre, taking the maritime shipping route and infrastructure as main frame, making the key ports, central cities, resource zones and industry districts as support systems, considering connectivity and trade and investment facilitation as a means, and building a community of shared interests and destiny as strategic direction to promote the South China Sea (SCS) and strategic channel-based maritime cooperation and development, achieve the facilitation of maritime connectivity, as well as to promote the economic integration of MSR countries, to construct an open international economic cooperation belt and to build efficient economic corridors. By achieving relations of intertwined interests and mutual benefits with partners, China could reconstruct the new economic cooperation patterns, begin to take part in and even lead the global economic governance, and expand international cooperation and development.

"*Southeast Asia*" focuses on China's cooperation with ASEAN, especially Indonesia and Malaysia in the construction of the 21st-Century MSR. ASEAN, as the important and priority area for construction of the 21-st Century MSR, also China's preferred object to build a new regional cooperation model, is facing greater opportunities for bilateral cooperation in the fields of economy, trade and energy etc. Currently, under the framework of B&R, Southeast Asian countries have expressed willingness to deepen cooperation with China, and the relevant projects are also being implemented. However, there are some new features and problems in China-ASEAN cooperation, which need to be overcame in the construction of 21st-Century MSR. Both China and ASEAN should accumulate experience in the process of building, break through the bottlenecks faced by bilateral cooperation, and build Southeast Asia into a demonstration area of the 21-st Century MSR. Since China and Indonesia established formal diplomatic relations for 65 years, the bilateral trade between the two nations expanded rapidly, mutual investment increased steadily, and other aspects of the economic and technological cooperation has been fruitful as well. Although there are many difficulties and obstacles, there still exist broad prospects for development of China-Indonesia economic relations due to the fact that both governments attach importance to bilateral cooperation, as well as strong complementarily. China and Indonesia have made positive progress in cooperation in B& R docking Global Ocean Fulcrum. Malaysia is an important node in Maritime Silk Road historically, and it is also one of countries that President Xi visit firstly after the 21st-Century MSR Initiative has been put forward. Therefore, it is of important historical and realistic significance to co-build the 21st-Century MSR between China and Malaysia. At present, the co-building of 21st-Century MSR between China and Malaysia has the advantages of high political mutual trust, close economic exchanges, high cultural identity and Malaysia's special geopolitical and economic status. Meanwhile, the increased demand of cooperation between China and Malaysia in the context of financial crisis, the great resemblance in the development strategy and the China-ASEAN cooperation provide a good opportunity for co-building MSR. Currently, the two countries can further deepen political mutual trust, strengthen security cooperation to achieving the development and strategic link of industrial and Free Trade Zones, Muslim industries and interconnection projects, and jointly build Southeast Asian Chinese language education, study and higher education center, MSR tourism, cultural exhibition and communication center and the China-Singapore-Malaysia-Thailand sub-regional cooperation mechanisms, etc. Malaysia has a large population of Chinese. In his report, Dr. Pan Yongjiang analyzes the strategy of China's efforts to promote soft power in Malaysia in recent years and the effectiveness of relevant efforts, and argues that the rise of China has brought business opportunities for Malaysia; however, China's soft power remains to be strengthened, especially in the fields of institution, values and civilized system.

"*Southern Asia&Western Asia&Other regions*" analyses the viewpoints of Sri Lanka, Australia, Egypt, Africa and other countries/regions in the construction of the 21st-Century MSR, as well as the progress of their cooperation. Prof. C. Krishan M. Deheragoda from Sri Lanka points out that Sri Lanka locates in the heartland of Indian Ocean on the map of MSR initiative. Since ancient times, it has been a vital place for Far East voyagers approaching the West, Eastern Africa, Middle East and Mediterranean coast, and the central maritime military hub. There have been good reaction and contact between Sri Lanka and China for thousands of years. In recent years, Chinese people and government have been in the forefront of assisting Sri Lanka, especially the aid of its reconstruction and development after the war. Because of the timely aid, Sri Lanka is capable of exploiting new port in urgent need, including the development of infrastructure and national roads. China firmly supports Sri Lanka internationally. Nowadays, it is the best time to propose the 21st-Century MSR initiative, because it's a significant precondition and equal opportunity provided for B& R partner countries and backward Asian countries to join in planning and sharing prosperity, which allows them to reappear on the stage of belonging-to-Asia century, proudly, to connect the missing nodes in the ancient MSR, and reconstruct the new 21st-Century MSR in the map of the whole world. China and Australia are comprehensive strategic partnership. The two countries are each other's major economic partners and share many common interests in regional and global peace and prosperity. The B&R initiative can and has begun to provide a huge commercial opportunity and cooperation platform for deepening mutual trade and investment between the two countries. Furthermore, there is a long history of exchanges and cooperation between China and Egypt. Egypt is located in the Asian and European traffic crossroads of three continents with the Suez Canal main shipping lanes and across three continents, two seas and oceans, which makes it have prominent advantages as the location of the B& R western intersection area. After the B& R Initiative proposed, in the context of the construction of the 21st-Century MSR, the two countries have cooperated in the fields of politics, military, security, economic trade, culture and arts, education science and technology, and many achievements have been made. But there are some problems between the two sides' cooperation which should be given enough attention to promote sustainable and effective cooperation. Africa is an important orientation for the construction of the 21st-Century MSR. Gradually, many planning and projects have been implemented. Among them, a series of fruitful achievements have been made in the fields of trade, infrastructure construction, and capacity cooperation. However, due to the lagging behind economic development in Africa, the need to improve their business environment and other problems, China has also faced many risks and challenges in expanding Africa's economic and trade relations. When expanding economic and trade cooperation with Africa, China should seize key country and market, foster markets as focusing on the investment and capacity cooperation, strengthen cultural exchanges cooperation, promote people-to-people bond, reinforce investment cooperation in infrastructure, and promote connectivity.

"*Special Topics*" researches the issues、tactics and prospects of the South China Sea, the overseas fisheries disputes, energy security, Chinese merchants' investments along the B&R countries and domestic core area construction of MSR. However, the South China Sea (SCS) dispute has disturbed China-ASEAN relation and has a negative impact on the implementation of BRI in Southeast Asia. The coming few years provides China a "window period" to adjust its SCS policy. It is necessary for China to grab this opportunity and to evolve from "protecting its own interests and stability in SCS" to "leading the settlement process through a multi-win-win mechanism". It required China to work out a solution acceptable by all claimants. By doing so, China could advance the negotiation of disputes on the one hand, and promote Southeast Asia a MSR hub in on the other hand. Foreign-involved fishery incidents between China and related countries have been frequented in recent years and have negative impacts on China's building of 21st-Century MSR. In order to cope with foreign-involved fishery incidents effectively and to promote the building of the 21st-Century MSR favorably, China should strengthen and improve the administrative protection mechanism on fishery right, constructively and positively apply the international law protection mechanism on fishery right as well as build and improve the international cooperation mechanism in the field of fishery with relevant countries. One of the core content of the construction of the 21st-Century MSR is promoting the energy cooperation with the countries along the route. It is also the realistic need to guarantee the energy security of China, which needs perfect legal system. Facilities connectivity is a priority area for implementing the BRI, while the infrastructure, shipping and telecommunications industries undertake main tasks for achieving connectivity of these countries. Many states and regions along the 21st-Century MSR have the great potential and eagerness to develop economy, but the standards of their development of the infrastructure remain to be improved. Xu Peiyuan and Chen Chengfeng analyzes the connectivity situation, investment opportunity and main investment field of the infrastructure among countries along B&R, summarizes overseas Chinese merchants with important investment in the field of infrastructure, aviation, shipping and telecommunications industry along B&R, as well as the investment location, industry distribution and some important projects. Finally, they take CK Hutchison Holdings Co. LTD as an example to analysis its layouts of ports along B&R in depth.

Keywords: the 21st-Century Maritime Silk Road; the South East Asia; the South Asia & West Asia; Cooperation and Development

Contents

I

Abstract: B& R is a major geopolitical and geo-economy strategy that proposed due to the needs of national security and economic development in the context of the neighboring and international environment tends to be complex. The main path to construct the 21st-Century MSR is: regarding international economic cooperation as the centre, taking the maritime shipping route and infrastructure as main frame, making the key ports, central cities, resource zones and industry districts as support systems, considering connectivity and trade and investment facilitation as a means, and building a community of shared interests and destiny as strategic direction to promote the South China Sea (SCS) and strategic channel-based maritime cooperation and development, achieve the facilitation of maritime connectivity, as well as to promote the economic integration of MSR countries, to construct an open international economic cooperation belt and to build efficient economic corridors. By achieving relations of intertwined interests and mutual benefits with partners, China could reconstruct the new economic cooperation patterns, begin to take part in and even lead the global economic governance, and expand international cooperation and development.

Keywords: Maritime Silk Road; Facilitation of Maritime Shipping Route; MSR Economic Cooperation; Political Economy Interact

Ⅱ

Abstract: World merchandise trade experienced its lowest growth rate in 2016 since the financial crisis of 2008. Meanwhile, the economic cooperation between China and ASEAN is also facing a dilemma of insufficient motivation. The total volume of trade in goods within this region has declined for two consecutive years and been imbalance for several years. The relatively backward level of infrastructure in ASEAN has limited the relocation of regional industrial chain. However, the construction of 21st-Century Maritime Silk Road offers new opportunities and impetus for China-ASEAN cooperation in the following decade. Future cooperation under the frameworks of the 21st-Century Maritime Silk Road should be integrated with the construction of China-ASEAN community of shared destiny. It is also essential to forge a new model of regional cooperation between China and ASEAN. Through these efforts, it's likely to achieve a balanced bilateral trade and investment activities, and make ASEAN a positive example as a prior and vital area of construction.

Keywords: The 21st-Century Maritime Silk Road; China-ASEAN; Economic Cooperation; New Model of Regional Cooperation

Abstract: China and ASEAN Countries have enhanced energy cooperation by the opportunity of dialogue for celebration of 25th anniversary of China-ASEAN dialogue relations and 50th anniversary of ASEAN since 2016. The two sides have jointly practiced the new vision for common, comprehensive, cooperative and sustainable energy security, which will be guided by the principle of achieving shared growth through discussion and collaboration. China and ASEAN countries are constantly consolidating the institutional basis for energy cooperation by enriching their existing energy cooperation mechanisms, and promoting inter-firms transnational cooperation mechanisms. The clean and green development energy projects between China and ASEAN countries have been gradually enriched, making contributions to regional energy security and regional capacity of power production. The regional countries share the new fruits of energy development in the field of electricity and oil and gas resources transportation, achieving mutual benefit and win-win cooperation and making further cooperation a solid foundation. In the future, China and ASEAN countries will lead the progress of green development and energy security. The interests' community in energy respective and the community of common destiny among regional countries will be built in the frame of OBOR construction.

Keywords: Energy Cooperation; ASEAN; OBOR; Energy Security; Green and Low-Carbon Development

B. 4 Evaluation of China's Soft Power in Malaysia

Pan Yongqiang / 044

Abstract: While the economic and political powers have been increased, China has tried to boost its soft power in worldwide to enhance its global influences and image, beside the hard power. Malaysia and China are geographically near each other and both countries have maintained the overall stability in bilateral relations. Malaysia has a large population of Chinese people. This paper attempts to analyze China's strategy on promoting its soft power in Malaysia in recent years and evaluate the effectiveness of these efforts. The rise of China has brought business opportunities for Malaysian. However, China need to strengthen its soft power, especially in the areas of institution, values and civilized system. The Malaysian ruling coalition has taken a pro-China stance and introduces China capital into Malaysia, these policies have raised a controversy among the ruling elite. In addition, the internal governance of China can also affect or weaken the effort to promote its soft power in overseas.

Keywords: Soft Power; Malaysia and China Relation; China's Factor; Opinion Survey

Abstract: Malaysia is an important node in maritime silk road historically, and it is also one of countries that President Xi visit firstly after the 21st-Century Maritime Silk Road Initiative has been put forward. Therefore, it is of important historical and realistic significance to build cooperative construction of the 21st-Century MSR between China and Malaysia. At present, the cooperative construction of 21st-Century MSR between China and Malaysia mainly has the advantages of high political mutual trust, close economic exchanges, high cultural identity and Malaysia's special geopolitical and economic status. Meanwhile, the increased demand of cooperation between China and Malaysia in the context of financial crisis, great resemblance in the development strategy and the China ASEAN cooperation provide a good opportunity for the two countries to build cooperative construction. In the current round of cooperative construction, the two countries can consider further deepening political mutual trust, strengthening security cooperation, achieving the development and strategic link of industrial and free trade zones, Muslim industries and interconnection projects, and jointly building Southeast Asian Chinese language education, study and higher education center, MSR tourism, cultural exhibition and communication center and the China-Singapore-Malaysia-Thailand sub-regional cooperation mechanisms, etc. .

Keywords: China; Malaysia; ASEAN; 21st-Century Maritime Silk Road; Cooperative Construction

Abstract: With economic and trade cooperation deepening between China and ASEAN countries, especially the strategy of '21st Century Maritime Silk Road' putting forward, there will have new opportunities for China and ASEAN countries to promote their regional economic cooperation. As an important destination of Chinese outward FDI, the impact of Chinese FDI on the development of bilateral trade, especially for the ASEAN countries' trade facilitation, which has increasingly caused the attention of scholars. This paper conducts an empirical research on the effect of Chinese FDI on the development of ASEAN countries' trade facilitation under '21st Century Maritime Silk Road' by using the sample data of 8 ASEAN countries from 2008 to 2014. The results show that compared to other inward FDI, Chinese FDI is beneficial to the development of ASEAN countries' trade facilitation. Meanwhile, the empirical results also show that the infrastructure is the main restriction factor for the development of ASEAN countries trade facilitation.

Keywords: Chinese FDI; Trade Facilitation; ASEAN Countries

Ⅲ

B. 7 Sri Lanka in the Chinese Initiative on Reconnecting the Missing Links in Dotted Line of Ancient Maritime Silk Road

Abstract: Archaeological artefacts of Chinese origin found in the First Capital City Anuradhapura (377 BC - 1017) of Sri Lanka provide evidences for centuries old stronger linkages between the two countries. Episodes of mutual exchange of missions between Sri Lanka and China reached to its climax in the 5th Century with famous visit of traveller Monk from China, Fa Hsien (410AD) to Sri Lanka, and visit of Eight Buddhist Monks from Sri Lanka to Nanking in 426AD and three more in 429AD whereby eventually led to establishment of Buddhist ordination of women in China (434AD). The migration of Sri Lankan royal family to China during the Ming Dynasty (1368 ~ 1644), as an emissary with navigator Admiral "Ching Ho" and his expeditionary fleet on the Maritime Silk Road, confirms the political and trade links between the two nations at that time. The modern-day relations between the newly independent Sri Lanka (1948) and the new-born People's Republic of China (1949) commenced with the establishment of Diplomatic relations each other in January 1957. However, the commencement of real bilateral economic and trade relationships between the two countries dates back to the signing of Sino-Lanka Rubber-Rice Pact in 1952. Ever since, Sri Lanka and China have maintained a high level of cooperation by upholding the principle of equality and mutual respect, aiming to bring tangible reciprocal benefits to the people of both countries. In recent years, the people of China and their government were in the forefront of assistance to Sri Lanka, particularly in Post-war reconstruction and redevelopment. Thanks to the timely assistance from the people of China, Sri Lanka being able to develop the much-needed brand-new seaport of Hambantota at zero distance from the Maritime Silk Road with a new Airport including infrastructure for special economic zones and road development in the country. China and its people consciously assisted Sri Lanka by maintaining steadfastness in its foreign policy to support Sri Lanka internationally, particularly during the post conflict-period since 2009 to date. It is very timely and relevant to promote 21st Century MSR of the PR China, as it will guarantee the essential prerequisites and equal opportunities for all the OBOR partner nations in general, and lagging and struggling economies of Asia in particular, to join the journey for shared prosperity, while emerging as proud nations in this Asia's century, through reconnecting the missing links of the dotted lines of ancient Maritime Silk Road to plot again the 21st Century Maritime Silk Road on the map of our Globe.

Keywords: Maritime Silk Road (MSR); Sino-Lanka Rubber-Rice Pact; Post-war; OBOR (One Belt One Road); Asia's Century

Abstract: The Belt and Road initiative since it was put forward, after more than three years of brewing, has been from the initial theoretical development to the current comprehensive and pragmatic cooperation stage. Africa is an important direction for the construction of the Silk Road in the 21st century. Many planning and projects have been gradually implemented. Among them, a series of achievements have been made in the fields of trade, infrastructure construction, capacity cooperation and capacity building. However, due to the relative lag of African economic development and the need to improve the business environment, China's economic and trade relations in Africa also face many risks and challenges. China should expand its economic and trade cooperation in Africa to seize key countries and markets, focus on investment and production cooperation to foster the market, strengthen cultural exchanges and cooperation, promote popular contacts, strengthen investment cooperation in the field of infrastructure to promote interoperability.

Keywords: the Belt and Road Initiative; Development Assistance; Africa; China-Africa Relations

B. 9 Analysis of China-Egypt Cooperation and Communication under the Background of Maritime Silk Road in Twenty-first Century

Ding Dali / 156

Abstract: There is a long history between China and Egypt's communication and cooperation. After "The Belt and Road" initiative was proposed, under the background of Maritime Silk Road in twenty-first century, the two countries have cooperation in the fields of politics, military security, economy and trade, production capacity, culture, art, education and science and technology, and many achievements have also been made. However, we should also note that there are also some problems concerning cooperation and communication between the two sides. These problems should be paid enough attention to. To solve these problems, we should pay attention to the main factors that affect bilateral cooperation and communication. After recognizing the problems and sorting out the influencing factors, we can put forward some feasible countermeasures.

Keywords: Maritime Silk Road in Twenty-first Century; China-Egypt Cooperation and Communication; Econmic and Trade Exchanges; Security Cooperation

B. 10 The development of the China-Australia Economic Cooperation through the Belt and Road Initiative (BRI)

Zhang Dongdong / 178

Abstract: The Belt and Road Initiative (BRI) is a major Chinese initiative for achieving sustainable development through strengthening connectivity with partner countries and realising mutually beneficial economic relations. It offers a comprehensive framework for deepening international economic cooperation through a platform of open regionalism that promotes economic integration through deepening five types of links, namely: policy, infrastructure, trade and investment, financial and people-to-people exchanges. Australia and China are major economic partners and have a shared strategic stake in regional and global peace and prosperity. The BRI can and has already started to offer tremendous business opportunities that China and Australia can take advantage of to deepen their economic cooperation and policy exchange.

Keywords: Belt and Road; Five Types of Connectivity; Open Regionalism; China-Australia Free Trade Agreement; China-Australia Trade and Investment Relations; Comprehensive Strategic Partnership

Ⅳ

Abstract: The Belt and Road Initiative (BRI) will lead China's foreign relations in the long run, in which neighboring diplomacy is clearly a priority. Additionally, Southeast Asian, which plays a significant role in both the "belt" and the "road" as well as the most potential hub of the 21st Century Maritime Silk Road (MSR), is a key to the neighboring diplomacy. However, the dispute in South China Sea (SCS) has seriously disturbed China-ASEAN relation and has a negative impact on the implementation of BRI in Southeast Asia. The coming few years provides China a "window period" to adjust its SCS policy. It is necessary for China to grab this opportunity and to evolve from "protecting its own interests and stability in SCS" to "leading the settlement process through a multi-win-win mechanism" . It required China to work out a solution acceptable by all claimants. By doing so, China could advance the negotiation of disputes on the one hand, and promote Southeast Asia a MSR hub in on the other hand.

Keywords: Maritime Silk Road Construction; South China Sea Dispute; New thinking

Abstract: Facilities connectivity is a priority area for implementing the Belt and Road Initiative, while the infrastructure, shipping and telecommunications industries take responsibility for achieving connectivity of these countries. This paper analyzes the connectivity situation, investment opportunity and main investment field of the infrastructure among countries along B&R by using LPI index, summarizes overseas Chinese merchants with important investment in field of infrastructure, aviation, shipping and telecommunications industry along B&R, as well as the investment location, industry distribution and some important projects. Finally, this paper takes CK Hutchison Holdings Co. LTD as an example to analysis its ports layout along B&R in depth.

Keywords: Overseas Chinese Merchants; the Belt and Road; Industrial Distribution

Abstract: Foreign-involved fishery incidents between China and related

the existing legal mechanism of energy security, it should be corrected respectively, including the formulation of energy basic law, to strengthen the operability of legal norms, to clarify the distribution of powers of relevant management departments to reduce the the absence and dislocation in authority execution, and the integration of the energy law and environmental protection system and other aspects to improve the domestic energy law system, as well as exploring the basic agreement of energy cooperation, the establishment of enforcement agencies of the legal system of energy cooperation to build a sound specific legal system of energy cooperation and other to improve the legal system of foreign energy.

Keywords: the 21st-Century Maritime Silk Road; Energy Security; Legal Protection

皮书起源

“皮书”起源于十七、十八世纪的英国，主要指官方或社会组织正式发表的重要文件或报告，多以“白皮书”命名。在中国，“皮书”这一概念被社会广泛接受，并被成功运作、发展成为一种全新的出版形态，则源于中国社会科学院社会科学文献出版社。

皮书定义

皮书是对中国与世界发展状况和热点问题进行年度监测，以专业的角度、专家的视野和实证研究方法，针对某一领域或区域现状与发展态势展开分析和预测，具备原创性、实证性、专业性、连续性、前沿性、时效性等特点的公开出版物，由一系列权威研究报告组成。

皮书作者

皮书系列的作者以中国社会科学院、著名高校、地方社会科学院的研究人员为主，多为国内一流研究机构的权威专家学者，他们的看法和观点代表了学界对中国与世界的现实和未来最高水平的解读与分析。

皮书荣誉

皮书系列已成为社会科学文献出版社的著名图书品牌和中国社会科学院的知名学术品牌。2016 年，皮书系列正式列入“十三五”国家重点出版规划项目；2012~2016 年，重点皮书列入中国社会科学院承担的国家哲学社会科学创新工程项目；2017 年，55 种院外皮书使用“中国社会科学院创新工程学术出版项目”标识。